Kohlhammer Urban-Taschenbücher

Band 627

à Patrice

31.5.1956–11.4.2008

Light breaks where no sun shines;
Where no sea runs, the waters of the heart
Push in their tides.

Dylan Thomas 1934

Ruth Ayaß

Kommunikation und Geschlecht

Eine Einführung

Verlag W. Kohlhammer

Ruth Ayaß

Kommunikation und Geschlecht

Eine Einführung

Gesamtherstellung:
W. Kohlhammer Druckerei GmbH + Co. KG, Stuttgart
Printed in Germany

ISBN 978-3–17-016472-7

Inhaltsverzeichnis

Vorwort

Gender is, in the first place,
a social fact.

Suzanne J. Kessler
Wendy McKenna

Vom Beginn der Diskussionen an, als Robin Lakoff 1973 die Frage nach dem Ort der Frauen in der Sprache stellte, hat das Thema Kommunikation und Geschlecht eine lebhafte Entwicklung genommen, die keineswegs eingleisig und nur selten langweilig verlief. Das Buch versucht, diesen Weg ein Stück zu rekonstruieren. Es beginnt mit der Debatte über die Stellung der Frauen in der Sprache und der sogenannten Genus-Debatte. Es endet mit einem Kapitel über Geschlecht als Herstellungsprozess am Beispiel der Transsexualität und dritter Geschlechter. Der wissenschaftliche Hintergrund des Textes ist damit sichtlich ein doppelter, zum einen ein sprachwissenschaftlicher, zum anderen ein soziologischer. Philosophische, literatur- oder politikwissenschaftliche Beiträge und Ansätze bleiben in der Darstellung entsprechend außen vor. Das Buch ist auf der Basis von Vorlesungen zum Thema an mehreren Universitäten entstanden. Es gibt einen Überblick über die zentralen Forschungen und Diskussionen zum Thema Kommunikation und Geschlecht. Es möchte – und kann dies auch nicht bei der nahezu explosionsartigen Entwicklung des Themas in den vergangenen Jahren – keine vollständige Übersicht sein, sondern will einen Einstieg in das Thema und eine Übersicht über wesentliche Themen und Diskussionen bieten.

Verena Ayaß (Tübingen), Claudia Isep und Claudia Küttel (Klagenfurt) haben die Kapitel in unterschiedlichen Stadien ihrer Entstehung gelesen, kommentiert und korrigiert. Claudia Isep hat darüber hinaus mit großer Sorgfalt die Literaturliste erstellt.

Klaus-Peter Burkarth vom Verlag Kohlhammer unterstützte das Projekt während seiner langwierigen Entstehung. Ihnen allen gilt mein Dank.

1 Einleitung

1.1 Zur (problematischen) Unterscheidung von »sex« und »gender«

Im Alltag »wissen« wir meist auf Anhieb, welches Geschlecht unser Gegenüber hat. Es ist ein Mann *oder* eine Frau, ein Junge *oder* ein Mädchen. Dieses Wissen ist uns selbstverständlich und wird auch selten hinterfragt. Ebenso gehören zu unserem Alltagswissen Vorstellungen über typische Eigenschaften von Männern und Frauen, die wir für teils angeboren, teils anerzogen halten. In den 1950er und 1960er Jahren haben sich für die Unterscheidung zwischen biologischem und sozialem Geschlecht die englischsprachigen Begriffe »sex« und »gender« durchgesetzt. Bekannt geworden sind sie im Wesentlichen durch die zweibändige sozialpsychologische Untersuchung »Sex and Gender« von Robert Stoller (1974, erstmals 1968; 1975). Die Verwendung des (ursprünglich aus der Linguistik stammenden) Begriffs »gender« für die Geschlechterforschung geht insgesamt auf John Money zurück, der in den 1950er Jahren erstmals den Begriff »gender identity« verwendete (Money et al. 1955; siehe auch Money 1973).

Unter »sex«, dem *biologischen Geschlecht*, wird der körperliche Status verstanden, er wird festgeschrieben durch die Existenz von primären und sekundären Geschlechtsmerkmalen. Die Zuschreibung zu einem Sexus erfolgt in unserer Gesellschaft auf der Basis biologischer Kriterien, in der Regel den Genitalien. Üblicherweise erfolgt diese Zuschreibung bei der Geburt mit dem Satz »Es ist ein Junge« bzw. »Es ist ein Mädchen«. Von einer »geburtlichen Zuschreibungspraxis« spricht Stefan Hirschauer (1989, 101). Diese erste Zuordnung zieht die Namenswahl nach sich, die aufgrund dieser Zuteilung erst erfolgt und die in unserer Gesellschaft, von medizinischen und juristischen Geschlechtswechseln abgesehen, die lebenslängliche Zuschreibung zu einem Geschlecht nach sich zieht. Die Zuteilung zu einer solchen »sex category« (West/Zimmerman 1987, 14) gilt als unverrückbar, sie erfolgt mittels einer als selbstverständlich empfundenen Zuordnung zu *einer* von *zwei* biologischen Geschlechtsmöglichkeiten, eine Zuordnung, die ihrerseits höchst folgenreich ist. Sie zieht, knapp formuliert, in unserer Gesellschaft nach sich, welche Kleidung dieses Kind eines Tages tragen wird, welche Bildungs- und Berufsoptionen es hat, welche Lebenserwartung es erhoffen kann, an welchen Krankheiten es möglicherweise leiden und sterben wird. In anderen Teilen der Erde entscheidet sich darüber hinaus, ob es genug zu essen bekommt oder ob es überhaupt überleben darf.

> »In allen Gesellschaften bildet die anfängliche Zuordnung zu einer Geschlechtsklasse den ersten Schritt in einem fortwährenden Sortierungsvorgang, der die Angehörigen beider Klassen einer unterschiedlichen Sozialisation unterwirft.« (Goffman 1994, 109)

Unter *sozialem Geschlecht* hingegen, dem »gender«, werden Geschlechtseigenschaften verstanden, die sozial geprägt sind. Gendertypische Geschlechtseigenschaften werden im Verlauf der Sozialisation durch die Gesellschaft (zum Beispiel durch Eltern, Geschwister, Erzieher etc.) vermittelt. Genderzugehörigkeit wird zunächst in der Sozialisation *erworben*, aber auch im Erwachsenenleben immer wieder bestärkt und bestätigt. Soziales Geschlecht umfasst die kulturell mehr oder weniger verbindlich festgelegten Aktivitäten und Verhaltensweisen, die einem biologischen Geschlecht zugeschrieben werden. In der Regel sind die genderspezifischen Verhaltens- und Handlungsweisen in einer Gesellschaft für ihre Mitglieder so eng mit der biologischen Zuschreibung verknüpft, dass sie als biologisch fundiert gedacht werden. Diesem Alltagswissen zufolge sind »Frauen« dann eben A, B und C, zum Beispiel kommunikativ, emotional, sensibel etc., »Männer« hingegen D, E und F, zum Beispiel schweigsam, sachlich, robust etc. Diese Zuschreibungen fallen von Gesellschaft zu Gesellschaft verschieden aus. So gelten Frauen auf Madagaskar als gute Händlerinnen für wertvolle Waren (während hingegen Männer nicht »hart« genug sind für Verhandlungen, bei denen es um viel Geld geht). In Vietnam stellen Frauen die idealen Straßen- und Bauarbeiter (weil Männer nicht »zäh« genug sind für die schwere Arbeit). Bei den Tchambuli zieren sich die Männer, während die Frauen im Flirt initiativ werden. Genderspezifische Merkmale sind also kulturell erzeugt. Was gesellschaftlich als »typisch« Mann, was als »typisch« Frau gilt, ist eine soziale Zuschreibung. Diese Zuschreibungen sind insofern beliebig, als sie ihrerseits nicht biologisch begründbar sind. Dass das *Resultat* dieser Zuschreibungen von uns im Alltag als selbstredend »typisch männlich« resp. »typisch weiblich« wahrgenommen wird, ist Ergebnis eines nahezu undurchdringlichen Essentialisierungsprozesses.

Mit dieser Unterscheidung zwischen »sex« und »gender« argumentierten bis in die späten 1980er Jahre (und teils auch heute noch) sehr viele Untersuchungen. Sie war insofern hilfreich, als mit ihr darauf aufmerksam gemacht werden konnte, dass das soziale Geschlecht eben Resultat von gesellschaftlichen Zuschreibungspraktiken ist und nicht einfach biologisch begründet werden kann. Dennoch erwies sich die »sex/gender«-Unterscheidung als problematisch.

Gildemeister/Wetterer hatten 1992 massive Kritik an der »soziale(n) Konstruktion der Zweigeschlechtlichkeit und ihre(r) Reifizierung in der Frauenforschung« geübt. Die Einwände galten insbesondere der feministischen Sozialwissenschaft, welche sich, wie Gildemeister/Wetterer ausführten, »an der sozialen Konstruktion von Zweigeschlechtlichkeit beteiligt« (1992, 204), da sie die gesellschaftliche Klassifikation in zwei Geschlechter als unhinterfragten Ausgangspunkt wissenschaftlicher Argumentationen setzen und damit unfreiwillig zu einer »Reifizierung und bloßen Verdopplung der ›natürlichen‹ Zweigeschlechtlichkeit beitragen (können)« (1992, 214; Klammer im Original). Die insbesondere in der Frauenforschung jahrzehntelang praktizierte Parallelisierung von biologischem und sozialem Geschlecht, also von »sex« und »gender«, bezeichneten Gildemeister/Wetterer daher als »Scheinlösung«:

> »Sie hängt mit einer stillschweigenden Parallelisierung von biologischem und sozialem Geschlecht zusammen und besteht deshalb nicht nur in einem verlagerten – weil in der Kategorie ›sex‹ scheinbar abgespalteten – Biologismus, sondern in einem *latenten Biologismus der Gesamtkonstruktion* ›sex-gender‹.« (1992, 207; Hervorhebung im Original)

»Gender« wird also als bloße kulturelle Überformung eines gegebenen biologischen Unterschieds gedacht, dessen grundlegende Zweiteilung nicht in Frage gestellt wurde. Es schleicht sich daher ein verdeckter Biologismus in die als sozialwissenschaftlich gemeinte Begrifflichkeit ein. Die Zweiteilung des »sex« setzt sich damit unversehens – und vor allem unbeabsichtigt – im »gender« fort, die »Annahme, daß es jenseits aller kulturellen Prägung eine Natur der Geschlechter gibt, die in allen Kulturen – wie auch immer vermittelt – zum Ausdruck kommt, bleibt in der Grundstruktur unangefochten« (1992, 206). Die binäre Optik bleibt erhalten. Die Alltagsvorstellung, dass es eben »Männer« und »Frauen« gibt, setzt sich im wissenschaftlichen Diskurs fort.

Gildemeister und Wetterer beziehen sich auf Untersuchungen, die auch in den folgenden Kapiteln eine Rolle spielen werden, etwa den Studien aus der Anthropologie, die zeigen, dass es in vielen Kulturen dritte Geschlechter gegeben hat (z. B. den »berdache«, siehe hierzu Kapitel 8). Vor allem aber beziehen sie sich auf Studien aus der Ethnomethodologie, die die statische Unterscheidung von »sex« und »gender« überwinden.

1.2 »Doing gender«. »Doing difference«?

Seit den frühen ethnomethodologischen Untersuchungen über Geschlecht und Transsexualität durch Garfinkel (1967) und Kessler/McKenna (1978) wird in der sozialwissenschaftlichen Gender-Forschung davon ausgegangen, dass Geschlecht kein bloßes Ausdrucksverhalten ist, das sich aus sozialem Geschlecht, geschweige denn einem biologischen, ableiten ließe. Nicht nur das soziale Geschlecht, auch das biologische Geschlecht ist eine soziale Konstruktion. Garfinkel hatte dies insbesondere am »Passing«-Prozess der Transsexuellen Agnes gezeigt, Kessler/McKenna widmeten auch anderen Phänomenen Aufmerksamkeit, etwa den in zahlreichen Kulturen nachgewiesenen dritten Geschlechtern (vgl. ausführlich Kapitel 8). Ihre Resultate brachten die unhinterfragte (und im Alltag weitgehend auch unhinterfragbare) Alltagstheorie, der zufolge es zwei, genau zwei und nur zwei Geschlechter gibt, ins Wanken (vgl. hierzu Garfinkel 1967b, 122–128 und Kessler/McKenna 1978, 122ff.). Die Ethnomethodologie behandelt soziale Wirklichkeit nicht einfach als etwas statisch Gegebenes. Sie ist vielmehr ein fortwährender

Erzeugungsprozess. Harold Garfinkel bezeichnete sie daher als eine *Vollzugswirklichkeit*, als ein »ongoing accomplishment« (Garfinkel 1967b, vii). Dies gilt auch für Geschlecht. West und Zimmerman hatten dieses Argument, aufbauend auf den genannten Arbeiten von Harold Garfinkel und Erving Goffman, auf Geschlechtskonstruktionen angewendet und den Vorgang der *Herstellung* von Geschlecht als »doing gender« bezeichnet (1991, zuerst 1987).

Die »doing«-Formulierung geht auf Harvey Sacks zurück. Mit dem Begriff des »doing« beschreiben Ethnomethodologie und Konversationsanalyse zum einen den Prozesscharakter von Handlungen und verweisen zugleich auf die Leistungen der Interagierenden. Lindsey Churchill fasst diese Herangehensweise wie folgt zusammen:

> »The ethnomethodologist continually asks the *technical* question, ›How is that social activity done?‹ Harvey Sacks keeps this question in front of him by using the verb ›to do‹ in thinking about social activities. He refers to arguing as *doing* arguing; being embarrassed as *doing* embarrassment; exclaiming as *doing* exclaiming; questioning as *doing* questioning, etc. In this way he tried to keep focused on the methodological ways in which social activities are produced by members of the culture.« (1971, 183; Hervorhebungen im Original)

West und Zimmerman wenden nun diesen sich stetig vollziehenden Prozess der Wirklichkeitserzeugung auf Geschlecht an und definieren »gender as a routine, methodical, and recurring accomplishment« (1991, 13). Der große Vorteil dieses Ansatzes ist, dass Geschlechtszugehörigkeiten nicht als ein für allemal erworben gedacht werden, sondern dass das Augenmerk darauf gelenkt wird, wie Menschen *in* konkreten Situationen *im* Umgang mit anderen Menschen ihr eigenes Geschlecht *und* das Geschlecht der anderen fortwährend erzeugen. Es wird also – anders als in der Rollentheorie – nicht von einer fest umrissenen Geschlechtsrolle ausgegangen, die ein Mensch erwirbt und innehat, sondern von *situativen* Praktiken, die wir als kompetente Mitglieder der Gesellschaft beherrschen. Die Kritik am Geschlechtsrollenmodell ist elementar: Ein Rollenbegriff, so West und Zimmerman, verdunkle eher die Praktiken, die notwendig sind, um Geschlecht zu erzeugen (»the notion of gender as a role obscures the work that is involved in producing gender in everyday activities«; 1991, 14).

»Doing gender« begreift Geschlecht also als Herstellungsprozess. An diesem Herstellungsprozess sind zwei Dinge zentral: Er ist zunächst, so West/Zimmerman (1991, 32), unvermeidbar: »Doing gender is unavoidable.« Er ist vor allem aber nicht augenfällig. Die Praktiken der kontinuierlich erzeugten Zugehörigkeit zu Geschlecht sind für uns im Alltag in der Regel nicht wahrnehmbar und nicht erkennbar. Wir nehmen sie vielmehr als natürliche Ausdrucksformen hin und begreifen sie als wesenszugehörig – wir essentialisieren sie. »Doing gender« ist ein Herstellungsprozess, der seinen Herstellungscharakter unkenntlich macht. Im »doing gender« wird der Herstellung ihr Herstellungscharakter nicht angesehen. Gleichwohl nehmen wir die Bedingungen und die Konsequenzen dieses Herstellungsprozesses wahr: Er ist, um eine Formulierung von Harold Garfinkel zu verwenden, »seen but unnoticed«.
Der Ansatz des »doing gender« wurde 1995 von West und Fenstermaker zum »doing difference« erweitert. Anders als die erste Theorie, die große Resonanz fand, war das Konzept des »doing difference« von Anfang an umstritten. Der Abdruck des Textes in »Gender & Society« (1995a) wurde von einem Symposium begleitet, in dem sich zahlreiche Autoren kritisch zum Text äußerten (Collins et al. 1995), wiederum gefolgt von einer Replik der Verfasserinnen (1995b) (siehe für eine Rückschau auf die Debatte auch den Aufsatz von Fenstermaker und West: »›Doing difference‹ revisited«; 2001).

In »Doing difference« hatten West und Fenstermaker die ethnomethodologische Perspektive auf den Herstellungscharakter von sozialer Ungleichheit auszudehnen versucht und allgemein »›difference‹ as an ongoing interactional accomplishment« konzeptualisiert. Neben Geschlecht sind die zentralen Prozesse der Herstellung von Differenz (und im Text damit zugleich auch von Ungleichheit und Unterdrückung) Ethnie (»race«) und soziale Schicht bzw. Klasse (»class«):

> »We assert that, while gender, race, and class (…) exhibit vastly different descriptive characteristics and outcomes, they are, nonetheless, comparable as mechanisms for producing social inequality.« (1995a, 9)

Begründet wird die Erweiterung des »doing gender« hin zu einem »doing difference« zweifach: Zum einen damit, dass diese Differenzierungsprozesse nicht voneinander trennbar wären (»they work simultaneously«; 1995a, 19), Geschlecht somit nur eine Differenzierungsmöglichkeit im unteilbaren Dreigestirn von Geschlecht/Rasse/Klasse darstellt. Der zweite Grund für die Verschiebung der Argumentation ist erkennbar ein politischer, nämlich die Einsicht, dass »feminist thought suffers from a white middle-class bias« (1995a, 10) und dass »feminist theory is dominated by white, highly educated women« (ibid.). Entsprechend werden in einem der klassischen Mengenlehre ähnelnden Schaubild mit dem Titel »oppressed people« (1995a, 14) drei Kreise gezeichnet, die sich wechselseitig überschneiden. In jedem Kreis befindet sich ein »unterdrücktes ›Volk‹«: »those oppressed by gender«, »those oppressed by race« und »those oppressed by class«. Die Schnittmengen werden entsprechend bevölkert: Die Schnittmenge von »those oppressed by gender« und »those oppressed by race« enthält zum Beispiel die »women of color« (aller Klassen), die Schnittmenge von »those oppressed by class« und »those oppressed by race« enthält zum Beispiel die »working-class men of color« sowie die »working-class women of color« etc.

Diese Darstellung wurde im erwähnten Symposium vor allem hinsichtlich der ahistorischen und dekontextualisierten Argumentation kritisiert (siehe auch Romaine 1999, 23–28 für eine ausführliche Kritik). Den dort angeführten Kritikpunkten seien vier weitere hinzugefügt:

(1) Die Hinzufügung von Rasse und Klasse (resp. Ethnie und sozialer Schichtung) mag zwar eine Antwort auf den Vorwurf sein, der Feminismus habe einen »white middle-class bias« (1995a, 10). Was damit aber aufgebaut wird, ist ein klarer – politisch korrekter – US-Bias in der Argumentation. Denn eine Reihe anderer Kategorien, die in anderen Teilen der Welt zu sozialer Differenzierung erheblich beisteuert, fehlt in der Darstellung, etwa Religion oder Generation bzw. Alter, die aber nun mal – zu diesem Zeitpunkt zumindest – nicht im Zentrum von »political correctness« standen.

(2) Nicht alle Differenzierungsformen werden gleichermaßen biologisiert und essentialisiert wie Geschlecht. Wohl wurden zum Beispiel soziale Unterschiede religiös legitimiert (»gottge-

wollt«), etwa in der Ständegesellschaft in Mittelalter und früher Neuzeit in Europa; noch heute ist die Kastenzugehörigkeit im indischen Hinduismus religiös begründet. Jedoch sind die Zugehörigkeiten zu Klasse oder sozialer Schichtung offensichtlich hinterfragbar und durchlässiger (geworden). Dies ist bei Geschlecht nicht der Fall. Die individuellen Ausdrucksformen (in Goffmans Formulierung: das »gender display«) haben sich – zumindest in der nordwestlichen Hemisphäre – pluralisiert, in Kleidung, Haartracht etc. Aufgehoben ist die grundlegende binäre Kodierung in männlich und weiblich damit keineswegs. »Ein soziales Phänomen ist an der äußerlich verbindlichen Macht zu erkennen, die es über die Einzelnen ausübt oder auszuüben imstande ist (…).« (Durkheim 1984, 112) Geschlecht ist in unserer Alltagswahrnehmung ein sozialer Tatbestand, der mächtiger ist als andere, undurchschaubarer, unangreifbarer, unhintergehbar.

(3) »Race« und »class« sind Differenzierungsmechanismen, die diese sozialen Gruppen *durch* diese Differenzierung in schwarz und weiß, oben oder unten, deutlich voneinander separieren – nach Wohngebieten in getrennte Wohnorte oder Stadtviertel zum Beispiel. Geschlecht hat demgegenüber eine eher weniger separierende denn hierarchisierende Funktion: Der Zwang zur heterosexuellen Paarbildung (vgl. zu Goffman weiter Kapitel 8) führt ja im Gegenteil dazu, dass sich in Paaren und Familien Männer und Frauen in *einer* Einheit wiederfinden. »Es ist, als ob die Gesellschaft Schwestern einen Bruder an die Seite stellt, damit Frauen von Anfang an ihren Platz kennenlernen, und sie stellt eine Schwester neben Brüder, damit Männer den ihren finden.« (Goffman 1994, 130/131)

(4) Auffällig ist, dass außer Geschlecht keiner der Differenzierungsapparate rein binär und exklusiv kodiert ist. Das mittelalterliche Ständesystem kannte drei Stände. Johann Friedrich Blumenbachs Systematik der menschlichen Hautfarben aus dem Jahre 1779 im »Handbuch der Naturgeschichte« unterschied fünf Rassen, »Schwarze«, »Weisse«, »Rote«, »Gelbe« und »Braune«. In der Sozialstrukturanalyse wurden neben Unter-, Mittel- und Oberschicht auch die untere Unterschicht, die mittlere Unterschicht etc. unterschieden, oder es wird nach mehreren »Milieus« differenziert. (Karl Marx' binärer Antagonismus von Bourgeoisie und Proletariat sollte im »Klassenkampf« und letztendlich in ei-

ner »klassenlosen Gesellschaft« münden.) Die verschiedenen Differenzierungsformen treten uns im Alltag mit einer unterschiedlichen »Härte« entgegen. Auch die Frauenbewegung hat nie die Zweiteilung an sich bezweifelt, sondern nur deren Folgen zu thematisieren und zu bekämpfen versucht. Die Bedingungen der Differenzierung blieben erhalten, nur ihre Konsequenzen sollten minimiert werden. »Das Geschlecht«, so Goffman im Anschluss an die berühmte Formulierung von Karl Marx, »nicht die Religion, ist das Opium des Volkes.« (1994, 131)

1.3 Kommunikation von Geschlecht, Kommunikation über Geschlecht

»Doing gender« bedeutet damit, dass in diesen Prozessen der Herstellung von Geschlecht ein geschlechtlicher Dimorphismus erzeugt wird, den wir für selbstverständlich halten. Doch wie geschieht dies? West und Zimmerman zufolge spielen *Interaktionen* in diesem »social doing of gender« die entscheidende Rolle:

> »We argue that gender is not a set of traits, nor a variable, nor a role, but the product of social doings of some sort. What then is the social doing of gender? (…) We claim that gender itself is constituted through interaction.« (West/Zimmerman 1991, 16)

Kommunikation ist an diesen interaktiven Prozessen entscheidend beteiligt. Der Prozess des »doing gender« erfolgt nicht »stumm«. Zwar können, wie Hirschauer in seiner Studie zur Transsexualität zeigt, auch Blicke sexuieren (1993b, 35). Doch da die meisten Interaktionen über und durch (verbale) Kommunikationen geschehen, sie zumindest an ihnen einen großen Anteil haben, erfolgt auch »doing gender« vorwiegend kommunikativ. Neben dem »doing gender« geschehen hier auch Prozesse von »undoing gender«, also Vorgänge, die eine gezielte Desexuierung von Geschlecht durch Kommunikation bewirken (vgl. hierzu Kapitel 9).

Die Hervorbringung von Geschlecht ist also auch und in erster Linie ein kommunikatives Geschehen. Wir kommunizieren als Männer und als Frauen – und bringen uns doch erst in dieser Kommunikation *als* Männer und *als* Frauen hervor. Prozess und

Resultat gehen ungesehen ineinander über. Im Alltag – und mitunter in manchen wissenschaftlichen Beiträgen – geht dies mit einem schier unhintergehbaren Essentialismus einher.

Für die Kommunikation *über* Geschlecht, wie sie in diesem Buch erfolgt, birgt dies ein Problem. Die Beschreibung von Kommunikation und Geschlecht muss sich selbst einer Sprache bedienen. In dieser wird dann zwangläufig immer wieder zwischen »Männern« und »Frauen« unterschieden. Ein Buch, das Kommunikation und Geschlecht zum Gegenstand hat, hat insofern ein Reflexivitätsproblem, als mit einer fortwährenden Unterscheidung zwischen »Männern« und »Frauen« ein Reifizierungsproblem einhergeht, wie es auch Gildemeister und Wetterer (1992) beschrieben: die ungefragte Fortsetzung alltagsweltlichen Denkens in zweigeschlechtlichen Strukturen und damit eine Fortsetzung von Alltagstheorien im wissenschaftlichen Diskurs. Beim Thema Kommunikation und Geschlecht ist dieses Reifizierungsproblem besonders heikel, als (alltägliche) Sprache und (wissenschaftliche) Metasprache in eins zu kollabieren drohen. Insbesondere die Beidbenennung, die durch Movierung auf »-in« (sogenannte In-Suffigierung, siehe Kapitel 2) erfolgt, scheint im Zusammenhang mit dem Reifizierungsproblem ausgerechnet beim Thema Kommunikation und Geschlecht problematisch. Nicht nur, dass die Unterscheidung selbst nicht befragt wird – sie wird verstärkt durch die sprachliche Hervorhebung und, in Vorschriften zur sprachlichen Gleichbehandlung der Geschlechter, institutionalisiert.

Für die folgenden Ausführungen wurde daher eine nicht unproblematische Entscheidung getroffen: Das Buch verzichtet auf explizite Beidbenennung und damit auf eine fortwährende Reifizierung von Zweigeschlechtlichkeit durch Sprache. An Stelle der fraglichen Beidbenennung werden auf den folgenden Seiten, wo es geht, immer wieder neutralisierende Formulierungen verwendet. Die im Zusammenhang mit dem Thema unausweichliche Rede von Männern und Frauen wird in ihrer essentialisierenden Kraft dadurch zu entschärfen versucht, als mitunter von »Männern« und »Frauen« die Rede ist. Bei diesem Problem (und anderen) hilft nur Goffmans Lakonie:

»Ich kann nur sagen, wer das falsche Bewußtsein bekämpfen und den Menschen ihre wahren Interessen zum Bewußtsein bringen möchte, der hat sich eine Menge vorgenommen, denn die Menschen schlafen sehr tief. Was mich betrifft, so möchte ich hier kein Wiegenlied komponieren, sondern bloß mich einschleichen und die Menschen beim Schnarchen beobachten.« (1980, 23)

2 Sprache und Geschlecht

2.1 Frauensprache, Männersprache?

1973 erschien in den Vereinigten Staaten ein kurzer Aufsatz mit dem Titel »Language and Women's Place«. Mit diesem Text (und seiner Erweiterung zu einem Buch 1975) setzte die amerikanische Linguistin Robin Lakoff eine Debatte in Gang, die weit über die Grenzen der engen wissenschaftlichen Einzeldisziplinen hinaus rezipiert wurde. Genau genommen ist die von ihr angestiftete Debatte um die Frage, ob Frauen und Männer unterschiedlich sprechen, bis heute nicht beendet. Lakoff selbst sprach in diesem Aufsatz explizit von »women's language«, von Frauensprache also, und von »men's language«, von »Männersprache« (Lakoff 1975, 7). Frauensprache, so Lakoff, zeichne sich durch einen emotionalen Stil, Männersprache hingegen durch einen sachlichen Stil aus. Bevor das nächste Kapitel zeigen wird, dass es eigene »Frauensprachen« *nicht* gibt, möchte dieses Kapitel zunächst aufzeigen, wie die Diskussion um weibliches und männliches Sprechen überhaupt entstanden ist, welches ihre wesentlichen Diskussionspunkte waren und welchen Verlauf die Auseinandersetzung speziell im deutschsprachigen Raum nahm.

Robin Lakoff verband mit ihrer These von den unterschiedlichen Sprachen der Geschlechter noch eine weitere Aussage. Es gebe nicht nur unterschiedliche Sprachen. Darüber hinaus seien sie unterschiedlichen Bewertungen unterworfen, wobei der männliche Stil stets höher bewertet würde und in gesellschaftlich angeseheneren sozialen Situationen Verwendung fände, etwa in der Öffentlichkeit oder im Berufsleben. »Rough talk« nennt Lakoff den männlichen Stil. Er sei der Stil, mit dem Sachlichkeit, Objektivität und Vernunft assoziiert werde. Für Frauen habe dies, so Lakoff, dramatische Konsequenzen, denn sie würden einerseits qua dieser Setzung die minderbewertete Sprache verwenden, und, wollten sie sich in anderen Kontexten bewegen, eben in der Öffentlichkeit, seien sie gezwungen, ähnlich wie in einem fremden Land, sich einer Sprache zu bedienen, die nicht die ihre ist. Wie Angehörige einer bilingualen Gemeinschaft fühlten sie sich daher in keiner Sprache richtig zu Hause. Sie schreibt (1975, 6):

> »So a girl is damned if she does, damned if she doesn't. If she refuses to talk like a lady, she is ridiculed and subjected to criticism as unfeminine; if she does learn, she is ridiculed as unable to think clearly, unable to take part in a serious discussion: in some sense, as less than fully human: These two choices which a woman has – to be less than a woman or less than a person – are highly painful.«

Der Platz der Frauen in der Sprache sei damit untergeordnet. Mit Sprache könne Macht ausgeübt werden, ja Gewalt. In diesem Machtspiel seien Frauen die Unterlegenen. Sie sprächen eine andere Sprache als Männer. Dies zeige sich in allen sprachlichen Bereichen. Schon im *lexikalischen* Bereich zeige sich, dass Frauen ein bestimmter Wortschatz zur Verfügung stünde, über den Männer nicht verfügen, mit Begriffen aus dem häuslichen Bereich, der Kindererziehung usf. und vice versa. Frauen verwendeten, so Lakoff, bestimmte Substantive und Adjektive, die nicht zum männlichen Wortschatz gehören: Koseworte wie »Schätzchen« oder Verniedlichungen wie »ein Tässchen« oder Eigenschaftsbeschreibungen wie »goldig«, »süß«, »reizend« oder »entzückend«. Frauen würden verstärkt Formen der Abschwächung benutzen: *Euphemismen* wie »verschnupft« für eine schlimme Erkältung, *Diminutiva* wie »ein Stückchen«, »ein bisschen«, »ein wenig«, die das Gesagte einschränken, sowie *Vagheitsmarkierungen* aller Art: »ziemlich«, »irgendwie«, »vielleicht«, »möglicherweise«. Lakoff nennt solche Ausdrücke »hedges« (›Heckenausdrücke‹). Auch in *syntaktischen* Konstruktionen fänden sich sprachliche Abschwächungsmanöver, in Relativierungen wie »Es scheint, dass …«, »Ich vermute …«, »Ich würde sagen …«, »Meiner Meinung nach …«, »Ich frage mich, ob …« etc. Abschwächungen können auch in *Fragen* erfolgen, z. B. mittels eines »Ist es nicht so, dass …?«, »Findest du nicht auch, …?«, »Meinst du nicht auch,…?« etc. All diese Manöver drücken, so Lakoff, Abschwächung aus und schränken die Gültigkeit der Aussage und die Ernsthaftigkeit der Sprecherin ein. Indem sie auf Zustimmung angelegt sind und eine Reaktion beanspruchen wollen, stellen sie die eigene Aussage in Frage. Dies gilt auch für angehängte *Fragepartikel* in Form von »ne?«, »gell?« oder »nicht wahr?«. Solche »tag questions« (»isn't it?«, »do they?«) machen aus einer Aussage eine Zwischenform zwischen einem Aussagesatz und einer Frage – und formen damit eine Äußerung, die wiederum Zustimmung erheischt: »Es ist kalt hier drin, gell?« Frauen würden darüber hinaus mehr *Höflichkeitsmarkierungen* in Form von Konditionalisierungen benutzen (»Könnten wir nicht langsam mal gehen oder was meinst du?«). Lakoff nennt sie daher »superpolite«. Mit solchen Unschärfemarkierungen, Modalisierungen und Formen von Indirektheit werde insgesamt eine Abschwächung der Aussage bewirkt. Auch im Gebrauch von Schimpfworten und anderen kommunikativen Formen wie Witzen würden sich Frauen von Männern unterscheiden.

Lakoffs Aufsatz fand große Resonanz in der entstehenden feministischen Linguistik und darüber hinaus. Zugleich provozierte der Aufsatz Einwände und Kritik. Zum einen wird nicht klar, auf welcher Basis die Thesen beruhen. Beruhen sie auf Introspektion oder auf empirischer Beobachtung? Sind die Sätze Schöpfungen der Wissenschaftlerin (was zu diesem Zeitpunkt, als die Sprechakttheorie in der Regel von Forschern erfundene Sätze analysierte, nicht außergewöhnlich gewesen wäre) oder wurden sie tatsächlich von Sprechern in realen Situationen so geäußert? Reproduzieren die Behauptungen nicht erst vielmehr die behaupteten Geschlechtsstereotypen?

Zum anderen sind die Behauptungen Lakoffs auch nicht weiter überraschend: Dass eine Gruppe von Menschen, die eine bestimmte Arbeit verrichtet, über ein spezielles Lexikon verfügt, also über einen gemeinsamen Expertenwortschatz, ist keine sonderlich originelle Beobachtung. Tatsächlich erfuhr Lakoff massive Kritik, zum Beispiel durch Dubois und Crouch, die Lakoff Willkür vorwerfen. Sie bezeichnen Lakoffs Methode als:

> »introspection *cum* asystematic, uncontrolled, and unverifiable observation of such others as happened into her hearing, which makes a highly skewed, not a random sample« (1975, 289).

Neben der Kritik der Intuition als Methode halten sie ihr logische Fehler vor:

> »It leads to (1) error of facts; (2) use of examples which strike us as no more than fabricated; (3) failure to isolate the variables in ques-

> tion; (4) error of reasoning; (5) disregard of the work of others; (6) &c.« (1975, 289)

Neuere Untersuchungen zeigen tatsächlich, dass die Thesen von Lakoff in dieser Pauschalität nicht haltbar sind. Frauen sind sehr wohl in der Lage, Dissens zu formulieren und das zu sprechen, was Lakoff als »rough talk« ausschließlich den Männern zuschreibt (vgl. hierzu die Kapitel 5 und 6).

Für die Entstehung der Diskussion um Sprache und Geschlecht wirkte Lakoffs Text jedoch wie eine Initialzündung. Durch ihn wurde sowohl in den USA als auch in Deutschland die Diskussion in Gang gebracht. Insofern hat Lakoffs »Language and Women's Place« den Status eines Klassikers der feministischen Linguistik (siehe auch die erweiterte Neuauflage des Textes von 2004, auch die Widmung an Lakoff in Halls und Bucholtz' »Gender Articulated« von 1995 weist darauf hin). Die Thesen von Lakoff prägten die ersten Untersuchungen und Publikationen, die zum Thema Sprache und Geschlecht in den 1970er und frühen 1980er Jahren erschienen. Die Sprache der Männer wird im Wesentlichen als Mittel der Gewalt und Unterdrückung beschrieben. Mit dem Titel »Against Our Will« ist zum Beispiel ein Aufsatz von Candace West (1979) überschrieben, in dem sie das (männliche) Verhalten bei Unterbrechungen in Gesprächen beschreibt und eine Analogie zwischen sprachlichen und sexuellen Übergriffen herstellt (eine Anleihe an Susan Brownmillers Buch »Against Our Will« von 1975). Dale Spender bezeichnet das Englische als »man made language« (1980), und O'Barr und Atkin (1980) Frauensprache als »powerless language«. Frauen, so die ersten Untersuchungen, die sich an Lakoffs These anschlossen, nähmen in der Sprache eine untergeordnete Rolle ein. In und mittels Sprache würde Frauen, ähnlich wie in der gesamten Gesellschaft, eine nachrangige Funktion, eine Außenseiter- und Opferrolle zugewiesen.

Der Zusammenhang von der untergeordneten Rolle der Frauen in Sprache und Gesellschaft war auch in den ersten Publikationen in Deutschland maßgebend: Die Sprachwissenschaftlerin Senta Trömel-Plötz publizierte 1984 einen Sammelband mit dem Titel »Gewalt durch Sprache«. Im Untertitel wird, wie in Wests Aufsatz, mit der Formulierung »Die Vergewaltigung von Frauen in Gesprächen« eine Analogie zwischen körperlicher und sexueller Gewalt und Sprachverwendung impliziert. Die vorherrschende Sprache wird als »Männersprache« beschrieben, so auch in einem Band mit Glossen von Luise F. Pusch (1984). Pusch zeigt in ihren Texten systematisch auf, welches der Ort der Frauen in der deutschen Sprache sei und wie er zustande komme. Anhand einer Glosse über den Duden als »Trivialroman« lässt sich dies veranschaulichen. Pusch nahm sich die Beispielsätze aus dem »Bedeutungswörterbuch« des Duden aus dem Jahr 1970 vor (DUDEN Bedeutungswörterbuch, Band 10), immerhin der normsetzenden Instanz schlechthin, was Rechtschreibung, Grammatik und Lexikon des Deutschen betrifft. Die Glosse zeigt den Duden als eine von konventionellen, teils abenteuerlichen Stereotypen besiedelte Welt auf, dies allein anhand der Einträge und der Beispielsätze unter dem Buchstaben A:

absolvieren:	Er hat das Examen mit Auszeichnung absolviert
abtauen:	Sie hat den Kühlschrank abgetaut
adrett:	Sie ist immer adrett gekleidet
altern:	Sie ist auffallend gealtert
anerkannt:	Er war ein anerkannter Wissenschaftler
anlächeln:	Sie sah ihn an und lächelte
aufbäumen:	Er bäumte sich gegen die Ungerechtigkeit auf.
aufschnüren:	Sie schnürte ihr Mieder auf.
aufsehen:	Sie sah zu ihm auf wie zu einem Gott
ausschlagen:	Er hat ihm drei Zähne ausgeschlagen

Die Beispielsätze stehen teils unverändert in der neueren Ausgabe aus dem Jahr 1985. Immerhin findet sich in der Ausgabe von 1985 auch das Pronomen »frau« – allerdings nicht als eigenständiger Eintrag, sondern bezeichnenderweise als Erläuterung des Indefinitpronomens »man«. Neben dieser Kritik an Wörterbüchern gab es auch eine Schulbuchkritik, zum Beispiel Ruth Römers Aufsatz »Grammatiken, fast lustig zu lesen«, der ähnlich stereotype Beispielsätze nachwies, etwa: »Der Vater liest. Er liest ein Buch. – Die Mutter liest Erbsen.« (1973, 78)

Inspiriert durch solche sprachkritischen Texte von Linguistinnen wie Trömel-Plötz und Pusch entstand in den späten 1970er und 1980er Jahren im deutschsprachigen Raum eine fachwissenschaftliche Diskussion, die als »Genus-Debatte« bekannt wurde. Im Anschluss an diese Debatte wurden Richtlinien mit Anleitungen für einen nicht-sexistischen Sprachgebrauch publiziert. Frauen prozessierten um ihre Berufsbezeichnungen, und Gerichte mussten sich mit der Frage auseinandersetzen, ob eine »Kauffrau« das weibliche Äquivalent zum »Kaufmann« ist. Der deutsche Bundestag diskutierte, ob mit der Bezeichnung »Arzt im Praktikum« auch eine weibliche Person gemeint sein kann. Die Genus-Debatte wirkte somit weit über die engeren Grenzen der Linguistik hinaus, und sie kann als Motor für einen Sprachwandel bezeichnet werden, der die Öffentlichkeit für das Phänomen des generischen Gebrauchs von Substantiven sensibilisierte.

2.2 Die Genus-Debatte in der deutschsprachigen Linguistik

Die Kontroverse entzündete sich, vereinfacht formuliert, daran, ob Männer *und* Frauen gemeint seien, wenn von »den Kunden«, »den Bürgern« oder »dem Arzt« die Rede ist – oder nicht vielmehr *nur* Männer unter Ausschluss der Frauen. Dieser Frage liegt eine linguistische Differenzierung zugrunde, nämlich die Trennung von *Genus*, dem generischen, geschlechtsindefiniten Gebrauch, und *Sexus*, dem nicht-generischen, geschlechtsdefiniten Gebrauch.

generischer Gebrauch: (geschlechtsindefinit)	der Kunde	
nicht-generischer Gebrauch: (geschlechtsdefinit)	der Kunde	die Kundin

Das Deutsche kennt die Unterscheidung zwischen einem geschlechtsdefiniten Gebrauch von Substantiven, in dem das grammatische Geschlecht des Wortes dem biologischen Geschlecht des Referenten (also der Person, die gemeint ist) entsprechen muss. Entsprechend muss eine Frau, die einen Laden betritt, korrekt als Kund*in* bezeichnet werden, ein Mann hingegen als

Kund*e*. Es gibt folglich einen *geschlechtsdefiniten* Gebrauch von Substantiven, mittels dessen das Geschlecht der Person angezeigt wird, auf die referiert wird, sowie einen *geschlechtsindefiniten* Gebrauch, bei dem das Geschlecht der gemeinten Personen (scheinbar) keine Rolle spielt, etwa wenn pauschal von »den Kunden« gesprochen wird. Dieser Vorstellung zufolge bildet der generische Gebrauch ein »Archilexem«, das geschlechtsneutral ist. Nur: Der generische Gebrauch (also der geschlechtsindefinite, der geschlechtsneutrale) ist im Deutschen *identisch* mit dem geschlechtsdefiniten *männlichen* Begriff (mit dem das männliche Geschlecht einer Person angezeigt wird). Das männliche geschlechtsdefinite Substantiv wird über eine sogenannte Null-Ableitung gebildet, das weibliche geschlechtsdefinite über eine sogenannte In-Suffigierung (Anhängung des Suffixes »in«). Diesem Umstand ist es zu verdanken, dass der neutrale Begriff potenziell *zwei* Lesarten hat: eine geschlechtsindefinite – aber auch ein geschlechtsdefinite. Unter Bezugnahme auf Beispielsätze wie »Bei uns ist der Kunde König« schreibt Trömel-Plötz (1978, 53):

> »Der generische Gebrauch des Nomens wird oft mit dem Gebrauch des maskulinen Nomens mit männlichen Referenten identifiziert – man redet generell über Männer und Frauen, man benützt die Form, die für den generischen geschlechtsindefiniten Gebrauch zur Verfügung steht, und man meint dabei nur Männer. Die Sprache kommt einem noch entgegen, denn sie erlaubt beide Lesarten für eine derartige Äußerung. Die Ambiguität solcher Äußerungen ist den meisten Sprechern in den meisten Kontexten nicht bewußt und die Äußerung dient ihren Zwecken in der Kommunikation: unter Ausschluß von Frauen über Männer zu sprechen oder Männer anzusprechen und zugleich die Rückzugsmöglichkeit offen zu halten, daß auch Frauen eingeschlossen waren (...).«

Noch deutlicher wird das Genus-Problem der deutschen Sprache, begibt man sich auf die Bezeichnungsebene im Plural:

generischer Gebrauch: (geschlechtsindefinit)	die Kunden	
nicht-generischer Gebrauch: (geschlechtsdefinit)	die Kunden	die Kundinnen

Auf eine Gruppe männlicher Kunden bezieht man sich mit dem Begriff »die Kunden«, auf eine rein weibliche Gruppe mit dem Wort »die Kundinnen«. *Gemischte* Gruppen von männlichen und weiblichen Personen bezeichnet man im Deutschen korrekt als: »die Kunden«. Frauen würden im generischen Gebrauch, so die These von Trömel-Plötz, in der Sprache unsichtbar gemacht. Ihre Nicht-Benennung auf der Zeichenebene führe zu einem Nicht-Gemeintsein auf der Bedeutungsebene. Der generische Gebrauch fungiere hier, so die These der Genus-Debatte, als Ausschließungsmechanismus. Entsprechend fordert Trömel-Plötz, wie auch Pusch und viele andere, das »Sichtbarmachen« von Frauen in der Sprache: über explizite Benennungen – also von »Student*innen*« zu reden, wenn es sich um weibliche Studierende handelt, und von »Studenten und Studentinnen« zu reden, wenn es um eine gemischte Gruppe geht. Angestrebt ist also in der Genusdebatte die Desambiguisierung des generischen Gebrauchs.

Trömel-Plötz' Aufsatz löste eine Replik aus. Hartwig Kalverkämpers (1979) Argument lautet, dass in Trömel-Plötz' Analyse eine Verwechslung von Genus und Sexus erfolge. Des Weiteren spricht er ein linguistisches Grundthema an, nämlich die sogenannte »Arbitrarität« des Zeichens, derzufolge (nach Ferdinand de Saussure) die Lautfolge eines Wortes beliebig ist und mit der Bedeutung des Wortes nichts zu tun haben muss. (Eine Ausnahme bilden sogenannte Onomatopoetika.) Die generische Personenbezeichnung »der Kunde« sei ein Archilexem und daher geschlechtsneutral. Dieses geschlechtsneutrale Archilexem würde bei der generischen Verwendung *nicht* den Sexus der Personen anzeigen. Für Kalverkämper »krankt« etwa »die von Frau Trömel-Plötz vorgelegte Fragestellung in ihrem Vorgehen und Ergebnis daran (…), daß Grundprinzipien der struktural-funktionalen Semantik und somit der Linguistik überhaupt außer acht geblieben« seien (1979, 62). Trömel-Plötz' Analyse sei »unlinguistisch« (1979, 60), da sie eine »unzulässige Verwechslung von Sexus und Genus« vollziehe. Die eigentlichen Fragen, warum im Deutschen ausgerechnet der männliche geschlechtsdefinite Begriff zufälligerweise mit dem geschlechtsneutralen Archilexem identisch ist und welches die Konsequenzen aus diesem Zufall sind, beantwortet er damit nicht.

Durch Kalverkämpers Replik wurden Trömel-Plötz' Analysen zum einen sehr stark aufgewertet, er führte jedoch vor allem einen nicht sehr sachlichen Ton in die Diskussion ein. Hatte Trömel-Plötz ihren Aufsatz mit dem Titel »Linguistik und Frauensprache« überschrieben, titelte Kalverkämper »Die Frauen und die Sprache« und reduzierte damit in seiner Antwort die Initiatorinnen der Genus-Debatte von ihrem Status als Wissenschaftlerinnen auf ihren biologischen Status als Frau (eine Verwechslung von Genus und Sexus!). Problematisch ist aber nicht allein Kalverkämpers teils recht gönnerhaft vorgetragene Belehrung einer Fachkollegin. Indem er ihr die Grundbegriffe der Linguistik, etwa die alte These de Saussures von der Beliebigkeit des Zeichens vorrechnete (also über Grundlagenwissen eines Erstsemesters belehrte), betrieb er den Versuch einer Exkommunikation Trömel-Plötz' aus dem Kreis der kompetenten Linguisten.

Dieser herablassende Ton wiederum veranlasste Pusch zu einer heftigen Polemik. Pusch bezeichnet Kalverkämpers Kritik als »hanebüchene(n) Unsinn« (1984, 36), nennt ihn »dogmatisch« (1984, 32) und bescheinigt ihm wiederum, sich in der Referenzsemantik nicht auszukennen (1984, 34). Auch kritisiert sie den Rekurs auf de Saussures Diktum von der Arbitrarität des Zeichens. Nicht jedes Wort sei beliebig. Wohl seien zum Beispiel Zeichenketten bzw. Lautfolgen wie »drei« oder »zehn« arbiträr, die Zeichenfolge »dreizehn« jedoch sei motiviert. Sie stützt weiter Trömel-Plötz' These von der Ambiguität des generischen Gebrauchs:

> »Die jeweilige maskuline Bezeichnung hat generisch zwei Lesarten (›Männer allein‹ sowie ›Männer und Frauen‹) und die feminine nur eine (›Frauen allein‹).« (1984, 35)

Sie zeigt weiter, dass es im Sprachgebrauch keineswegs eindeutig ist, ob mit dem vermeintlich geschlechtsneutralen Begriff eine geschlechtsindefinite oder eine geschlechtsdefinite Verwendung gemeint ist, und sie zitiert Beispiele, wo ein zunächst vermeintlich geschlechtsneutraler Gebrauch sich urplötzlich als ein geschlechtsdefiniter entpuppt. Ein Beispiel entnimmt sie einem sozialwissenschaftlichen Text (Berger/Berger 1976, 52; hier zitiert nach Pusch 1984, 29; Hervorhebungen durch Pusch):

> »Institutionen (...) nehmen sich nicht nur das Recht, *einen Frevler* zu züchtigen, sondern auch, *ihn* moralisch zu maßregeln. Selbstverständlich gibt es von Institution zu Institution Gradunterschiede der moralischen Erhabenheit. Diese Unterschiede kommen gewöhnlich im Strafmaß, das *dem Frevler* auferlegt wird, zum Ausdruck. Der Staat als Institution kann *ihn* unter Umständen vernichten. Die Mitbewohner *seiner* Wohnsiedlung dagegen schneiden vielleicht nur *seine Frau* bei geselligen Veranstaltungen.«

Bis zum vorletzten Satz, so Pusch, enthält der Text eine Lesart, derzufolge man ihn auf Männer *und* Frauen bezogen verstehen kann – solange man eben einen generischen Gebrauch des Substantivs »der Frevler« bzw. des Pronomens »ihn« und des Possessivs »seiner« unterstellt. Doch im letzten Satz wird genau diese generische Lesart fraglich. Hier ist offensichtlich doch ein geschlechtsdefiniter Gebrauch gemeint, der Männer meint und Frauen ausschließt. Genau dieser stille Wechsel von generischer zu nicht-generischer Bedeutung lässt bei der Lektüre dieser Passage den Verdacht aufkommen, dass allem bisher Gelesenen möglicherweise doch eine andere Lesart zugrunde lag – eben die geschlechtsdefinite. Solche auf den ersten Blick generischen, auf den zweiten jedoch heimlich geschlechtsdefiniten Verwendungen finden sich in zahllosen Texten. Auch klassische Texte sind darunter, etwa das »Lied der Deutschen« von August Heinrich Hoffmann von Fallersleben, das sich zwar als »Lied der Deutschen« zunächst als Lied aller Deutschen egal welchen Geschlechts tituliert, sich jedoch spätestens in der vierten Strophe, in der »deutsche Frauen, deutsche Treue, deutscher Wein und deutscher Sang« beschworen werden, unter der Hand zu einem geschlechtsdefiniten wandelt. Sogar die Zehn Gebote enthalten gewisse Ambiguitäten: Sie sind zwar in Anredeform geschrieben »Du sollst nicht«, und mit dem geschlechtsindefiniten »Du« lassen sich Frauen und Männer gleichermaßen adressieren. (Dies ist in anderen Sprachen anders, siehe hierzu Kapitel 3.) Doch das zehnte Gebot stellt die Lesarten der neun anderen in Frage, wenn gefordert wird »Du sollst nicht begehren deines Nächsten Weib, Knecht, Magd, Rind, Esel, noch alles, was dein Nächster hat«. Auch hier wird deutlich, dass nicht einfach ein geschlechtsindefiniter Gebrauch vorliegt, sondern nur mehr Männer adressiert sind.

Die Frage, die sich für Pusch daraufhin stellt: Welches »Lotteriespiel« sollte Frauen dazu veranlassen, sich mitangesprochen und mitgemeint zu fühlen, wenn im generischen Gebrauch von ihnen die Rede sein soll?

> »Man kann also unser deutsches Sprachsystem in diesem Bereich mit einer Lotterie vergleichen, in dem die Männer mit jedem Los gewinnen (...), Frauen aber nur mit jedem zweiten.« (1984, 27)

Mit dieser Nichtbenennung erfolge ein Ausschluss von Frauen aus der Sprache. Würden sie nicht benannt, seien sie auch nicht gemeint. All diese Beobachtungen führten zu der kategorischen Zuschreibung, das Deutsche sei eine Männersprache. Daraus wurde der Anspruch abgeleitet, die Sprache müsse geändert werden. Dies wiederum mündete in Forderungen und Vorschlägen, wie denn ein Sprachgebrauch zu gestalten sei, der Frauen »sichtbar mache«. Ziel ist nun, über explizite Benennung Frauen zu kennzeichnen. Frauen in Sprache aber sichtbar bzw. hörbar zu machen, bedarf einiger Umformungen im grammatikalisch-syntaktischen, aber auch im semantisch-lexikalischen Bereich. Dabei ist die These, dass Sprache und Bewusstsein wechselseitig voneinander abhängen bzw. das Sprechen das Denken bestimme, in der Sprachwissenschaft nicht gerade unumstritten (siehe Abschnitt 2.4). Dennoch lässt sich zeigen, welchen Einfluss die aus dieser Debatte heraus entstandenen Vorschläge für einen nichtsexistischen Sprachgebrauch auf die deutsche Sprache hatten und haben.

2.3 Versalien, Schrägstriche, Beid-Benennungen. Lösungen und ihre Probleme

Der Wunsch, Frauen über die sprachliche, die Zeichenebene, auch auf der kognitiven Ebene, der Bewusstseinsebene, sichtbar zu machen, führte damit bald zu Richtlinien, in denen Empfehlungen für einen nicht-sexistischen Sprachgebrauch gegeben wurden (siehe für solche Leitfäden Guentherodt/Hellinger/Pusch/Trömel-Plötz 1980 & 1981; Grabrucker 1994 und Samel 1995, 125ff. für weitere Literatur). Diese Richtlinien legen Lösungsvorschläge für das Dilemma vor, dass im Deutschen Genus und Sexus für die Bezeichnung von Personen sprachlich zusammenfallen. Die Vorschläge zielen auf einen Sprachwandel, der die Genus/Sexus-Kollabierung aufhebt und streben eine Desambiguisierung des generischen Gebrauchs an. Die meisten Richtlinien empfehlen die sogenannte Beid-Benennung, die, so die Annahme, über eine explizite Benennung des Sexus der gemeinten Personen Frauen mitgemeint sein ließe und damit in Sprache sichtbar mache. Statt von »den Studenten« solle entweder von »den Studentinnen und Studenten« oder aber, so lautet die neutralisierende Lösung, von »den Studierenden« gesprochen werden.

Auf der Ebene der Substantive scheint die Lösung recht einfach zu sein. Die Vorschläge führen jedoch in komplexen Sätzen zu mehr oder minder gravierenden bzw. mehr oder minder einfach lösbaren Problemen der Anpassungen weiterer grammatischer Kategorien. Was geschieht zum Beispiel mit den Possessivpronomen »sein« und »ihr«? Was mit den Indefinitpronomen »jemand«, »jeder«, »niemand« und »man«? Hier stellt sich das Problem des generischen Gebrauchs nicht minder. Grammatikalisch ist »jeder« oder »man« ein generischer Begriff, der auf Männliches wie Weibliches referieren kann (»*Jeder* Mensch ist sterblich, auch wenn *er* das nicht wahrhaben will«; »Kann mir *jemand sein* Fahrrad leihen?«). Dabei gilt auch hier, zumindest auf der Ebene der Grammatik: Indefinitpronomen wie »man« oder »jemand« sind offiziell generisch, beziehen sich also auf weibliche *und* männliche Referenten gleichermaßen, auch wenn sowohl in »man« als auch in »jemand« das Substantiv »Mann« zu stecken scheint. Historisch lässt sich dies dadurch erklären, dass im Mittelhochdeutschen »man« zugleich »Mann« und »Mensch« bedeutete, unsere Indefinitpronomen gehen auf diese Gegebenheit zurück. Nichtsdestotrotz wurde im Zusammenhang mit der Genus-Debatte das Pronomen »man« in keiner Weise mehr in seiner Bedeutung als »mensch« gehört, sondern als »mann«, dem das weibliche »frau« an die Seite gestellt wurde. Anpassungen sind aber bei anderen Pronomen, Possessivpronomen etwa, ungleich komplizierter als bei Substantiven. In romanischen Sprachen stellt sich zudem das Problem der Angleichung des Adjektivs.

Die Beid-Benennung führte somit zu erheblichen Komplikationen, wie die folgenden Beispiele deutlich machen: »Jeder und jede Mensch ist sterblich, auch wenn er oder sie das nicht wahrhaben will.« Oder: »Kann mir einer oder eine von euch sein oder ihr Fahrrad leihen?« (vgl. für weitere Beispiele Samel 1995, 89ff.). Konsequente Beid-Benennung produziert zwar die sprachliche Präsenz von Frauen, jedoch auch Satzungetüme, in denen eine sprachliche Doppelung auf Kosten von Verständlichkeit erfolgt. Sogar die Autorinnen, die das Problem der Beidbenennung erläutern, produzieren solche ungeschmeidige Sätze wie diesen (Samel 1995, 81):

> »Ob sich mit dieser Variante des Sprachgebrauchs Sprecherinnen und Sprecher, die der Sprachideologie der Gleichbehandlung anhängen, gegenüber den Vertreterinnen und Vertretern der androzentrischen Sprachideologie durchsetzen, kann von Sprachdokumentarinnen und -dokumentaren beobachtet werden.«

Eine weitere Lösungsmöglichkeit für eine Beid-Benennung, die weniger umständlich ist, stellen neue Schreibweisen dar wie zum Beispiel die Verwendung von Schrägstrichen in »jede/r Politiker/in« oder im Gebrauch des großen I als Versalie. Letztere Schreibweise wurde lange Zeit konsequent von der deutschen Tageszeitung »taz« verwendet, indem das »I« in Substantiven bzw. das »R« in Pronomen als Fuge groß geschrieben wird, um einen generischen Gebrauch anzuzeigen (»jedeR PolitikerIn«). Gegenüber der umständlichen Beid-Benennung lassen sich diese Varianten als »Sparschreibungen« (Samel) bezeichnen. Anwendbar sind diese Sparschreibungen jedoch nur in der geschriebenen Sprache. Problematisch ist diese Lösung in der gesprochenen Sprache. Ein »jedeR PolitikerIn« mag sich zwar beid-geschlechtlich lesen lassen, klingt jedoch in der gesprochenen Sprache nach einem bestimmten Kasus (dem Dativ), etwa im Satz »Jeder Politikerin steht ein Kinderbetreuungsplatz zu«. Bei der Versalie I lässt sich das graphische große I auch in der gesprochenen Sprache markieren, in dem es phonetisch abgesetzt wird: »Politiker'in« (ähnlich wie in »be'eilen«). Tatsächlich scheint die »gesprochene« Versalie I (bzw. der mit ihr verbundene glottal stop) auf dem Weg zum Phonem zu sein (Samel 1995, 79).

Von den vielen genannten Versuchen, die Genus/Sexus-Kollabierung des Deutschen über Beid-Benennungen aufzuheben, hat sich aber vor allem die Movierung auf »-in« durchgesetzt. Das Suffix »-in« wird dem generischen Substantiv angehängt, um einen geschlechtsdefiniten Gebrauch erkenntlich zu machen. Aus »Bürgern« werden so »Bürger und Bürgerinnen«, aus »Ärzten« »Ärzte und Ärztinnen«, auch und vor allem in offiziellen Dokumenten. Samel zitiert ein Beispiel aus der Debatte des Deutschen Bundestags über die Gleichbehandlung von Frauen und Männern in Gesetzestexten aus dem Jahr 1987. Die damalige Bundesgesundheitsministerin Rita Süßmuth hatte sich geweigert, eine Verordnung zu unterschreiben, die mit »Arzt im Praktikum« überschrieben war und unter anderem den Mutterschutz regeln sollte (zitiert nach Samel 1995, 102):

> »Ich fragte, ob ich das wirklich unterschreiben sollte. Man sagte mir: ›*Arzt im Praktikum* ist eine geschlechtsneutrale Bezeichnung; das ist eine Institution.‹ (*Allgemeine Heiterkeit*) Ich antwortete: ›Aber Institutionen werden aller Erfahrung nach nicht schwanger.‹ (*Heiterkeit und Beifall bei allen Fraktionen*) Damit war es endlich geschafft, diese Regelung außer Kraft zu setzen und auch von *Ärztinnen im Praktikum* zu sprechen.«

Mit der Beid-Benennung scheint zunächst das Problem des »Sichtbarmachens« und des »Gemeintseins« von Frauen in der Sprache gelungen gelöst zu sein. Doch die Lösung ist problematisch. Das Problem, das mit ihr einhergeht, ist, dass die »weiblichen« Begriffe meist als *Ableitung* der männlichen hergestellt werden. Damit wird ein Phänomen, das in der feministischen Linguistik schon früh kritisiert wurde, sprachlich institutionalisiert: Die Definition des Männlichen als Normalfall, das Weibliche hingegen als das von ihm Abgeleitete. (Sprachgeschichtlich ist die Zugehörigkeitsbezeichnung eindeutig: Die »Müllerin« ist die Frau des Müllers.)

Auch Pusch (1984, 61ff.) bezeichnete die Movierung auf »-in« als diskriminierend, weil sie nur einseitig fungiere und kein symmetrisches System darstelle. Sie forderte die Abschaffung der Movierung auf »-in«. Ihr Vorschlag, der sich jedoch nicht durchsetzen konnte, war ein Verzicht auf die In-Suffigierung und eine Markierung des generischen wie des geschlechtsdefiniten Gebrauchs von Substantiven über die Artikel »der«, »die« und »das«. »Der Professor« bzw. »die Professor« sollten den je geschlechtsdefiniten Gebrauch anzeigen, »das Professor« hingegen einen generischen. Ein ebenso radikaler Vorschlag ist die Idee eines generischen Femininums, in dem das (vormals geschlechtsdefinite) Femininum generisch verwendet wird, um auf beide Geschlechter gleichermaßen zu referieren (also von »Kund*innen*« gesprochen wird, wenn weibliche *und* männliche Kunden gemeint sind). Beide Vorschläge haben sich nicht durchgesetzt, wohl aber ausgerechnet die strittige Movierung auf »-in«.

Puschs Warnung vor der Movierung auf »-in« scheint zu Teilen ihre Berechtigung zu haben. Zwar wurden zahllose generische Substantive durch In-Suffigierung zu weiblichen, doch führt dies zu mitunter kuriosen Wortschöpfungen wie »der Landsmann/die Landsmännin«, Begriffe, die im Duden (DUDEN Die Rechtschreibung, Band 2, 1986) verzeichnet sind. Hier wird, obwohl dem männlichen Begriff »Mann« der weibliche Begriff »Frau« entspricht, nicht auf den vorhandenen Begriff zurückgegriffen und nicht die naheliegendere Wortschöpfung »Landsfrau« verwendet. Selbst dort also, wo sich ein eindeutiger Begriff anböte, wird das Weibliche zum Abgeleiteten. Zumal analoge Fälle, die sich als Vorbild anböten, auch im selben Duden vorhanden sind: So gibt es dort sowohl den »Kaufmann« wie auch die »Kauffrau«. Als Plural ist im Duden der Begriff »Kaufleute« eingetragen.

Im Gegenzug lässt sich aber zeigen, dass die Ableitung auf »-in« nur einseitig funktioniert, und in allen Fällen, in denen sich anböte, das Männliche zum Abgeleiteten zu machen und das Weibliche zur Grundlage, die deutsche Sprache eine erstaunliche Kreativität entwickelt. Dringen zum Beispiel Männer in typische Frauenberufe ein, erfolgt keine Ableitung der männlichen Berufsbezeichnung vom weiblichen Begriff. Aus der Putzfrau wurde kein *Putzmann, sondern ein Raumpfleger; aus der Krankenschwester wurde kein *Krankenbruder, und schon gar kein *Krankenschwesterich, sondern ein Krankenpfleger; aus der Hebamme wurde kein *Hebammerich, sondern ein Geburtshelfer etc. Bei einem weiteren Beruf, der Stewardess, wurde im Deutschen gleich die komplette Berufsbezeichnung offiziell geändert: in »Flugbegleiter«. Die weiblichen Flugbegleiter wurden folglich zu Flugbegleiter*innen* – und damit, wie in den anderen Beispielen auch, die männliche Variante zur generischen Bezeichnung und damit zur Basis für die weibliche Ableitung.

2.4 Kann Sprechen Denken verändern?

Die Bemühungen der feministischen Linguistik und Sprachkritik galten und gelten 1. der Sichtbarmachung von Frauen in Sprache einerseits und 2. einer Symmetrie der Bezeichnungsformen andererseits. Was die Movierung auf »-in« betrifft, muss festgehalten werden, dass diese Lösung für das erste Problem in einem gewissen Widerspruch zum ursprünglichen zweiten Teil des Vorhabens steht. Zwar werden mit der am häufigsten verwendeten Lösung, der Beid-Benennung, beide Geschlechter benannt, jedoch entsteht die weibliche Bezeichnung aus einer Ableitung von der männlichen Form. Wie an den Beispielen Krankenschwester, Stewardess etc. gezeigt, funktioniert die Ableitung meist nur einseitig.

Mit dem Vorhaben der Sichtbarmachung von Frauen in Sprache geht jedoch noch ein zweites Problem einher. Implizit wird bei diesem Unterfangen angenommen, dass über eine sprachliche Benennung Frauen auch stärker ins gesellschaftliche Bewusstsein aufgenommen würden, kurz: dass über Sprache das Denken verändert werden könne. Der unterstellte Zusammenhang zwischen Sprechen und Denken und die postulierte Abhängigkeit des Denkens von der Sprache ist jedoch äußerst umstritten. Diese These von der »sprachlichen Relativität« des Denkens ist auch unter dem Begriff »Sapir/Whorf-These« bekannt. Benjamin Lee Whorf (1897–1941), ein Schüler von Edward Sapir, hatte in den 1930er und 1940er Jahren in mehreren Aufsätzen den Gedanken vertreten, Sprache lege sich wie eine Schablone vor unser Denken. Das Prinzip besagt in seiner radikalen Form, dass die Wahrnehmung der Welt durch die Sprache beeinflusst wird und folglich durch verschiedene Sprachen unterschiedliche Weltsichten erzeugt werden. Die verschiedenen Strukturen der verschiedenen Sprachen erzeugten unterschiedliche Denkstrukturen bei ihren Sprecher, so Whorf (1963, 20).

> »Menschen, die Sprachen mit sehr verschiedenen Grammatiken benützen, werden durch diese Grammatiken zu typisch verschiedenen Beobachtungen und verschiedenen Bewertungen äußerlich ähnlicher Beobachtungen geführt. Sie (...) gelangen zu irgendwie verschiedenen Ansichten von der Welt.«

Whorf stellte diese These aufgrund der grammatikalischen Besonderheiten mehrerer amerikanischer indigener Sprachen auf (z. B. des Hopi, des Shawnee), die Edward Sapir (1884–1939) untersucht hatte. Die Bezeichnung dieser These als »Sapir/Whorf-These« ist jedoch falsch. Sapir hätte sich der Behauptung, das Weltbild eines Menschen sei durch sein Sprechen determiniert, kaum angeschlossen. In seinen Publikationen gibt es eher Hinweise darauf, dass er sich zu den Kritikern dieser These rechnen lassen könnte (Sapir: »Äußerstenfalls kann die Sprache als die nach außen gekehrte Seite des Denkens verstanden werden (...).«; 1961, 22). Zudem ist die These der sprachlichen Determiniertheit älter. Genau genommen geht sie auf Wilhelm von Humboldt zurück (»Über die Verschiedenheit des menschlichen Sprachbaues und ihren Einfluß auf die geistige Entwickelung des Menschengeschlechts«; 1836).

Im Anschluss an Whorf wurde versucht, die These empirisch zu belegen bzw. zu widerlegen. Ist ein Sprecher, dessen Sprache nur ein Wort für »männliches Geschwister eines Elternteils« kennt (zum Beispiel im Deutschen: Onkel, englisch: uncle etc.), nicht in der Lage, einen »Vaterbruder« von einem »Mutterbruder« zu trennen? Nehmen hingegen Sprecher, deren Sprachen diese Differenzierung kennen (z. B. türkisch »amca« für den Bruder des Vaters und »dayı« für den Bruder der Mutter), Verwandtschaft anders wahr? Sind Sprecher, deren Sprache nur ein Wort für eine bestimmte Farbe des Farbspektrums kennt, anderen Sprechern in der Wahrnehmung unterlegen, deren Sprache über mehrere verschiedene Begriffe oder Komposita für Nuancen dieser Farbe verfügt (dunkelgrün, moosgrün, flaschengrün etc.)? Kann ich das Gefühl, nicht durstig zu sein, nicht denken, weil meine Sprache hier eine Wortschatzlücke hat (hungrig/satt – durstig/ -?-)? Können Sprecher, deren Sprachen keine abstrakten Begriffe kennen, nicht abstrakt denken? Kritiker der These stellten die Gegenfrage: Bestimmt nicht vielleicht eher das Denken das Sprechen? Berüchtigt ist im Zusammenhang mit der These der sprachlichen Relativität das Beispiel, Eskimos hätten viele verschiedene Bezeichnungen für Schnee. Diese Behauptung wurde ursprünglich von Whorf (1963, 15) aufgestellt und seither, mit variierenden Zahlenangaben, vielfach kolportiert. Diese Behauptung ist falsch. Die Inuit haben *zwei* Wörter für Schnee: »aput« für liegenden Schnee, »qanik« für fallenden Schnee. Das prominenteste Beispiel für die These ist eine wissenschaftliche Legende. In der Linguistik ist die Frage der sprachlichen Relativität nicht eindeutig beantwortet (vgl. umfassend Gumperz/Levinson 1996 und Werlen 2002), und es ist nicht unproblematisch, dass sich die feministische Linguistik auf diese These stützt, wenn sie Beid-Benennung fordert. Auch wenn die auf Whorf gestützte Annahme der sprachlichen Relativität und damit der Abhängigkeit des Denkens vom Sprechen auch bezüglich der Geschlechtsbezeichnungen als fraglich gelten kann, lässt sich, dieses Kapitel abschließend, die Frage stellen, inwiefern die feministische Sprachkritik zu einer Veränderung von Sprache beigetragen hat. In offiziellen Dokumenten werden die Richtlinien für einen »geschlechtergerechten« Sprachgebrauch heute vielfach umgesetzt. Ob sich dieser offizielle Wandel auch umfassend (also über akademische Zirkel hinaus) in der Alltagssprache durchsetzen kann, ist fraglich. Auch andere Versuche von Sprachnormierungen erwiesen sich als eher erfolglos. In Frankreich bemüht sich etwa die Académie Française darum (aufgrund des nach dem damaligen Kulturminister Jacques Toubon benannten Gesetzes »Loi Toubon«), französische Entsprechungen für Anglizismen zu finden, da man eine Bedrohung der französischen Kultur durch eine Amerikanisierung der Sprache befürchtet. Politiker, Publizisten und andere, die in der Öffentlichkeit das englische »computer« statt des eigens erfundenen Begriffs »ordinateur«, »popcorn« statt »maïs soufflé« etc. verwenden, riskieren ein Bußgeld. Die Wirkungen sind eher zwiespältig. Während sich im Französischen der »ordinateur« sowie die »télécopie« durchzusetzen scheinen, trifft dies für andere Begriffe nicht zu. Zu großen Teilen sind die Bemühungen der Kommission schlicht erfolglos. Der Einfluss offizieller Sprachpolitik auf den tatsächlichen Sprachgebrauch darf insgesamt als recht gering eingeschätzt werden. Es ist somit keineswegs als gegeben anzunehmen, dass mit der Sichtbarmachung von Frauen in der Sprache über das Sprechen auch automatisch das Denken verändert würde. Samel spricht zwar im Zusammenhang mit dieser Entwicklung von einer möglichen »Desambiguisierung« des ursprünglich generischen Maskulinums (1995, 121). Tatsächlich zeigen neuere Untersuchungen, dass die Beid-Benennung *nicht* notwendig dazu führt, dass die Geschlechter auch kognitiv präsent sind (siehe zusammenfassend Stocker 2000). Die explizite sprachliche Sichtbarmachung führe »nur bedingt zu einer kognitiven Veränderung hinsichtlich der weiblichen Repräsentanz« (2000, 140). Ganz offensichtlich lassen sich die kognitiven *Kategorien*, die mit den Personenbezeichnungen aufgerufen werden sollen, nicht so schnell ändern wie die sprachlichen Personenbezeichnungen selbst.

3 Unterschiede im Sprachgebrauch

3.1 Sprachliche Differenzierungen im Kulturvergleich

Die Darstellung der Genus-Debatte hat deutlich gemacht, dass die Diskussion des Deutschen (und auch anderer westlicher Sprachen) als »Männersprache« vornehmlich auf eine Benennungspraxis zielte. Dabei ist durchaus fraglich, ob man, ausgehend von solchen Bezeichnungsproblemen, die These von unterschiedlichen Sprachen aufstellen kann. Ist es gerechtfertigt, allein auf Grund des Referenzproblems (dem generischen Gebrauch des Maskulinums) das Deutsche als eine Männersprache zu bezeichnen? Erlauben es die Variationen im Wortschatz von Männern und Frauen, von eigenen Männer- oder Frauensprachen zu sprechen, wie dies Lakoff tat? Bevor das vierte Kapitel die unterschiedlichen kommunikativen Stile von Frauen und Männern näher betrachtet, soll dieses dritte Kapitel zunächst Unterschiede im Sprachgebrauch aufzeigen, die über das (Beid-) Benennungsproblem, wie es das Kapitel 2 hauptsächlich behandelt hat, hinausgehen. Unterschiede im Sprachgebrauch können sich nämlich auf weit mehr Bereiche erstrecken.

Schon 1922/1925 hatte Otto Jespersen in »die sprache, ihre natur, entwicklung und entstehung« von sogenannten »weibersprachen« berichtet (Kleinschreibung im Original). In seinem achten Kapitel – »die frau« überschrieben – schilderte Jespersen »weibersprachen«, welche Missionare, Sprachwissenschaftler und Völkerkundler in fernen Ländern vorfanden (vgl. Kapitel 6). Berichte dieser Art finden sich in Reiseberichten aus dem 17., 18. und 19. Jahrhundert häufig, auch bei Alexander von Humboldt (siehe Frazer 1900). Ann Bodine (1975) zeigt in ihrer Zusammenstellung die geschlechtlichen Differenzierungsmöglichkeiten auf, über die andere Sprachen verfügen. Dabei wird deutlich, dass die Sprachen der Welt bezüglich Geschlecht über Differenzierungsformen verfügen, die dem Deutschen und anderen westlichen Sprachen schlicht fremd sind, wie ihre Synopse veranschaulicht:

Sprachliche Differenzierungen im Kulturvergleich

Unterscheidung nach Geschlecht der Personen / **Unterschiede in der Verwendung von:**	**A** **Person, die spricht**	**B** **Angesprochene Person**	**C** **Sprechende Person plus angesprochene Person**	**D** **Person, über die gesprochen wird**
	1 A	1 B	1 C	1 D
1. Aussprache	Bengali Caraya Cham Chukchee Creek Eskimo Gros Ventre Hitchiti Koasati Zui		Yana	
2. Sprachliche Form	2 A	2 B	2 C	2 D
2.1 Interjektionen	Gros Ventre Zui sowie: Cree, Algonkin, Iroqois, Ojibwa, Sioux, Fox, Yokuts	((nur bei direkter Anrede))		
2.2 Partikel	Japanisch Thai			

Unterscheidung nach Geschlecht der Personen / Unterschiede in der Verwendung von:	A Person, die spricht	B Angesprochene Person	C Sprechende Person plus angesprochene Person	D Person, über die gesprochen wird
2.3 Personalpronomen	Japanisch Thai	Tunica semitische Sprachen vormodernes Japanisch	Chiquita (Affixe und einige Wortstämme)	weitverbreitet, doch längst nicht universell Chiquita (nur in der Konstellation M/M)
2.4 Titel (Bezeichnungs- und Anredeformen für Höhergestellte)		Bengali		weitverbreitet, doch längst nicht universell
2.5 Verwandtschaftsbezeichnungen	viele Sprachen der amerikanischen Ureinwohner sowie Sprachen in Asien und Afrika; viele davon differenzieren auch nach Geschlecht der Person, über die gesprochen wird	((Jede Differenzierung nach Geschlecht der Person, über die gesprochen wird (Spalte D), bedeutet zugleich Differenzierungen, wenn diese Formen in direkter Anrede verwendet werden))	Carib (Stämme) Chiquita (Stämme) Yana? (Affixe)	für wenigstens einige Verwandte in allen Verwandtschaftssystemen geläufig

Unterscheidung nach Geschlecht der Personen / Unterschiede in der Verwendung von:	A Person, die spricht	B Angesprochene Person	C Sprechende Person plus angesprochene Person	D Person, über die gesprochen wird
2.6 Substantive	… …	((Jede Differenzierung nach Geschlecht der Person, über die gesprochen wird, bedeutet zugleich Differenzierungen, wenn diese Formen in direkter Anrede verwendet werden))	Carib (Stämme) Chiquita (Affixe) Yana? (Affixe)	Vermutlich kennen alle Sprachen geschlechtliche Differenzierung in einigen Substantiven – teils verschiedene Stämme, teils verschiedene Affixe Chiquita (nur in der Konstellation M/M)
2.7 Verben	… …	semitische Sprachen (Affixe)	Yana? (Affixe) Biloxi (nur bei direkter Anrede)	Verben müssen oft an das Geschlecht angepasst werden
2.8 »noun modifiers«	…	((Jede Differenzierung nach Geschlecht der Person, über die gesprochen wird, bedeutet zugleich Differenzierungen, wenn diese Formen in direkter Anrede verwendet werden))	Yana (Affixe)	Substantive werden oft durch »noun modifiers« an das Geschlecht angepasst

(Tabelle nach Bodine 1975, 134/135, vereinfacht)

Die Zusammenstellung zeigt, dass sich Unterschiede im Sprachgebrauch auf wesentlich mehr Kategorien erstrecken können als dies im Deutschen der Fall ist. Die senkrechten Spalten enthalten zunächst eine Differenzierung nach dem Geschlecht der beteiligten Personen: (A) Geschlecht des Sprechers, (B) Geschlecht des Angesprochenen, (C) die Kombination aus (A) und (B) und schließlich (D), das Geschlecht der Person, über die gesprochen wird. Die waagrechten Zeilen umfassen geschlechtsspezifische Ausdrucksweisen in 1. Aussprache, 2. Wahl der Form. Die zweite Kategorie lässt sich des Weiteren unterscheiden in Interjektionen, Partikel, Personalpronomen, Titel, Verwandtschaftsbezeichnungen, Substantive (und ihre Ergänzungen durch »noun modifiers«), Adjektive und Verben.

Zunächst zur ersten Kategorie. Im Wesentlichen sind die Unterschiede in der Aussprache in fast allen Sprachen sehr gering, in einigen wenigen Sprachen zeigt sich aber, dass die Aussprache von Wörtern als geschlechtsmarkierend benutzt werden kann bzw. sogar muss. Die Zelle 1A zeigt, dass in einer Reihe von Sprachen Wörter je nach Geschlecht des Sprechers unterschiedlich ausgesprochen werden, etwa im Bengali, Caraya, Koasati etc. Mary Haas (1944) hatte anhand des Koasati (einer indigenen Sprache im Südwesten Louisianas) das Phänomen unterschiedlicher Aussprachen ausführlicher erläutert: Im Koasati entspricht den weiblichen Auslauten »l« und »n« der männliche Auslaut »s«, d. h. innerhalb einer Sprache werden bestimmte Endungen in denselben Worten von Männern und Frauen als unterschiedliche Laute realisiert (M. Haas 1944, 143). Im Bengali hingegen, einem weiteren Beispiel, das Bodine anführt, entspricht das weibliche Initial »n« dem männlichen Initial »l«.

Die Kategorien 2A bis 2D zeigen, dass eine Reihe von Sprachen über geschlechtsspezifische Unterscheidungsmöglichkeiten verfügen, die den indogermanischen westlichen Sprachen – und vor allem dem Deutschen – unbekannt sind. Die dritte Zeile in der Kategorie zeigt, dass zum Beispiel das Japanische und das Thai eine sehr differenzierte Praxis in den Personalpronomen aufweisen. Das Japanische kennt mehrere »Ich«s – je nach Geschlecht des Sprechers. (Im vormodernen Japanisch wurden auch die »Du«s nach Geschlecht des Angesprochenen variiert.

Auf das Beispiel des Japanischen wird unten ausführlicher Bezug genommen.)

Die Kombination von Geschlecht der sprechenden Person *und* Geschlecht der angesprochenen Person kann im Prinzip vier verschiedene Teilnehmerkonstellationen erzeugen: W/W, W/M, M/M, M/W. Doch scheint keine der bislang untersuchten Sprachen alle vier Differenzierungsmöglichkeiten zu nutzen. Bodine schreibt (1975, 142):

> »Apparently no language structurally differentiates all four of these dyads. The only language (…) to differentiate even three is Biloxi.«

Einer Untersuchung von Sapir zufolge scheint das *Yana* (gesprochen in Nordkalifornien) die stärksten Unterscheidungen zu treffen. Das Yana differenziert nicht nur in einigen Pronomen oder einzelnen Worten, sondern gleich durch ein ganzes System von Affixen, das sich durch die ganze Sprache zieht.

> »(…) most Yana words have distinct male and female forms.« (Sapir 1968, 211)

Auch die Tempusformen unterscheiden sich danach, ob eine Frau oder ein Mann spricht. Im Yana muss die Aussprache eines Wortes sogar danach variieren, welches Geschlecht die sprechende *und* die angesprochene Person hat.

> »Men, in dealing with men, speak fully and deliberately; where women are concerned, one prefers a clipped style of utterance! However this may be, the female forms of Yana are now a complex and completely formalized system which contrasts in many ways with the parallel system of forms used by males in addressing males.« (Sapir 1968, 212)

Verglichen mit den Differenzierungsmöglichkeiten dieser Sprachen scheinen die Unterscheidungen, die zum Beispiel das Deutsche trifft, zum einen geringfügig, zum anderen nicht sonderlich spektakulär. Der Blick auf die Tabelle zeigt, dass die im Deutschen typischen Differenzierungen – etwa über die Bezeichnungspraxis in Substantiven wie sie Kapitel 2 aufzeigte – zum einen geringfügig und zum anderen auch zahllosen weiteren Sprachen vertraut sind, so dass speziell vom Deutschen kaum als einer eigenen Männersprache resp. einer eigenen Frauensprache gesprochen werden kann. Frauensprachen als eigene

»Sprachen« – mit eigenem Wortschatz, eigener Grammatik und eigenem Sprachgebrauch – gibt es also *nicht*. Ann Bodine (1975, 147) resümiert nach ihrer Zusammenstellung:

> »(...) most differences between men's and women's speech are superficial.«

Die in Kapitel 2 diskutierten Differenzierungen, die in der Genus-Debatte eine Rolle spielten – die Benennung der weiblichen Personen durch den gezielten Einsatz von Artikeln und Personalpronomina und durch die Markierung der Substantive über das Suffix »-in« – beschränken sich auf die Spalte D und dort wiederum auf die Zeilen 2.3 und 2.6. Die gesamte Genusdebatte wäre in Bodines Tabelle im Prinzip in Zeile 2.8, Spalte D anzusiedeln.

Dennoch lassen sich zweifellos auch im Deutschen Unterschiede im Sprach*gebrauch* ausmachen. Bodine (1975, 131) führt eine Differenzierung ein, die in der weiteren Diskussion um Kommunikation und Geschlecht eine prominente Rolle spielte: die Unterscheidung zwischen *geschlechtsexklusivem* und *geschlechtspräferentiellem* Sprachgebrauch. Von geschlechtsexklusivem Gebrauch spricht man, wenn eine bestimmte Form ausschließlich von dem einen Geschlecht benutzt wird, während hingegen der Begriff geschlechtspräferentiell dann verwendet wird, wenn eine sprachliche Form vorzugsweise oder üblicherweise von einem Geschlecht benutzt wird (ohne daher für andere tabu zu sein). Mit Hilfe dieser Unterscheidung lassen sich Unterschiede im Sprachgebrauch von Männern und Frauen präziser erfassen. Zugleich wird mit ihr klar, dass sich explizite Männer- bzw. Frauensprachen, die tatsächlich geschlechtsexklusiv sind, kaum auffinden lassen. Geschlechtsexklusive Verwendungen sind ausgesprochen selten und ließen sich bislang vorwiegend an Sprachen einfacher Gesellschaften nachweisen. Eine moderne Sprache, die geschlechtsexklusive Strukturen kennt, ist das Japanische. Eine Studie von Katsue Akiba Reynolds (1991) zeigt, dass im Japanischen viele Bereiche von geschlechtsexklusiven Merkmalen betroffen sind, zum Beispiel der Wortschatz. Diese Unterschiede gehören im Japanischen zum Regelinventar, das heißt, die Sprecher wissen sehr genau um diese Unterschiede. Sprachlernern des Japanischen werden diese Unterschiede im

Unterricht beigebracht, sie sind in den Grammatiken des Japanischen auch explizit verzeichnet. So kennt das Japanische unterschiedliche Formen in den Personalpronomen – sowohl ein neutrales »watakushi« für »ich«, das von beiden Geschlechtern benutzt wird, als auch geschlechtsexklusive Personalpronomen: Ein männlicher Sprecher verwendet »boku«, um auf sich selbst zu verweisen, eine Sprecher*in* hingegen muss auf sich selbst mit dem geschlechtsexklusiven »watashi« referieren.

> »Geschlechtsexklusive Unterschiede gehören zum grammatischen Regelinventar. Die Einschränkung, dass zum Beispiel *boku* (ich) nur von männlichen Sprechern benutzt werden kann, ist expliziter Bestandteil der japanischen Grammatik. *boku* ist in der Grammatik als männlich wie auch als erste Person spezifiziert. Alle Sprecher dieser Sprache verfügen über dieses Wissen.« (Reynolds 1991, 293)

Das Japanische kennt folglich einen geschlechtsexklusiven Sprachgebrauch in den Pronomen der ersten Person Singular (»ich«). Ein Gebrauch der Formen von »ich«, das dem anderen Geschlecht exklusiv zugehörig ist, gilt als expliziter sprachlicher Fehler.

> »(...) kein muttersprachlicher Sprecher (würde) bei ihrem Gebrauch einen Fehler machen. Gebraucht eine Frau eine ausschließlich männliche Form, wird dies sofort als absichtliche Regelverletzung, d. h. als ein willentliches Eindringen in das männliche Sprachterritorium interpretiert. (...) Sind geschlechtsexklusive Unterschiede im Spiel, gibt es bei der Geschlechterdifferenzierung also keine Ambiguität.« (Reynolds 1991, 293)

Reynolds zeigt weiter, dass japanische Mädchen in der Phase des Erwachsenwerdens zeitweise das männliche »boku« für sich selbst benutzen, jedoch als erwachsene Frauen zum »watashi« zurückkehren. Doch weist das Beispiel darauf hin, dass geschlechtsexklusive Strukturen gegenüber einem Sprachwandel stabiler sind als geschlechtspräferentielle. Der Möglichkeit, dass »boku« geschlechtsneutral würde, räumt Reynolds daher nur geringe Chancen ein. Der befristete »boku«-Raub der Mädchen wird so als Rebellion verstanden, gegen eine sprachliche Struktur, die ihren Sprecherinnen stärkere Restriktionen im Sprachgebrauch auferlegt als jegliche Formen geschlechtspräferentieller

Sprachverwendungen. Verglichen mit *diesen* Differenzierungen wird deutlich, dass die sogenannten »Frauensprachen«, wie sie u. a. von Lakoff für die westlichen Sprachen beschrieben wurden, etwa der Gebrauch von Fragesätzen, »tag-questions« oder »hedges« (siehe Abschnitt 2.1), als geschlechtspräferentiell bezeichnet werden müssen. Geschlechts*exklusiv* sind sie jedenfalls nicht. Generell ist eine reine Geschlechtsexklusivität im Sprachgebrauch nicht nachgewiesen. Dass die japanischen Mädchen das »boku« verwenden können, weist ja wiederum eher auf einen *geschlechtspräferentiellen* Gebrauch hin. Auch Mary Haas weist in ihrer Darstellung der geschlechtsspezifischen Ausspracheformen im Koasati darauf hin, dass die Sprecher wohl die je anderen Formen verwenden, etwa wenn sie Geschichten erzählen und dabei eine Person anderen Geschlechts wiedergeben:

> »Members of each sex are quite familiar with both types of speech and can use either as occasion demands. Thus if a man is telling a tale he will use women's forms when quoting a female character; similarly, if a woman is telling a tale she will use men's forms when quoting a male character.« (M. Haas 1944, 145)

Während die linguistische Anthropologie sich in der Tradition von Boas und Sapir auf die Sprachen der nordamerikanischen Urbevölkerung konzentrierte, stießen in den 1960er Jahren Untersuchungen aus der Soziolinguistik, auf der Suche nach *schicht*-spezifischem Sprachgebrauch, auf systematische Variationen im Sprachgebrauch von Frauen und Männern auch in unserer Gesellschaft. Adelaide Haas resümiert nüchtern:

> »(...) there is no evidence that any linguistic feature is used exclusively by one sex in our society; variations have only been found in frequency of production.« (A. Haas 1979, 624)

Um genau diese Häufigkeiten geht es in den Studien der korrelativen Soziolinguistik.

3.2 Die Untersuchungen der korrelativen Soziolinguistik

Die Untersuchungen der korrelativen Soziolinguistik zeichnen sich dadurch aus, dass einzelne Variablen miteinander in Beziehung gebracht werden. Dabei werden sprachliche und soziale Merkmale miteinander korreliert (daher auch der Name).

Die korrelative Soziolinguistik wurde in den USA durch die Studien von William Labov begründet. In den 1960er Jahren führte er Untersuchungen über den Zusammenhang von Sprache und sozialer Schicht durch, deren Methoden ebenso einfach wie spektakulär waren. In der vielleicht berühmtesten Untersuchung, der »Kaufhaus-Untersuchung«, wurde ein systematischer Zusammenhang zwischen Schichtzugehörigkeit und Aussprache nachgewiesen. Konkret wurde zum Beispiel die Aussprache des postvokalen »r« untersucht, etwa in Wörtern wie »car«, »card«, »floor« oder »four«. Die Ausgangshypothese lautete, »daß die linguistische Variable (r) die Sprache New Yorks auf allen Ebenen sozial differenziert« (Labov 1980a, 25). Drei verschiedene New Yorker Kaufhäuser, »Saks«, »Macy's« und »S. Klein«, standen hierbei für drei verschiedene soziale Schichten, wobei »Saks« das Kaufhaus mit den mit Abstand teuersten Preisen und höchstem Prestige darstellte. Labov unterstellte dabei, dass auch die Verkäuferinnen verschiedenen sozialen Schichten angehörten. In diesen drei Kaufhäusern trat Labov nun als Kunde an die Verkäuferinnen heran und fragte sie nach einem Gegenstand, von dem er wusste, dass er im vierten Stock erhältlich war. Die Antwort lautete entsprechend »fourth floor« (also zweimal postvokales »r«). Danach beugte sich der Interviewer vor und fragte nach (»Wie bitte?«), um ein deutliches und prononcierteres »fourth floor!« zu erhalten.

> »Dieses Interviewverfahren wurde in jeder Abteilung eines Stockwerks so oft durchgeführt, wie es möglich war, den Abstand zwischen den Informanten so groß zu halten, daß nicht bemerkt werden konnte, daß vorher die gleiche Frage gestellt worden war.« (Labov 1980a, 31)

Im vierten Stock lautete die Frage entsprechend: »Entschuldigen Sie bitte, welches Stockwerk ist das hier?« Labov erhob damit den natürlichen Sprachgebrauch, da seine »Informanten« nicht um die Erhebungssituation wussten und insofern unverstellten, authentischen Sprachgebrauch zeigten. Die Resultate bestätigten die Hypothese: Der Gebrauch des »r« in postvokaler Position variiert deutlich mit der Schichtzugehörigkeit der Sprecher (i. e. der Verkäuferinnen). Je niedriger die soziale Schicht, umso seltener die Aussprache des »r« (also ein »fo:« statt eines »fo^{u}r«. Die stärkste Orientierung am Standard hatten somit die höhergestellten Schichten. Vor allen Dingen unterschieden sich die sozialen Gruppen auch danach, ob sie das ›zweite‹ »forth floor« deutlicher aussprachen (deutlich mit »r«). Während sich die Verkäuferinnen im sozial am niedrigsten eingeschätzten Kaufhaus, dem »S. Klein«, bei ihren Wiederholungen kaum »verbesserten«, legten die Verkäuferinnen im Kaufhaus »Saks« bei der Wiederholung deutlich mehr Wert auf eine »bessere« Aussprache. Vor allem in der mittleren Statusgruppe, dem Personal von »Macy's«, stieg bei der Wiederholung die »r«-Aussprache so deutlich an, dass sie fast die Aussprache der »Saks«-Verkäuferinnen erreichte, eine deutliche Orientierung am Standard erfolgt also dann, wenn das Sprechen aufmerksamer geschieht.

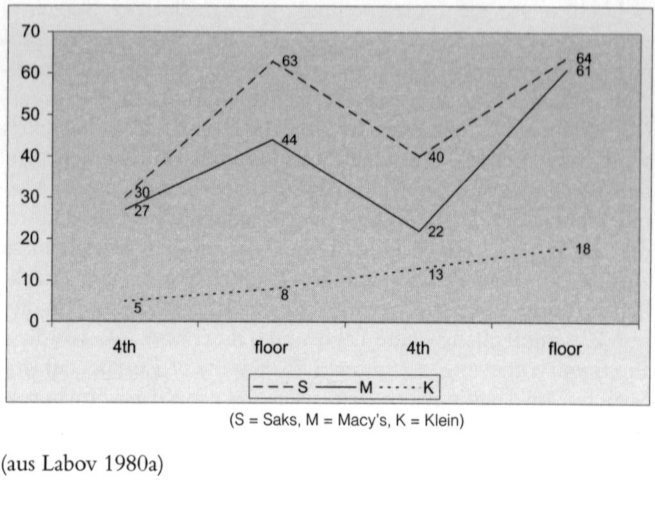

(S = Saks, M = Macy's, K = Klein)

(aus Labov 1980a)

In weiteren Untersuchungen konnte Labov (1980b) den Zusammenhang von sozio-ökonomischer Schicht und Aussprache bzw. Orientierung am Standard nachweisen. Dabei stieß er auf ein Phänomen, das er »die Hyperkorrektheit der unteren Mittelschicht« nannte. In dieser Untersuchung wurden die Informanten neun verschiedenen Schichten zugeteilt: den drei Hauptschichten Unterschicht, Mittelschicht, Oberschicht sowie je Schicht in weitere Unterteilungen wie untere Mittelschicht, mittlere Mittelschicht, obere Mittelschicht etc. Wie in der Kaufhaus-Untersuchung galt die Aufmerksamkeit dem Zusammenhang von Aussprache und sozialer Schicht. Die Informanten wurden – anders als in der Kaufhaus-Untersuchung, die ein quasi-natürliches Experiment darstellte – verschiedenen Sprechbedingungen in experimenteller Situation ausgesetzt, in denen ihnen zwangloses Sprechen und gehobener Sprechstil entlockt wurden, in denen sie Texte vorzulesen hatten und anschließend Wortlisten und Minimalpaare vorlesen mussten. Dabei ging Labov davon aus, dass ein Sprecher, je mehr Aufmerksamkeit er dem Sprechvorgang widmet (zum Beispiel beim Vorlesen) und je elaborierter und formeller dieser Stil ist (etwa beim Verlesen von Wortlisten), eine umso bessere Aussprache verwendet. Tatsächlich zeigte die Untersuchung: Je formeller der Sprechstil wurde, umso »korrekter« wurde in allen Schichten die Aussprache, etwa des postvokalen »r« (wie in der Kaufhaus-Untersuchung auch). Nur eine Schicht weicht hiervon ab: die untere Mittelschicht. Je formeller der Sprechstil wird, desto korrekter wird zwar auch die Aussprache der unteren Mittelschicht. Bei den Wortlisten und den Minimalpaaren überholt die untere Mittelschicht alle anderen Gruppierungen jedoch weit. Labov führte dies auf die sprachliche Unsicherheit der unteren Mittelschicht zurück bei gleichzeitiger starker Orientierung an der sprachlichen Norm – und damit der prestigeträchtigen Variante. In diesem Zusammenhang stellte Labov auch die These auf, dass diese Prestigeorientierung der unteren Mittelschicht Einfluss auf den Sprachwandel dahingehend hat, als sie ihrerseits diese Norm verstärkt verbreitet.

Die Ergebnisse der korrelativen Soziolinguistik lauten, dass sozial höherstehende Schichten sich stärker am AusspracheStandard orientieren als andere Schichten. Je höher der »soziale

Rang«, desto korrekter die Aussprache. In Anlehnung an die Bezeichnung für regionale Aussprachevarietäten, den Dialekten, spricht die Soziolinguistik daher von Soziolekten. Labov hatte in der Kaufhaus-Untersuchung (wie auch in anderen Untersuchungen) noch den Einfluss anderer sozialer Variablen auf die Aussprache überprüft, etwa die ethnische Zugehörigkeit, die Hautfarbe, das Alter sowie die Tätigkeit der Informanten (Verkäuferin oder Abteilungsleiterin). Gerade letztere Unterscheidung hätte zwar eine Überprüfung der Variable Geschlecht nahegelegt, fand jedoch bei Labov keine weitere Differenzierung. Dabei scheint es sich beim Phänomen der »Hyperkorrektheit« nicht um eine reine Schichtbesonderheit zu handeln, wie weitere Untersuchungen aus der Soziolinguistik nahelegen.

Trudgills Studie über die Aussprache des Englischen in Norwich (England) geht im Prinzip ähnlich vor wie die Untersuchungen von Labov. Auch er elizitierte seitens seiner Informanten verschiedene Sprechstile in unterschiedlich formellen Situationen (»word list style«, »reading passage style«, »formal speech«, »casual speech«). Trudgill untersuchte die »ing«-Aussprache in Wörtern wie »going« und »moving« zum Beispiel. Formell ist eine [ing]-Aussprache korrekt und wird mit gutem Englisch assoziiert, informell ist die Aussprache [in] üblich. Die folgende Tabelle zeigt, dass die Aussprache als [in] oder [ing] deutlich mit sozialer Schicht korreliert.

Percentage of [in]-pronunciations used by class and style

Class	Style			
	Word list style	Reading passage style	Formal speech	Casual speech
Middle middle class	000	000	003	028
Lower middle class	000	010	015	042
Upper working class	005	015	074	087
Middle working class	023	044	088	095
Lower working class	029	066	098	100

(aus Trudgill 1975, 90)

Innerhalb jeder Schicht steigt die »korrekte« Aussprache vom informellen Sprechstil hin zum formellsten Stil kontinuierlich an, und auch innerhalb eines jeden Sprechstils ist ein kontinuierliches Ansteigen von unterster sozialer Schicht zu höhergestellten Schichten zu verzeichnen. Je höher der sozio-ökonomische Status eines Sprechers, umso stärker seine Standard- und Prestigeorientierung.

Schlüsselt man diese Tabelle nun auch nach Geschlecht der Sprecher auf, so ergibt sich eine deutliche Differenzierung innerhalb der sozialen Schichten: Trudgill zeigt, dass sich in allen sozialen Schichten Frauen stärker am *Standard* orientieren als Männer.

Percentage of [in]-pronunciations used by women and men in Norwich

Class		Style			
		More formal <——————> Less formal			
		Word list style	Reading passage style	Formal speech	Casual speech
Middle-middle-class	Men	0	0	4	31
	Women	0	0	0	0
Lower-middle-class	Men	0	20	27	17
	Women	0	0	3	67
Upper-working-class	Men	0	18	81	95
	Women	11	13	68	77
Middle-working-class	Men	24	43	91	97
	Women	20	46	81	88
Lower-working-class	Men	60	100	100	100
	Women	17	54	97	100

(aus Trudgill 1975, 91)

In fast allen sozialen Schichten erzielen die Frauen einen niedrigeren Wert in der Aussprache der Endung »ing« als [in]. So verwenden die Frauen der unteren Mittelschicht beim Lesestil sehr viel seltener das umgangssprachliche [in] als die Männer. Doch zeigt die Tabelle gleich an mehreren Stellen deutliche Ausnahmen, etwa in der unteren Mittelschicht, in der die Frauen einen höheren [in]-Wert im »casual style« aufweisen als Männer und damit, zumindest in dieser Schicht und dieser Sprechsituation, deutlich stärker die Umgangssprache und damit die weniger positiv bewertete Aussprachevariante wählen.

Dass Frauen sich im Allgemeinen am höher bewerteten und korrekteren Stil, der besseren Varietät orientieren, führt Trudgill darauf zurück: Frauen sind statusbewusster als Männer. Sie signalisieren Statuszugehörigkeit sprachlich, über ihre Aussprache, aus Mangel an anderen Möglichkeiten, ihre soziale Zugehörigkeit auszudrücken. Dies gelte, so Trudgill, insbesondere für die Frauen der unteren ökonomischen Schichten, während für Männer auch ein anderes Prestige eine Rolle spielen könne. In Anlehnung an Labov spricht Trudgill von einem »covert prestige«, der für die Männer der Arbeiterschicht gelte. Im Gegenzug zum offenen Prestige (»overt«) des Standards orientierten sich die Männer an einem verdeckten zweiten Prestige, dem »covert prestige« der Umgangssprache.

> »We suspect, in other words, that there are hidden values associated with non-standard speech.« (Trudgill 1975, 92)

Für männliche Sprecher habe dieser »Non-Standard« einen sehr hohen sozialen Wert. Trudgill diskutiert im Weiteren, wie Labov auch, einen Zusammenhang zwischen diesen Soziolekten und dem Sprachwandel. Im Fall des englischen »covert prestige«, also des hohen Werts, den der Nicht-Standard genießt, kann er feststellen, dass über diesen Nicht-Standard ein Sprachwandel eingeleitet wurde, der vor allem von den jungen Männern der Arbeiterschicht getragen wurde. Gerade der Nicht-Standard genießt hier einen hohen Wert und hohes Prestige.

> »Covert prestige, therefore, leads not only to the differentiation of the linguistic behavior of the sexes, but also to the exaggeration of certain non-standard features, particularly by UWC [upper working class] und MWC [middle working class] men and by the young,

> which in turn leads to linguistic change.« (Trudgill 1975, 101; Zusätze RA)

Die starke Statusorientierung der Frauen an der offiziellen sprachlichen Etikette führt, im Falle des Englischen in Norwich, folglich dazu, dass Frauen in dieser Sprachgemeinschaft die *konservativen* Sprecherinnen sind. Eine Reihe weiterer Untersuchungen belegt diesen Zusammenhang: Während für Frauen allgemein zutreffe, dass sie sich am sozial höheren Stil orientieren, gelte dies besonders für Frauen aus den aufstrebenden Schichten. Frauen spielten somit eine entscheidende Rolle für den Sprachwandel – sie würden ihn verlangsamen, da sie an den Prestigevarietäten festhalten.

Neuere Studien weisen jedoch darauf hin, dass diese Aussagen in dieser Pauschalität nicht haltbar sind. Gerade gegenüber der These von Frauen als konservative Sprecherinnen lassen sich Untersuchungen anführen, die zu gegenteiligen Resultaten kommen. Auch in anderen Punkten wurde gegenüber der korrelativen Soziolinguistik Kritik geübt. Cameron (1985) etwa kritisiert die Konzeption der Studie von Trudgill in mehrerer Hinsicht. Trudgill (1974) hatte die Schichtzugehörigkeit seiner männlichen Informanten über sozioökonomische Faktoren wie Einkommen und Beruf erhoben und sie entsprechend einer sozialen Schicht zugeordnet. Die Schichtzugehörigkeit der weiblichen Informanten jedoch wurde über die Schichtzugehörigkeit ihrer *Ehemänner* ermittelt. Was heute eher einem stereotypen Rollenbild verhaftet scheint, war zu dieser Zeit in den Sozialwissenschaften als Erhebungsmethode durchaus üblich – und hatte für Gesellschaften mit traditionellen Familiengefügen auch durchaus Sinn. Camerons Einwand jedoch besteht darin, dass die Frauen möglicherweise systematisch einer niedrigeren Einkommensschicht entstammen als ihre Ehemänner und die Differenzen in den Aussprachen daher andere Ursachen haben könnten und das Sample systematisch verzerren. Auch wäre, so ihre Kritik, zur Erhebung der Schichtzugehörigkeit der Einsatz anderer Items möglich gewesen:

> »Although the distortion may not be very great, it is possible that stratification methods which assign women to classes according to their husbands' occupation distort the picture. The differences

> between men and women may partly reflect the fact that if one used other criteria for the stratification – educational attainment for instance – married couples might not to turn out to be parallel at all.« (Cameron 1985, 51)

Camerons Kritik zielt auf einen problematischen Aspekt in den Untersuchungen der korrelativen Soziolinguistik. Bei Trudgill zum Beispiel werden Differenzen zwischen zwei Untersuchungseinheiten (zwischen Männern und Frauen) ermittelt, ohne dass deren Schichtzugehörigkeit unabhängig voneinander erhoben würde. Auch Labovs Unterstellung, die Verkäuferinnen gehörten wegen des verschiedenen Prestiges der Kaufhäuser, in denen sie arbeiten, verschiedenen sozialen Schichten an, ist nicht unproblematisch. Gerade die Aussagen der korrelativen Soziolinguistik zu den Geschlechterdifferenzen stehen damit auf recht wackeligen Beinen.

Ein weiterer Kritikpunkt, den auch Cameron anführt, betrifft die Erhebungssituation. Fast alle Untersuchungen der korrelativen Soziolinguistik setzen männliche Interviewer ein, um geschlechtsspezifischen Sprachgebrauch zu messen. Kaum eine der Untersuchungen bezieht jedoch die Möglichkeit mit ein, dass dies die Erhebungssituation erheblich beeinflussen kann. Cameron kritisiert hieran, dass ein männlicher Interviewer wohl kaum einer weiblichen Informantin »gewöhnliches« oder »ordinäres« Sprechen entlocken kann. Graddol und Swann (1989, 56/57) kritisieren bezüglich dieser empirischen Naivität vor allem Labovs frühe Untersuchung »The social stratification of English in New York City« aus dem Jahr 1966. Viele der Passagen, die die Informanten lesen sollten, und manche Fragen, die die (männlichen) Interviewer stellten, waren alles andere als geschlechtsneutral. So endete eine Geschichte, die die Informanten vorlesen sollten, mit den Worten:

> »I suppose it's the same thing with most of us: your first dog is like your first girl. She's more trouble than she's worth, but you can't seem to forget her.« (Labov 1966, 95)

Der stärkste Hinweis auf Verzerrungen durch die Art der Datenerhebung, so Graddol und Swann, seien die konkreten Situationen, in denen unter anderem der »casual style« erhoben wurde. Die männlichen Informanten wurden nach Kämpfen unter Jungen, nach Begriffen für verschiedene ethnische Gruppen und nach verschiedenen Bezeichnungen für weibliche Sexualorgane gefragt. Den Frauen wurden hingegen Fragen nach Kinderspielen und Abzählreimen u.Ä. gestellt.

> »With the best will in the world, it seems unlikely that a discussion of skipping rhymes could induce the rapport of two men talking about smutty words.« (Graddol/Swann 1989, 57)

Die Untersuchungen Labovs, Trudgills und andere Studien aus der korrelativen Soziolinguistik aus den 1960er und frühen 1970er Jahren waren für die Erforschung der sozialen Stratifikation von Sprache und Sprechen bahnbrechend, auch wenn sie in den Folgejahren heftig kritisiert wurden (siehe Cameron 1985; Cameron/Coates 1985; Graddol/Swann 1989). In den folgenden Jahren verschob sich der Fokus: Immer mehr Untersuchungen legten Wert auf einen größeren Zusammenhang von Sprache und sozialem Kontext. Denn so innovativ die Untersuchungen der korrelativen Soziolinguistik gewesen sind, lassen sich Methoden und Interpretation doch kritisieren. In der korrelativen Soziolinguistik werden genau genommen schlicht zwei Variablen in Beziehung zueinander gesetzt, etwa die Aussprache eines Auslauts und die soziale Schichtzugehörigkeit bzw. das Geschlecht des Informanten. Nur ist über das bloße Auftreten zweier Phänomene, sei es auch noch so systematisch, keine Aussage darüber möglich, wie diese einzelnen Elemente miteinander zusammenhängen, ob sie kausal verknüpft sind oder sich wechselseitig bedingen. Wie sie korrekt interpretiert und in ihrer Funktion erklärt werden können, ist durch ihr bloßes gemeinsames Auftreten nicht erklärt. (Genau genommen könnte man mit dieser Logik auch die Zahl der Feuerwehrmänner verantwortlich machen für die Höhe des Brandschadens.) In den frühen Analysen werden sprachliche Details von ihrem Kontext isoliert, Sinnzusammenhänge fehlen, was Ursache ist, was Wirkung ist, bleibt diffus: Es bleibt unklar, ob ein Zusammenhang zwischen den Phänomenen überhaupt besteht oder eine Schein-Korrelation vorliegt. Zwar gilt als weitgehend gesichert, dass sprachlicher Wandel dem sozialen Wandel folgt. Aber die bloße Korrelation isolierter Phänomene erwies sich als zunehmend unbefriedigend. Mehr und mehr Untersuchungen widmeten sich daher der Sprache in ihren sozialen Verwendungszusammenhängen.

3.3 »Peasant men can't get wives« – Sprachwandel in einer zweisprachigen Gemeinde

Neuere Untersuchungen aus der Linguistik gehen daher über Korrelationen statistischer Daten hinaus und bemühen sich zunehmend, Methoden zu kombinieren und auch den Kontext des Sprachgebrauchs mit zu reflektieren, also Sprache *in* ihrem sozialen *Kontext* zu erforschen. Beispielhaft lässt sich die Studie »Peasant men can't get wives« von Susan Gal (1978) anführen. Gals Untersuchung gilt dem Sprachverhalten in einer ungarischen Gemeinde auf österreichischem Boden, Oberwart im Burgenland. Gal beschreibt, dass in dieser Gemeinde die Frauen beim Sprachwandel *die* entscheidende Rolle spielen. Die kleine Stadt gehörte bis 1921 zu Ungarn und wurde in Nachfolge der Umverteilungen (Reparationen) nach dem Ersten Weltkrieg von Ungarn getrennt und Österreich angegliedert. In Oberwart wurde daher die Zweisprachigkeit zunächst aus politischen Gründen die Regel, aber auch weil die Gemeinde durch Zuzug Deutschsprachiger nach und nach auf 5000 Bewohner anwuchs. Die Einwohner der Gemeinde begingen also kollektiv einen langsamen Sprachwandel vom Ungarischen zum Deutschen (bzw. Österreichischen). Im »eingeborenen« Teil der Bevölkerung herrscht dabei Zweisprachigkeit, Ungarisch/Deutsch. Zugleich wandelte sich die Gemeinde von einem bäuerlichen Dorf in eine Kleinstadt. Das Deutsche wird mit der modernen Welt der abhängigen Lohnarbeit, der Industrialisierung, den Betrieben und Fabriken verknüpft, während das Ungarische mit der traditionellen ländlichen Kultur verbunden wird. Das Deutsche ist die Sprache der Arbeiter und der industriellen Welt und genießt durch seine Verbindung mit Arbeitswelt und Industrie das höhere Prestige. In Oberwart zeigt sich das Prestige des Deutschen auch daran, dass die Kinder eines »gemischten« Ehepaares, also eines Zweisprachlers (Deutsch/Ungarisch) und eines monolingualen Sprechers des Deutschen, nie Ungarisch lernen, sondern ausschließlich Deutsch. Obwohl nun das Ungarische verglichen mit dem Deutschen das eher schlechtere Prestige hat, wird es dennoch in zahllosen Situationen verwendet. Der zweisprachige Teil der Bevölkerung Oberwarts spricht beide Sprachen fließend, setzt jedoch die Sprachwahl gezielt und situationsgebunden ein. Sie wählen in der einen Situation das Ungarische, für eine andere das Deutsche. Bezeichnend ist, wer in welchen Situationen welche Sprache wählt: Durch Befragung von Informanten und durch Beobachtung kann Gal zeigen, wie sehr das Ungarische mit den privaten, persönlichen Situationen verbunden ist und wie sehr hingegen das Deutsche mit öffentlichen und unpersönlichen Kontexten (siehe Tabelle auf S. 61f.).

In dieser Tabelle wird deutlich, dass in erheblichem Maße die soziale Situation einen Einfluss auf die Sprachwahl hat. Auf dem Schwarzmarkt wird zu einem zweisprachigen Gegenüber häufiger das Ungarische gewählt als auf dem Amt oder beim Arzt. Die Wahl der Sprache hängt zum einen von der *Formalität/Informalität* der Situation ab. Zum anderen spielt das *Alter*, die *soziale Herkunft* (ländlich oder städtisch), vor allem aber das *Geschlecht* der Person eine Rolle. Und entgegen aller Erwartungen sind es *nicht* die Männer, die am häufigsten das Deutsche wählen, sondern die Frauen, und unter ihnen insbesondere die jungen:

> »(...), these youngest women use more G[erman] and less H[ungarian] than anyone in the community, including the youngest men.« (Gal 1978, 11; Zusätze RA)

Die Frauen markieren über ihre Sprachwahl ihre Ablehnung der ländlichen Tradition und des bäuerlichen Lebens sowie ihre eindeutige Orientierung hin zu einem städtischen Arbeitermilieu. Verglichen mit den Möglichkeiten eines Bauernlebens ist für Frauen das Arbeiterinnendasein erheblich attraktiver als für die Männer, denen ein Bauernleben immerhin noch ein unabhängiges Dasein ohne Vorgesetzten verspricht, mit selbstbestimmter Arbeit. Auch haben – verglichen mit früheren Zeiten – neue Maschinen für die Landwirtschaft die Arbeit erleichtert. Doch zeigt Gal, dass diese Erleichterungen vor allem die männliche Arbeit betreffen. Noch 1964 arbeiteten auf den kleinen Bauernhöfen der Region die Frauen im Schnitt 17 Stunden mehr pro Woche als die Männer. Für die Frauen, so argumentiert Gal also,

Die Sprachwahl der Frauen in einer zweisprachigen Gemeinde

Situationen		**1**	**2**	**3**	**4**	**5**	**6**	**7**	**8**	**9**	**10**	**11**
Informant	**Alter**											
A	14	H	G/H		G	G	G			G		G
B	15	H	G/H		G	G	G			G		G
C	25	H	G/H	G/H	G/H	G	G	G	G	G		G
D	27	H	H		G/H	G	G			G		G
E	17	H	H		H	G/H	G			G		G
F	39	H	H		H	G/H	G/H			G		G
G	23	H	H		H	G/H	H		G/H	G		G
H	40	H	H		H	G/H		G/H	G	G		G
I	52	H	H	H	G/H	H		G/H	G	G	G	G
J	40	H	H	H	H	H	H	G/H	G/H	G/H		G
K	35	H	H	H	H	H	H	H	G/H	H		G
L	61	H	H		H	H	H	H	G/H	H		G
M	50	H	H	H	H	H	H	H	H	H		G
N	60	H	H	H	H	H	H	H	H	H	G/H	G
O	54	H	H		H	H	H	H	H	H	G/H	H

Situationen		**1**	**2**	**3**	**4**	**5**	**6**	**7**	**8**	**9**	**10**	**11**
Informant	**Alter**											
P	63	H	H	H	H	H	H	H	H	H	G/H	H
Q	64	H	H	H	H	H	H	H	H	H	H	H
R	59	H	H	H	H	H	H	H	H	H	H	H

Tabelle aus Gal (1978, 6)

Legende: G = German, H = Hungarian

Situation 1: to god
Situation 2: grandparents and their generations
Situation 3: bilingual clients in black market
Situation 4: parents and their generation
Situation 5: friends and age-mate neighbors
Situation 6: brothers and sisters
Situation 7: spouse
Situation 8: children and their generation
Situation 9: bilingual governments officials
Situation 10: grandchildren and their generation
Situation 11: doctors

gilt das Versprechen von Freiheit und Unabhängigkeit im Bauernleben nicht.

> »Rejection of the use of local Hungarian, the symbol of peasant status, can be seen as part of the rejection, by young women, of peasant status and life generally. They do not want to be peasants; they do not present themselves as peasants in speech.« (Gal 1978, 13)

Die Abwendung vom ländlichen ungarischen Leben schlägt sich nicht nur in der eigenen Sprachwahl nieder. Welche Konsequenzen diese Entscheidung tatsächlich auch auf die Sprache anderer haben kann, zeigt sich im Heiratsregister des Oberwarter Standesamtes:

Endogamous marriages of all bilingual Oberwarts and bilingual male peasant Oberwarts (Source: Marriage Register, City of Oberwart)

	% Endogamous marriages of all marriages	% Endogamous marriages of male peasants
1911–1940	71	87
1941–1960	65	54
1961–1972	32	0

(aus Gal 1978, 13)

Im Laufe der Jahre nahm der Anteil aller endogamen Heiraten (linke Spalte) von insgesamt 71 % auf 32 % ab: Immer weniger Ehen wurden unter »alteingesessenen«, »einheimischen« Oberwartern geschlossen und folglich mehr Ehen zwischen Oberwartern und Zugezogenen. Für den männlichen Teil der Bevölkerung erweist sich die Entwicklung jedoch als fast dramatisch, wie die rechte Spalte der Tabelle zeigt: Die Zahl der mit einheimischen Frauen geschlossenen Ehen ging von 87 % auf null zurück. Die einheimischen Frauen heirateten sie schlicht nicht mehr. Dies meint Gal mit ihrem Titel »Peasant men can't get wives« – Bauern kriegen keine Frauen. Im Prinzip sorgen die Oberwarter Frauen für das Aussterben der Zweisprachigkeit in ihrer Gemeinde. Denn selbst wenn nun die Oberwarter Männer – mangels Interesse der Oberwarterinnen – deutschsprachige monolinguale Frauen aus der Umgebung heiraten, bedeutete dies wiederum, dass auch deren Kinder kein Ungarisch lernen werden.

Gals Untersuchung zeigt: Es ist nicht einfach die Norm, an der sich Frauen orientieren und die sie durchsetzen. Hier hinken die Frauen keineswegs einem Sprachwandel hinterher oder bremsen ihn aus. Es ist keine schlichte Prestigeorientierung am »guten« Sprachgebrauch. Es handelt sich vielmehr um eine Orientierung an dem, was höheren Status entweder verleiht oder doch zumindest verspricht. Sie sind im Gegenteil die Motoren eines radikalen Sprachwandels. Vor allem aber werden durch Gals Untersuchung die Grenzen der bisherigen korrelativen Soziolinguistik und die Stärken einer Untersuchung, die auch den Kontext einbezieht, deutlich. Sprachliche Variablen können nicht von ihrem Kontext isoliert und ohne Zusammenhang zum Wer und Wo, dem Wie und dem Warum des Geschehens interpretiert werden. Sprache kann nicht losgelöst von ihren Sprechern und den sozialen Situationen – also dekontextualisiert – untersucht werden. Sie wird *in* sozialen Situationen *von* Sprechern *für* Sprecher gesprochen. Mit vielen sprachlichen Aktivitäten sind zudem kommunikative Handlungen verbunden. Weitere Untersuchungen widmeten sich daher den sozialen *Situationen* und kommunikativen *Handlungen*.

4 Kommunikative Stile

4.1 Weibliche und männliche Gesprächsstile

Die in Kapitel 2 und 3 dargestellten Studien und Ansätze konzentrierten sich mehr oder weniger auf je ein einzelnes Element, anhand dessen die Unterschiede im männlichen und weiblichen Sprechen aufgezeigt bzw. nachgewiesen wurden: die Wahl des Registers oder einzelner Worte (bei Lakoff), die Aussprache eines einzelnes Lautes (bei Labov oder Trudgill) und schließlich die Wahl eines Codes, einer Sprache (Gal). Anhand dieser Elemente wurde ein – wenn auch geringfügig – unterschiedlicher Sprachgebrauch zwischen Männern und Frauen beschrieben. Meist wurden in diesen Untersuchungen einzelne Variablen isoliert. In eher geringem Maße spielte der Kontext eine Rolle. Weitere Untersuchungen aus der Sprachwissenschaft und der Soziologie legen hingegen großen Wert auf die Rolle des Kontextes und versuchen, Kommunikation in ihrem sozialen Verwendungszusammenhang zu verorten. Stärker als zuvor wird weniger nach einzelnen Elementen – wie »tag questions« oder der Aussprache einzelner Laute (wie das postvokale »r«) – gefragt, sondern nach dem Zusammenspiel kommunikativer Vorgänge im *interaktiven* Verlauf. Vielfach arbeiten diese Studien mit Tonbandaufzeichnungen, mittels derer Kommunikation zwischen den Geschlechtern dokumentiert wird. Das Augenmerk gilt den kommunikativen Stilen von Männern und Frauen. Reden Männer anders als Frauen? Gehen Frauen anders mit den Beiträgen ihres Gesprächspartners um als Männer?

Die Resultate dieser (heute durchaus umstrittenen) Untersuchungen lassen sich zunächst wie folgt zusammenfassen: Männer verwenden einen dominanteren, hierarchischen Gesprächsstil, sind an der Sache orientiert, setzen ihre Themen durch, unterbrechen häufig. Der kommunikative Stil der Frauen hingegen ist unterstützend, emotional, persönlich, kooperativ und egalitär. Frauen scheitern oft an der Durchführung längerer Gesprächsbeiträge, weil Männer nur sehr minimal auf ihre Einführungen von Themen reagieren (vgl. z. B. Aries 1987; Edelsky 1981; West 1995; Watts 1992). »Women relate, men report« – so fasst etwa Ruth Wodak (1981) in einer frühen Untersuchung aus einem therapeutischen Kontext die unterschiedlichen kommunikativen Stile von Frauen respektive Männern zusammen. Deborah Tannen (1991) hat dies später zur These ausgebaut, Frauen sprächen einen »rapport«-Stil (Beziehungssprache), Männer hingegen einen »report«-Stil (Berichtssprache). (Doch zu Deborah Tannens Ansatz siehe das folgende Kapitel 5.)

Noch zugespitzter und auch erheblich polemischer diskutierte Pamela Fishman die unterschiedlichen Gesprächsstile in einem Aufsatz aus dem Jahr 1978 mit dem Titel »Interaction: The work women do«. Sie schreibt, die Frauen würden in den Gesprächen die »Dreckarbeit« verrichten (1978, 405). Sie würden Fragen stellen und das Gespräch in Gang halten, sie würden unterstützende Hörersignale geben etc.:

> »The active maintainance of a female gender requires women to be available to do what needs to be done in interaction, to do the shitwork and not complain.« (1978, 405)

Auf den ersten Blick mag die Charakterisierung der männlichen und weiblichen Gesprächsstile als konfrontativ einerseits und unterstützend andererseits überzeugen, bestätigen sie doch Alltagsvorstellungen von Geschlecht. Doch sind die Resultate mit Vorsicht zu bewerten. Zu pauschal sind teils die Zuschreibungen von Verhaltensweisen zu den Geschlechtern. Exemplarisch lässt sich dies an Fishmans These der »Dreckarbeit« aufzeigen. Die Untersuchung gilt als Klassiker der Geschlechterforschung und wird in vielen anderen Untersuchungen als Beleg angeführt (z. B. bei Aries 1987, 156; Talbot 1998, 82ff.; Behnke/Meuser 1999, 50; Maltz/Borker 1991 u. v. a. m.). Aus diesem Grund sollen im folgenden Abschnitt Fishmans Thesen sowie ihre Methoden und ihr Beispielmaterial näher diskutiert werden.

4.2 Verrichten Frauen die »Dreckarbeit« in Gesprächen?

Fishmans Untersuchung basiert auf Tonbandaufzeichnungen der privaten Kommunikation dreier Paare im Umfang von 52 Stunden. Die Paare zeichneten ihre Gespräche selbständig in ihren privaten Räumen auf. Auf der Basis dieses Materials beschreibt Fishman fünf interaktive Strategien (1978, 400–402), die von Männern und Frauen unterschiedlich verwendet würden und damit die Konversation entscheidend prägten:

Asking questions: Fishman schreibt, dass sie anhand ihrer Aufzeichnungen den Eindruck gewann, alles was Frauen täten, sei, ständig Fragen zu stellen: »At times I felt that all women do was ask questions.« (1978, 400) Fragen haben eine bestimmte Implikation für den weiteren Gesprächsverlauf: Sie verlangen nach einer Antwort. Indem die Frauen in Fishmans Material dreimal so häufig Fragen stellten als die Männer, bringen sie die Männer fortwährend ins Spiel, indem sie den Redezug an sie weitergeben. Teils würden auch Aussagen in Frageformat verfasst, so Fishman.

Asking »d'ya know«: Eine weitere Strategie, die fast ausschließlich von Frauen verwendet werde, seien so genannte »Weißt-du-was«-Fragen, sie würden doppelt so oft von Frauen gestellt (1978, 401). Wie Fragen auch manövrieren sie den Gesprächspartner in eine Antwortsituation und erteilen ihm das Rederecht – aber erst, nachdem das Gegenüber dem Fragesteller quasi das Fragerecht einräumte. »Weißt du was?« – »Was denn?« (oder »Sag schon« oder »nee«) sind Präsequenzen, die der eigentlichen Frage vorgeschaltet sind. Fishman vergleicht sie mit kindlichem Kommunikationsgebaren.

Attention beginnings: Ähnlich verhält es sich mit den »attention beginnings«, Aufmerksamkeitsmarkierungen vom Typ »Das ist aber interessant« oder »Das ist ja komisch«. Wer solche Einleitungen benutze, signalisiere Unsicherheit, ob das, was man zu sagen habe, auch wirklich wichtig sei. »Attention beginnings« würden vorwiegend von Frauen benutzt (1978, 401).

Minimal response: Hörersignale wie »ja«, »mhm« etc. werden, so Fishman, von Männern und Frauen unterschiedlich benutzt, und sie würden verschiedene Funktionen damit verknüpfen. Während Männer sie sparsam einsetzten und eher an das Ende einer Äußerung ihres Gegenübers platzierten, würden Frauen Hörersignale auch während des Redezugs ihres Gesprächspartners einsetzen. Sie verrichten damit, so Fishman, »support work« (1978, 402). Die männlichen Verwendungsweisen der Hörersignale hingegen vermittelten einen Mangel an Interesse.

Making statements: Männer würden, so der letzte Befund von Fishman, zweimal häufiger Behauptungen aufstellen als Frauen und damit die Bedeutungen ihrer Aussagen hervorheben (1978, 402).

Fishman stellt in ihrer Untersuchung einen engen Zusammenhang zwischen Macht und Kommunikation her. Die Männer versuchten, auch in alltäglichen Situationen die Kontrolle über Kommunikation zu bewahren. Fishman begründet dies mit dem Umgang der Paare mit der Aufnahmesituation, in der die Geräte ausnahmslos von den Männern bedient wurden, in einem Fall ein offensichtlicher Versuch einer Manipulation des Bandes (und damit der Forscherin) stattfand und ein weiteres Mal ein Partner ein Gespräch aufzeichnete, ohne seine Freundin zuvor davon in Kenntnis zu setzen. Fishman folgert daraus:

> »But men control what will be produced as reality by the interaction. They already have, and they continually establish and enforce, their rights to define what the interaction, and reality, will be about.« (1978, 405)

Die gesellschaftliche Arbeitsteilung setze sich damit auch in Konversationen fort. Fishman belegt ihre Thesen mit dem Transkript einer Konversation zwischen einem Ehepaar, das hier in seiner originalsprachlichen Fassung abgebildet ist. A ist die Frau, B der Mann; A liest in einem akademischen Buch, B bereitet einen Salat zu. (Das Transkript ist in der sogenannten Partiturschreibweise zu lesen, also von links nach rechts je Zeile; wie in einer Orchesterpartitur findet gleichzeitig statt, was direkt untereinander steht.)

Zeile		
1	A:	I didn't know that. (=) Um you know that ((garbage disposal on)) that organizational
	B:	Hmmm? (=)
2	A:	stuff about Frederick Taylor and Bishopsgate and all that stuff? (=) |- In the early
	B:	UmHm ((yes)) -|
3	A:	1900's people were trying to fight favoritism to the schools (4)
	B:	That's what we needed. (18) I
4	A:	
	B:	never did get my smoked oysters, I'm going to look for ((inaudible)) (14) Should we try the
5	A:	OK. That's a change. (72) Hmm. That's very interesting. Did
	B:	Riviera French Dressing? (=)
6	A:	you know that teachers used to be men until about the 1840's when it became a female occupa-
	B:	
7	A:	tion? (2) Because they needed more teachers because of the increased enroll
	B:	Nhhmm ((no)) (=)
8	A:	ment. (5) Yeah relatively and the status (7)
	B:	And then the salaries started going down probably. (=)
9	A:	There's two bottles I think
	B:	Um, it's weird. We're out of oil again. Now we have to buy that. ((whistling)) (8) Dressing
10	A:	It does yeah. (76) That's really interesting. They didn't start
	B:	looks good. See? (2) See babe? (1)
11	A:	using the test to measure and find the you know categorize and track people in American
	B:	
12	A:	schools until like the early 1900's after the army y'know introduced their array alpha things
	B:	
13	A:	to the draftees (?) And then it caught on with the schools and there was a lot of opposition right
	B:	
14	A:	at the beginning to that, which was as sophisticated as today's arguments. The same argu-
	B:	
15	A:	ments y'know (=) But it didn't work an they came (4) heh
	B:	Yeah (=) Leslie White is probably right.

(Transkript aus Fishman 1978, 403)

Fishman interpretiert dieses Transkript wie folgt: Die Eröffnungssequenz der Frau (A) enthält, noch bevor sie überhaupt etwas zum Thema gesagt hat, zwei »d'ya know«-Elemente (Z. 1: »I didn't know that.« und »Um you know that«). Ihr zweiter (in Fishmans Deutung vergeblicher) Versuch, eine Konversation in Gang zu bringen, enthält sowohl ein »attention beginning« (»That's very interesting«) in Zeile 5 sowie ein »d'ya know«-Element (Z. 5/6: »Did you know«). Dieser zweite (und doppelte) Versuch ein Gespräch in Gang zu bringen, entlockt ihm in Zeile 7 zwar ein »minimal response« (»Nhhmm«), doch ihre

Fortsetzung in Zeile 7 und 8 wird nur von Schweigen gefolgt (die fünfsekündige Pause in Zeile 8). A's dritter Versuch, ab Zeile 10, verwendet wiederum ein »attention beginning«, kombiniert mit mehreren »y'knows«. Fishman folgert nach dieser Analyse:

> »This conversational exchange demonstrates that the man was willing to engage in discussion, but only on his own terms.« (Fishman 1978, 404)

Auf den ersten Blick scheint Fishmans These, Frauen würden in Gesprächen die ›Dreckarbeit‹ verrichten, plausibel. Doch erweist sich die These bei genauerer Betrachtung des Transkripts als zweifelhaft. So beginnt A in Zeile 1 ein längeres Statement, das von Zeile 1 bis Zeile 3 dauert, mit einem »I didn't know that«, was B in Zeile 1 mittels eines Hörersignals (»Hmmmm?«) so bestätigt, dass A sich sichtlich zu einem längeren Statement aufgefordert fühlt. Dieses wird wiederum von B mittels eines »UmHm ((yes))«, also einem weiteren Hörersignal, und einer Zustimmung (»that's what we needed«) bestätigt. Daraufhin erfolgt eine lange Pause von achtzehn Sekunden (Z. 3). B setzt daraufhin zu einer Aussage an (Z. 4), doch erhält keine Antwort von A. Nach einer wiederum langen Pause von vierzehn Sekunden stellt B an A eine Frage, auf die eine kurze Antwort erfolgt (Z. 4/5). Im weiteren Verlauf produziert A wiederum mehrere Statements, die zunehmend länger werden (Z. 5–7, Z. 7–8 und schließlich Z. 10 bis 15), teils bestätigt durch B's Zustimmungen und Hörersignale (Z. 7 und 15) bzw. Ergänzungen (Z. 8). B im Gegenzug spricht deutlich weniger. B produziert in Zeile 9 einen »attention getter« (»um it's weird«, Z. 9), auf den zunächst keine Antwort von A erfolgt (also kein »was denn?«). Erst als B nachsetzt »we're out of oil again« (Z. 9), erhält B wiederum ein Statement von A (»there's two bottles I think«, Z. 9). B's Bitte, das produzierte Dressing zu begutachten (»Dressing looks good. See?«, Zeile 9/10), kommt A erst nach einer zeitlich leicht versetzten weiteren Aufforderung seitens B (»See babe?«, Z. 10) nach. Doch auch hier produziert A wiederum ein eher knappes »It does, yeah« (Z. 10), um dann wieder in Schweigen zu verfallen bzw. sich der Lektüre zu widmen, was weit über eine Minute dauert. Daran wiederum schließt A ein weiteres Statement an.

Das Transkript belegt also keineswegs so eindeutig die These, Frauen würden die Dreckarbeit in Gesprächen verrichten.

Genau genommen sind an Fishmans Vorgehensweise gleich mehrere Dinge problematisch. Sie zeigt deutlich, was geschieht, wenn man mit voreingenommener Interpretationshaltung Datenmaterial liest. Es ist damit ein Beispiel für fehlende induktive Vorgehensweise. Im Text von Fishman sind die Personen mit »M« und »F« bezeichnet. Auch wegen dieser Vorgabe werden gegenteilige Evidenzen und der These widersprechende Phänomene übergangen und in das vorgegebene Raster einsortiert. So »übersieht« Fishman das »See? (2) See babe?« (Z. 10) des Mannes, ordnet aber parallele Phänomene seitens der Frau, etwa das mehrfache »you know« der Frau (z. B. Z. 1 und Z. 6), den typisch weiblichen »attention getters« zu, obwohl man es als »typisch männliche« Wissensabladung bezeichnen könnte.

Bei genauer Betrachtung zeigt sich vielmehr, dass das von ihr präsentierte Transkript (das einzige in ihrem Text) ihre eigene These *nicht* stützt. Das Beispiel zeigt vielmehr: Auch der Mann muss »attention getters« benutzen (»see?«), um eine Reaktion seitens der Frau zu erhalten. Auch A (die Frau) zeigt mangelndes Interesse an seinen Themen. Sie dominiert die Konversation: Gerade das »making statements«, bei Fishman ein zentraler männlicher Gesprächsstil, wird in Zeile 1, 2 und 3, Zeile 5–7 und Zeile 10–15 von *ihr* durchgeführt. *Er* stellt Fragen (Z. 4/5, Z. 10) – nicht sie. *Er* produziert Hörersignale (Z. 1, 2, 7, 15). *Er* produziert einen »attention getter« (»See? (2)«, Z. 10), zudem einen, auf den er keine Antwort ihrerseits erhält, und mit einer Adressierung mittels Kosenamen nachhaken muss (»See babe?«). *Er* hält das Gespräch in Gang, während sie liest, und nach *seinen* Äußerungen erfolgen lange Pausen, bevor sie reagiert (etwa Z. 7 und 8).

Fishmans Interpretation zeigt nicht nur das Problem einer subsumtionslogischen Vorgehensweise, die im Material das sucht, was vorausgesetzt wird und die Augen vor gegenteiligen Phänomenen verschließt. Das Beispiel zeigt des Weiteren die Beliebigkeit der Zuschreibungen bzw. der Denkschablonen: Was auch immer *er* tut, wird als Evidenz für einen unkooperativen Gesprächsstil gelesen, im Gegenzug kann *sie* sich noch so sachbezogen und sachorientiert geben, es wird als verzweifelter Versuch einer erfolglosen Gesprächsinitiierung interpretiert. So folgerte Fishman aus dem obigen Transkript:

> »What part of the world the interactants orient to, construct and maintain the reality of, is his choice, not hers.« (Fishman 1978, 404)

Doch sollte deutlich geworden sein, dass diese Behauptung mit diesem Material (und dieser analytischen Vorgehensweise) *nicht* belegt ist. Fishmans These von der »Dreckarbeit«, die Frauen in Gesprächen verrichten, ist also nicht haltbar.

Fishmans Untersuchung wurde deswegen hier so viel Aufmerksamkeit zuteil, weil sie bis heute in zahlreichen weiteren Texten als Beleg oder Beweis für typisch weibliches resp. typisch männliches Sprechen angeführt wird. Nur wenige haben Kritik an dieser Untersuchung geübt. Günthner zum Beispiel wendet ein, dass es sich bei der von Fishman zitierten Gesprächssituation nicht um eine fokussierte Interaktion handle. Beide Personen seien mit verschiedenen Tätigkeiten befasst, sie offensichtlich mit Lesen und er mit der Essenszubereitung. Die teils recht langen Schweigephasen seien ein Beleg für die nichtfokussierte Situation. Günthner folgert, dass darauf nicht nur die langen Pausen, sondern auch die versetzten Hörersignale wie auch die mehrfachen »attention getters« – auf *beiden* Seiten – zurückzuführen sind (1992, 136f.). Fishmans Behauptung, die versetzten Reaktionen des Mannes seien als mangelndes Interesse zu interpretieren, bezeichnet Günthner als »kaum haltbar«.

Ein weiteres Argument Günthners schließt sich direkt an. Fishman behauptete ja, dass Frauen entschieden mehr Fragen stellten als Männer und damit das Gespräch in Gang hielten. Diese These wurde unter anderem von Maltz/Borker aufgegriffen und ausgebaut (zur These von Maltz und Borker siehe das folgende Kapitel 5). Maltz und Borker betonen, dass Fragen für Männer und Frauen unterschiedliche Bedeutungen hätten. Für Frauen seien sie ein Mittel, das Gespräch in Gang zu halten, Männern hingegen dienten sie eher der Elizitierung von Information. Dies, so Günthner, greife nun insofern entschieden zu kurz, als man mit Fragen eine Reihe weiterer kommunikativer Aktivitäten verrichten kann und diese Zweiteilung eine Reihe von weiteren Funktionen, die sie verrichten können, außer Acht lasse (siehe zu den folgenden Beispielen auch Günthner 1992, 137ff.). Neben reinen Informationsfragen (»Wie komme ich zum Bahnhof?«) kann man mittels des Frageformats Empörung ausdrücken (»WIE BITTE!?«), rhetorische Fragen stellen (»Was mache ich hier eigentlich?«) und vieles andere mehr. Fragen haben darüber hinaus ihren festen Ort in Prüfungen, in Verhören, in Zeugenbefragungen, also sozialen Situationen, die von den Befragten eher als unangenehm empfunden werden.

Fragen haben folglich nicht nur die Funktion, das Gespräch harmonisch in Gang zu halten, wie dies Fishmans These entsprach, noch haben sie ausschließlich nur je eine Funktion für je ein Geschlecht, wie dies Maltz und Borker behaupten. Die Reduktion eines solch komplexen Aktivitätstyps wie Fragen oder Hörersignale auf nur eine (bzw. zwei) Funktion(en) ist unzureichend. Welche Funktion Fragen in einer jeweiligen Gesprächssituation haben können, hängt vom jeweiligen Kontext ab. Eine Frage im Rahmen eines Verhörs ist schlicht nicht kooperativ, sei sie von einem Mann oder einer Frau geäußert. Gerade Fragen haben, wie Günthner (2000) zeigte, eine latente Nähe zu Vorwürfen, eine eher unkooperative und aggressive Form der Kommunikation, die für ihren Empfänger gesichtsbedrohend sein kann (z. B. »Kannst du nicht die Tür hinter dir zumachen wie andere Leute auch?«). Und ein Satz wie »Kann es sein, dass du das Salz vergessen hast?« kann im Rahmen einer Essenseinladung schlicht eine Kränkung sein.

Eine ähnliche Beobachtung kann man auch bezüglich der viel zitierten »tag questions«, die Frauen angeblich häufiger benutzen, anführen. Romaine führt über solche angeblich rein Zustimmung heischende Anhängsel aus (1999, 156):

> »When a tag question is added onto a sentence, it may have a number of meanings. (...) A speaker can make an assertion without appearing to be dogmatic by leaving open the possibility that others may not agree. This can also be used to check whether one's ideas are accepted, or to put forward a suggestion without making it sound like a command.«

Manche »tags« könnten daher ein Gespräch in Gang halten und Antworten erleichtern, etwa ein »You've bought a new house, haven't you?«, während andere vielmehr aggressiv den Gehalt des

Satzes hervorheben: »You're not ever going to do that again, are you?«. »Tag questions« können damit auch ausgesprochen impertinent sein (vgl. die Untersuchung von Jefferson zum »abominable ›ne‹«, 1981).

So wie Fragen und »tags« mehr als eine Funktion haben können, gilt dies auch für ein weiteres Phänomen: Unterbrechungen.

4.3 Unterbrechungen: Ausdruck von Macht und Dominanz?

In der (feministischen) Gesprächsforschung bzw. der Forschung über die Gesprächsstile der Geschlechter wurde Unterbrechungen früh ein großer Stellenwert eingeräumt, denn sie galten als Ausdruck von Macht in Gesprächen. Mittels Unterbrechungen würden Frauen in Gesprächen unterdrückt. Besonders die Untersuchungen von Candace West und Don Zimmerman sind hier zu erwähnen (Zimmerman/West 1975; West 1979; West/Zimmerman 1983). Sie definieren Unterbrechungen als Verletzungen des Rederechts. Sie seien ein »way of ›doing‹ power in face-to-face interaction« (West/Zimmerman 1983, 111). Als Unterbrechungen gelten Situationen, in denen Sprecher simultan sprechen und sich ihre Redebeiträge überlappen. Zimmerman/West (1975) trennen hierbei einfache Überlappungen (»overlaps«), die keine Verletzung des Rederechts bedeuten, von eigentlichen Unterbrechungen (»interruptions«). West und Zimmerman stützen sich dabei auf das »turn taking system« von Sacks, Schegloff und Jefferson (1974), demzufolge die Übergabe von Redezügen auch in informellen Konversationen regelhaft erfolgt. Üblicherweise spricht nur einer: »Overwhelmingly, one party talks at a time« (1974, 700). Das »turn taking system« dient im Gespräch der »minimization of gap and overlap« (1974, 705). Es komme zu nur geringfügigen Überlappungen, da das Ende der Redebeiträge für die Gesprächsteilnehmer erkennbar sei. Sacks et al. nennen diese Stelle »possible completion point« oder »transition relevance place« (übergaberelevante Stelle). Diese übergaberelevanten Stellen werden in der Regel von den Beteiligten markiert und erkannt – zum Beispiel durch die Grammatik des Satzes oder fallende Intonation etc. In ihrer Folge kommt es in alltäglichen Konversationen zu meist nur geringfügig simultanem Sprechen und im Gegenzug auch nicht zu langen Pausen. Dieses »turn taking system« von Sacks et al. ziehen West und Zimmerman für ihre Definition von Unterbrechungen heran. Als Unterbrechung definieren sie ein gleichzeitiges Sprechen, das vor dem letzten Wort vor einer übergaberelevanten Stelle einer Äußerung des Gesprächspartners auftritt (1975, 114).

In späteren Untersuchungen werden Unterbrechungen noch enger definiert: Jede Form gleichzeitigen Sprechens, das mehr als zwei Silben vom möglichen Ende der Äußerung entfernt einsetzt, gilt als Verletzung der turn-taking-Regeln (West 1979, 82; West/Zimmerman 1983, 104). Diese Formen werden als massive Unterbrechungen bezeichnet (»deep interruptions«), da sie einen schwerwiegenden Eingriff in den sich gerade ereignenden Gesprächsbeitrag darstellen. West und Zimmerman hatten in ihren Untersuchungen, wie schon Fishman auch, alltägliche Konversationen zwischen zwei Personen auf Band aufgezeichnet, transkribiert und ausgewertet. Während sich Fishman noch auf Aufnahmen von drei (gemischtgeschlechtlichen) Paaren stützt, ist die Datenbasis von West und Zimmerman breiter (insgesamt 30 Aufzeichnungen) und beinhaltet neben gemischtgeschlechtlichen Konversationen auch gleichgeschlechtliche (je zehn bzw. elf Gespräche). In gleichgeschlechtlichen Paarungen (Kommunikation unter Männern bzw. Kommunikation unter Frauen) gab es kaum Asymmetrien. Die Resultate in gemischtgeschlechtlichen Konversationen jedoch waren eindeutig: Praktisch alle Unterbrechungen – nämlich 96 % – wurden von Männern durchgeführt.

> »The cross-sex conversational segments we examined are thus clearly asymmetrical with regard to the occurence of violations and speaker errors.« (Zimmerman/West 1975, 115/116)

In einer späteren Untersuchung, die sich im Unterschied zur ersten mit Gesprächspartnern befasste, die einander unbekannt waren, wurden diese Resultate im Wesentlichen bestätigt (West 1979; West/Zimmerman 1983). West und Zimmerman folgern aus ihren Ergebnissen, dass mit und über Unterbrechungen in Gesprächen Dominanz ausgeübt werde. Sie seien ein Mechanismus der Themenkontrolle und ein Instrument der Ausübung von Macht.

> »(...) men deny equal status to women as conversational partners with respect to rights to the full utilization of their turns and support for the development of topics.« (Zimmerman/West 1975, 125)

Unterbrechungen seien somit eine Mikroinstitution, mittels derer in Konversationen im Kleinen ausgeübt werde, was in der Gesellschaft und ihren Makroinstitutionen im Großen praktiziert werde: Macht und Kontrolle. West setzte Unterbrechungen sogar mit sexueller Gewalt gleich, wenn sie einen ihrer Aufsätze zum Thema in Anlehnung an Susan Brownmillers Bestseller (1975) »Against our will: Men, women and rape« ebenfalls mit dem Titel »Against our will« (1979) überschreibt.

Die Untersuchungen von West und Zimmerman wurden vielfach diskutiert und erfuhren in vielen Punkten Kritik (u. a. von Murray 1985; Aries 1987; Murray 1988; Murray/Covelli 1988; Talbot 1988; Drummond 1989; Günthner 1992; Talbot 1992; Kotthoff 1993; Bilmes 1997). Zunächst wurde die Auswahl des Datenmaterials als zu begrenzt kritisiert. Die untersuchten Personen waren ausnahmslos amerikanische weiße Angehörige der Mittelschicht. Die zweite Untersuchung, über Unterbrechungen zwischen Unbekannten, beschränkte sich sogar auf Studenten im Alter von 18 bis 21 Jahren (West 1979, 86; West/Zimmerman 1983, 106). Dies bedeutet eine recht schmale Variation im Datenmaterial, welche eine mögliche Einseitigkeit mit sich zieht. Auch wurden kaum Vergleiche mit gleichgeschlechtlichen Paaren gezogen. In der Untersuchung von 1975 wurden etwa die Daten aus Kommunikationen unter Männern mit den Daten der Kommunikation unter Frauen in *einer* Tabelle zusammengefasst. Somit ist hier nicht erkennbar, ob Männer auch Männer häufiger unterbrechen bzw. ob die Gespräche zwischen Frauen eher ohne Unterbrechungen verlaufen. Die Untersuchung von 1983 räumt zudem (in einer Fußnote) ein, dass immerhin vier (je zwei) der aufgezeichneten gleichgeschlechtlichen Konversationen ähnliche Asymmetrien in den Unterbrechungen aufwiesen wie die gemischtgeschlechtlichen Konstellationen (West/Zimmerman 1983, 114). Dies stellt immerhin ein

Fünftel des Datenmaterials dar und darf daher nicht einfach ignoriert werden.

Ein Großteil der Kritik an den Untersuchungen zielt jedoch auf die *Definition* von Unterbrechungen sowie auf deren Formalisierung. Die Konversationsanalyse, auf die sich West und Zimmerman vielfach berufen, definiert Unterbrechungen folgendermaßen:

> »(…) ›interruption‹ is then reserved (roughly) for starts by a second speaker while another is speaking and is not near possible completion.« (Schegloff 1987, 85)

Die enge Formalisierung, die West und Zimmerman bezüglich der Überlappungen um diese übergaberelevante Stelle unternommen haben, ist durchaus problematisch. Ob eine Unterbrechung *für die Interagierenden* eine Unterbrechung darstellt, ist durch das Abzählen von Silben nicht zu beantworten. Zudem widerspricht diese Art der Formalisierung den Grundannahmen der zitierten Konversationsanalyse, der zufolge der »turn«, der Redezug, als Einheit *interaktiv* bestimmt ist.

Neuere Untersuchungen machen auf ein weiteres Phänomen aufmerksam: Es ist durchaus problematisch, Unterbrechungen als Unterbrechungen zu erkennen. Talbot schreibt:

> »The trouble is, identifying interruptions is a problem (…). They cannot be identified solely by mechanical means, such as by looking for where people are speaking at the same time.« (1998, 85)

Vom heutigen Standpunkt betrachtet, so Talbot, wirkten die Studien von West und Zimmerman »simplistic« (ibid.). Auch Bilmes (1997) belegt mehrere Gesprächsbeispiele, bei denen die Frage, wer denn nun hier wen unterbricht bzw. ob überhaupt jemand jemanden unterbricht, nicht leicht zu beantworten ist. Das folgende Transkript ist eines von mehreren Beispielen (1997, 520):

```
01  A:  … and it might be possible to argue that this is
02      an invitation
03  B:  As a matter of [fact I
04  A:                 [BUT (.) BUT
05  B:  Sor[ry
06  A:     [BUT this would not really affect anything …
```

Am Ende von Zeile 02 ist A sichtlich an einer übergaberelevanten Stelle angelangt. B ergreift in Zeile 03 das Wort. Mitten in seiner Äußerung fällt A mittels eines »BUT (.) BUT« ein. B entschuldigt sich sofort mittels eines »Sorry« (Z. 05) und A fährt mit seinen Ausführungen fort. Auf den ersten Blick ist es A, der B unterbricht, zumindest nach der Definition von West und Zimmerman. Schließlich hat A aufgehört zu sprechen, B hat daraufhin den Redezug an sich genommen und ist nun seinerseits mitten in seinem Redebeitrag. Doch die Beteiligten *selbst* behandeln diese Situation anders: Es ist im Gegenteil B, der seine Äußerung unmittelbar abbricht und sich bei A entschuldigt. Somit behandelt B selbst seine eigene Äußerung in Zeile 03 als Unterbrechung von A's Äußerung in den Zeilen 01–02. Diese Situation entsteht unter anderem dadurch, dass B seine Äußerung in den Zeilen 04ff. mittels des zweifachen »aber« einleitet und somit als Fortsetzung seiner vorherigen Rede präsentiert. Auch durch die Art der Durchführung seiner Äußerung macht A deutlich, dass er seinen Beitrag nicht zu Ende führen konnte: mit erhöhter Lautstärke artikuliert er die Kontinuitätsmarkierung »aber«, und zwar insgesamt dreimal, bis A ihm wieder das Rederecht einräumt. B, also der auf den ersten Blick Unterbrochene, ist nun selbst der eigentlich Unterbrechende, und zieht entsprechend seinen Beitrag an dieser Stelle zurück. (Zu solchen Formen verspäteter Fortsetzung, mittels derer eine Äußerung des Gegenüber erst zur Unterbrechung gemacht wird, siehe auch Lerner 1989.)

Das Beispiel macht klar: Es ist nicht ein Frage der Anzahl von sich überlappenden Silben, wann simultanes Sprechen eine Unterbrechung ist. Das zitierte Beispiel weist zwischen den Redezügen von A und B in den Zeilen 01–02 und 03 nicht die mindeste, noch so geringfügige Überlappung auf. Dennoch handelt es sich, zumindest im Verständnis der *Interagierenden*, um eine Unterbrechung.

Wie Bilmes auf Grund solcher Beispiele betont, ist es nicht Aufgabe des Analytikers, eine Überlappung als Unterbrechung zu definieren. Es obliegt den Beteiligten am Gespräch, dies zu tun:

»(...) it is up to the participants to decide and display whether such an obstruction (...) is, *for them*, a violation of speaking rights.« (1997, 519; Hervorhebung R A)

Nicht jedes simultane Sprechen, sei es auch noch so ausgedehnt, kann automatisch als eine Unterbrechung katalogisiert werden. Im Gegenteil. Starke Überlappungen können Ausdruck von emotionaler Involviertheit und lebhafter Teilhabe sein. Tannen (1984) bezeichnete den Kommunikationsstil, in dem es zu häufigen Situationen simultanen Sprechens kommt, als »high involvement style« (1984, 30–32).

Mehrere Untersuchungen betonen, dass simultanes Sprechen sogar Ausdruck von Solidarität und Harmonie sein kann. Quasthoff (1980) zeigte in einer Untersuchung, dass gemeinsames Erzählen einer Geschichte dadurch gekennzeichnet ist, dass es zu regelmäßigen Wechseln zwischen Haupterzähler und Neben-Erzähler kommt, in denen Überlappungen und gleichzeitiges Sprechen nicht die Ausnahme stellen. Gerade bei »kooperativem gemeinsamen Erzählen« verstärkt der Ko-Erzähler durch Einwürfe die Erzählung des primären Erzählers, ohne diesem das Rederecht streitig zu machen. (Im Gegenzug zum »antagonistischen gemeinsamen Erzählen«, in dem es um einen Kampf um Rederechte geht, und die zahlreichen Überlappungen daher als Unterbrechungen angesehen werden können.) Ein Beispiel, das Quasthoff anführt, sind evaluative Verstärkungen, wenn etwa der Erzähler sagt »Und da hat er den Jungen gleich gepackt und hat'n wieder abgeführt« und die Ko-Erzählerin einfällt und verstärkend hinzusetzt »wie'n kleinen Verbrecher« (1980, 121). Sicher existieren harte Unterbrechungen, die dem jeweiligen Sprecher das Rederecht streitig machen. Doch so wie Fragen nicht automatisch Interesse signalisieren und das Gespräch in Gang halten, sind Szenen simultanen Sprechens nicht automatisch Ausdruck von Dominanz und stellen nicht notwendig eine Verletzung des Rederechts dar. Nicht immer ist das Motiv desjenigen, der als zweiter einsetzt, das Rederecht für sich zu gewinnen und dem anderen streitig zu machen. Wie z. B. Aries (1987, 152f.) und Günthner (1992, 128) betonen, können Unterbrechungen auch das Gegenteil von Dominanz signalisieren: nämlich eine *Unterstützung* des jeweiligen primären Sprechers. Mit »unterstützenden Unterbrechungen« können Sprecher Einverständnis, Engagement und Involviertsein als aktive Zuhörer ausdrücken, ohne dem jeweiligen primären Sprecher das Rederecht abzunehmen. Neben den erwähnten Formen des kollaborativen gemeinsamen Erzählens gibt es weitere Formen simultanen Sprechens, die nicht mit Dominanz einhergehen müssen. Solche ›hilfreichen‹ Unterbrechungen können aus Einwürfen, Einschüben, sogenannten »response cries« (wie »Wahnsinn« oder »is ja irre!«), Ergänzungen (»seine Schwester war das«) oder Korrekturen (»seine Schwester war das, nicht seine Freundin«) bestehen. Sätze, die ein Sprecher unvollständig lässt, können von einem anderen in seinem Sinne beendet werden. Insbesondere wenn ein Sprecher zögert und nach einem Begriff sucht, kommt es regelmäßig zu simultanem Sprechen, wie das folgende Beispiel (nach Schwitalla 1992, 73) zeigt:

01	A:	Nur tut es mir leid für die ver-
02		((kurze Pause)) ((atmet aus)) ((kurze Pause))
03	A:	[lo:renen jahre]
04	B:	[hunzten jahre]

Nach der Definition von West und Zimmerman wäre auch dies eine Verletzung des Rederechts, da die Übernahme des Redezugs deutlich vor einer möglichen übergaberelevanten Stelle erfolgt. Doch dieses Beispiel zeigt, dass die Funktion dieses simultanen Sprechens *nicht* darin besteht, Macht über den Gesprächspartner auszuüben und das Gespräch zu kontrollieren, sondern im Gegenteil darin, den Sprecher im Vollzug seines Redebeitrags zu unterstützen.

Schwitalla unterscheidet im Wesentlichen zwei Formen kollektiven Sprechens: »fugales« und »chorisches« Sprechen. Fugales Sprechen besteht im Wesentlichen aus einem abwechselnden gemeinsamen Sprechen, wenn zwei Sprecher sich im Erzählen des gleichen Sachverhalts mit großen Überlappungen abwechseln. Unter chorischem Sprechen ist simultanes und wortgleiches Sprechen zu verstehen (unisono). Dies kommt häufiger vor als man denkt. Schon bei Begrüßungen und Verabschiedungen sprechen häufig beide Interagierenden im Duett. Auch Antworten werden häufig gleichzeitig gegeben, Komplimente und Lob simultan ausgedrückt oder einer Empörung unisono Ausdruck verliehen.

Wie Schwitalla betont, demonstrieren solche Formen gemeinsamen Sprechens Einigkeit:

> »(…) gemeinsames Sprechen ist dadurch ein herausragendes Mittel für die Herstellung eines Gruppenkonsenses und für die Erfahrung von Gruppenzusammenhalt.« (1992, 95)

Die vorliegenden Untersuchungen machen deutlich, dass simultanes Sprechen nicht notwendig Unterbrechungen und Verletzungen des Rederechts darstellen. Das Auftreten von Unterbrechungen findet sich sicherlich am ehesten in Debatten und im Streit, in denen es zu regelrechten »floor fights« kommen kann. Doch selbst im Streit stellen massive Unterbrechungen nicht notwendig einen Kampf um ein Rederecht dar oder einen Versuch, das Thema zu bestimmen (so lautete die These bei West und Zimmerman), wie das folgende Beispiel aus West (1979, 83) zeigt:

01	M:	Where the hell have *you* been?
02		(1.4)
03	F:	Well I had to find Foster n' [then]
04	M:	[Do]
05		you realize what time it is?
06		(2.0)
07	F:	Uh *yeah* but I couldn't find [Fos]
08	M:	[I've]
09		been *standing around* in that cruddy reserve
10		bookroom for the last half hour!
11		(.)
12	F:	Sshush! the whole hall is gonna hear [you]
13	M:	[I]
14		don't care! Next time you wanna just stop off
15		on campus you can use your legs!

Die Pausen in den Zeilen 02, 06 und 11 zeigen, dass es M hier offensichtlich nicht darum geht, das Rederecht dauerhaft an sich zu reißen und das Thema zu bestimmen. Das Beispiel zeigt wiederum, dass Fragen alles andere als kooperativ sein können: M's Äußerungen in den Zeilen 01 und 04/05 haben zwar das syntaktische Format von Fragen, stellen in ihrem Aktivitätstypus jedoch Vorwürfe dar (vgl. hierzu Günthner 2000). M initiiert hier einen Streit, in dem es ihm darum geht, seiner Wut und Empörung Ausdruck zu verleihen. Seine beiden vorwurfsvollen Fragen – ›Wo zum Teufel bist du gewesen?‹ und ›Ist dir klar, wie spät es ist?‹ – machen aus diesem Gespräch eine Streitsequenz. Zum Streit gehört in diesem Falle auch, dass er F zwar – zunächst – sichtlich Raum gibt zu antworten, sie aber in den Zeilen 04 und 08 recht schnell und aggressiv unterbricht. In diesem Falle liegen also insofern tatsächlich Unterbrechungen vor, da F daran gehindert wird, ihre Äußerungen zu Ende zu führen. Dennoch: Auch hier ist erkennbar, dass die bloße Gleichzeitigkeit des Sprechens eine andere Funktion hat als die, das Rederecht an sich zu reißen.

Ob und wann eine Form simultanen Sprechens eine Unterbrechung darstellt oder nicht, kann also nur aufgrund des Kontextes und der Form der Sequenz beantwortet werden. Auch können, dies zeigt das Beispiel, Unterbrechungen *mehrere* Funktionen haben. In diesem Fall dienen die Unterbrechungen, in Kombination mit dem Vorwurfsformat und der erhöhten Lautstärke, M zur Initiierung eines Streits. Andere Unterbrechungen können andere Funktionen haben: Mit Unterbrechungen kann ein inhaltlicher Dissens markiert werden, Ungeduld zum Ausdruck gebracht werden oder versucht werden, einen Sprecher zu verunsichern usf. Genauere Analysen von Unterbrechungen sind vonnöten, die die interaktiven Konsequenzen und Funktionen von Unterbrechungen zwischen Männern und Frauen detaillierter in ihrer Form und ihrem Verlauf analysieren. Zudem weisen neuere Untersuchungen darauf hin, dass es keineswegs immer der Fall ist, dass Frauen in Konversationen zum Opfer männlicher Unterbrechungen werden. In einer kritischen Durchsicht der kompletten bestehenden Literatur zu Geschlecht und Unterbrechungen kommen James und Clarke (1993, 258) zu einem nüchternen Resultat:

> »No clear conclusion, then, can be drawn at this time from the existing research as to whether males' interruptions are more likely to constitute attempts to seize the floor than are those of females, or as to whether females are more likely than males to have dominance-related interruptions directed against them.«

4.4 Gesprächsstile im Kontext

Die bisherigen Ausführungen über die kommunikativen Stile von Männern und Frauen haben gezeigt, dass die frühen Untersuchungen über Stile und Aktivitätstypen aus den 1970er und 1980er Jahren in mehrerer Hinsicht simplifizierend verfuhren. Zum einen wurde voreilig eine kommunikative Handlungsform wie Fragen oder Unterbrechungen auf eine Funktion reduziert. Weitere Untersuchungen zeigten jedoch, dass Fragen nicht immer kooperativ sind und Unterbrechungen nicht immer kompetitiv. Im Fall der Unterbrechungen ist nicht einmal klar, ob tatsächlich Frauen häufiger unterbrochen werden als Männer. Zudem zeigt sich, dass die schlichte 1:1-Zurechnung eines Aktivitätstyps bzw. eines kommunikativen Stils auf ein Geschlecht nicht haltbar ist. Günthner (1992, 137) kritisiert an diesen Untersuchungen

> »daß eine allzu schnelle Verbindung zwischen bestimmten Gesprächsstrategien und dem Faktor Geschlecht häufig auf Kosten genauer sequentieller Analysen des betreffenden Kommunikationsvorgangs geht und die lokalen Mechanismen ignoriert, die mit der Produktion des betreffenden Interaktionsphänomens verbunden sind«.

Die Isolierung einzelner kommunikativer Variablen aus dem Kontext führt zu einer verkürzten Wahrnehmung der kommunikativen Situation. Doch noch eine weitere Verkürzung findet statt: Die beteiligten Interagierenden werden von Beginn an auf ihre Geschlechtszugehörigkeit (»sex category«) reduziert. Schon früh wurde vor einer solchen reduzierten Perspektive auf Interaktionen gewarnt:

> »Sex is not the only variable to influence speech style. There is a complex interaction of personal characteristics such as sex, age, education, occupation, geographical region, ethnic background, and socioeconomic status and contextual factors such as communication, situation, environment, and participants.« (A. Haas 1979, 624)

Bislang versuchen nur wenige Studien, eine Verbindung zwischen den verschiedenen Zugehörigkeitskategorien einer Person herzustellen und die kommunikative Realisierung von Geschlecht im Kontext zu untersuchen. Die Isolation einzelner kommunikativer Variablen von ihrem Kontext sowie die direkte Korrelierung derselben mit dem Geschlecht der Interagierenden stellt eine problematische Reduktion des kommunikativen Verhaltens einer Person auf ihr Geschlecht dar. Es ist heikel, davon auszugehen, dass ein bestimmter Sprachgebrauch sich ausschließlich auf das Geschlecht der sprechenden Person anrechnen lässt. Wie O'Barr und Atkins (1980) zeigten, finden sich die angeblich typisch weiblichen Gesprächsstile auch bei Männern wieder – sofern sie sich in einer sozial unterlegenen Situation befinden. Sie sprachen daher von einer »powerless language«.

Die häufige Charakterisierung von »weiblichen« Gesprächsstilen als emotional und kooperativ, des »männlichen« Stils als sachlich und kompetitiv stellt eine problematische Generalisierung dar, die Gegenevidenzen nicht zulässt bzw. übersieht (wie auch oben im Fall der Untersuchung Fishmans deutlich wurde). Problematisch ist des Weiteren, dass in und durch diese Untersuchungen selbst Stereotypen kolportiert werden, die Frauen als emotional und hilfsbereit schildern und Männer als dominant und sachlich o. Ä.

> »Although there are clearly differences in the communication processes used by men and women, the portrayal of men and women as possessing different global styles of communication should not be overdrawn.« (Aries 1987, 157)

Diesen Warnungen vor voreiligen Generalisierungen steht eine These gegenüber, die eben eine solche Generalisierung vornimmt. Dieser These zufolge gehören Männer und Frauen verschiedenen Kulturen an. Folglich handle es sich bei Kommunikation zwischen den Geschlechtern um *interkulturelle* Kommunikation. Das folgende Kapitel 5 schildert diese ursprünglich 1982 von Maltz und Borker aufgestellte und von Tannen 1990 popularisierte These und unterzieht sie einer inhaltlichen und methodischen Kritik.

5 Kommunikation zwischen Männern und Frauen – interkulturelle Kommunikation?[1]

5.1 Die These der zwei Kulturen

Seit Otto Jespersen (1922) von den »Weibersprachen« berichtet hatte, die Missionare in fernen Ländern vorfanden, und auch sprachliche Unterschiede zwischen Männern und Frauen in westlichen Gesellschaften erwähnte, ist die Forschung zum Thema Geschlecht und Kommunikation einen weiten Weg gegangen. Er führte – unter anderem – von Defizitansätzen, die weibliches Sprechen als rückständig beschrieben, über Differenzansätze, die die Unterschiede betonten, doch eine Gleichwertigkeit postulierten, hin zu Kompetenzansätzen, die weiblichem Sprechen besondere Qualitäten zusprachen und das negative Vorzeichen umkehrten. Ein auch in der aktuellen Forschung nach wie vor diskutierter Ansatz hält an der grundlegenden Differenz fest, betont jedoch zugleich die verschiedenen Kompetenzen in der Differenz. Er versucht, Unterschiede im kommunikativen Verhalten der Geschlechter dadurch zu erklären, dass er die Kommunikation zwischen Männern und Frauen als Kommunikation zwischen zwei verschiedenen Kulturen, als interkulturelle Kommunikation also, behandelt.

Diese These wurde vorwiegend von Deborah Tannen verbreitet und fand vielfach Anklang in Alltag und Wissenschaft: Die populärwissenschaftlichen Bücher Tannens waren in den USA und auch in Deutschland Verkaufsschlager. In den USA wurde Tannens »You just don't understand« (1990; dt. 1991) vier Jahre in der Bestseller-Liste der New York Times geführt, davon allein acht Monate auf dem ersten Platz. Der Text wurde in min-

---

1 Dieses Kapitel basiert auf einem Aufsatz, der 2004 unter dem Titel »›Report‹, ›rapport‹ und andere Mythen. Die These der zwei Kulturen und die linguistische Ontologisierung von Geschlecht« in der »Zeitschrift für Angewandte Linguistik« erschien.

destens 24 Sprachen übersetzt. In Deutschland hielt er sich zwei Jahre auf der vom Fachmagazin »Buchreport« ermittelten Bestsellerliste, davon vier Monate auf dem ersten Platz. 1991 wurde das Buch »Jahresbestseller«.

Tannens Bücher waren nicht nur enorme Publikumserfolge, sondern fanden auch in der Wissenschaft große Resonanz. Nicht immer aber wurden das Buch und seine Aussage dabei kritisch behandelt. Die Frage, ob es sich bei der Kommunikation zwischen Frauen und Männern um Kommunikation zwischen zwei Kulturen handle, wurde zwar schon 1992 von Susanne Günthner in den »Linguistischen Berichten« abschlägig beantwortet und in fast allen Rezensionen kritisiert (z. B. Cameron 1992). Der Prominenz der These tat dies jedoch kaum Abbruch. Mehr als ein Jahrzehnt später kann man vielmehr beobachten, dass in der Sprachwissenschaft wie auch in der Soziologie – und nicht nur bei jenen, die die linguistische oder sozialwissenschaftliche Genderforschung nur oberflächlich zur Kenntnis nehmen – die These der zwei Kulturen nach wie vor als Beleg für die grundlegende Differenz im Sprechen von Männern und Frauen angeführt wird. Und dies sogar in der Genderforschung selbst. So wird in der umfangreichen Einleitung des von Sabine Wesely herausgegebenen, als Einführung deklarierten Sammelbands »Gender Studies« unter der Überschrift »Gender und Kommunikation« neben den Texten von Pusch und Trömel-Plötz ausgerechnet Tannens »Du kannst mich einfach nicht verstehen« (1991) als »grundlegende(s) Werk« bezeichnet (Wesely 2000, 62). Angesichts dieser offensichtlich ungebrochenen Prominenz im Alltag wie in der Wissenschaft erweist es sich als angebracht, die Theorie des Zwei-Kulturen-Ansatzes und seine anschließende Verbreitung einer Kritik zu unterziehen.

Die These der zwei Kulturen geht im Wesentlichen auf einen Aufsatz von Daniel Maltz und Ruth Borker zurück, der 1982 publiziert (1991 ins Deutsche übersetzt) und seither viel diskutiert wurde. Ihr wesentliches Argument lautet, dass

> »Männer und Frauen verschiedene Regeln haben für die Durchführung freundschaftlicher Gespräche. Diese Regeln konfligieren, wenn Frauen und Männer in normalen Alltagsgesprächen versuchen, als Freunde und Gleiche miteinander zu kommunizieren« (Maltz/Borker 1991, 68).

In gemischtgeschlechtlichen Gesprächen führe dies zu permanenten kommunikativen Fehlschlägen. Den theoretischen Hintergrund für diese These entnehmen Maltz und Borker den Untersuchungen von John Gumperz (1982) zu interkultureller Kommunikation. Gumperz hatte gezeigt, dass sich systematisch problematische Situationen ergeben, wenn Menschen aus zwei verschiedenen Kulturen aufeinandertreffen. Die Probleme entstehen nicht aufgrund fehlender Beherrschung der semantischen und grammatischen Strukturen einer Sprache – solche Fehler sind ja erwartbar und relativ leicht erkennbar, etwa wenn ein Wort falsch ausgesprochen wird oder ein grammatikalischer Fehler erfolgt. Gumperz' These lautet vielmehr, dass Missverständnisse in der interkulturellen Kommunikation weniger aufgrund sprachlicher »Fehler«, sondern aufgrund der unterschiedlichen Interpretation einzelner Sprechhandlungen auftreten. Gumperz führt hier den Begriff der »contextualization cues« (Kontextualisierungshinweise) ein. Sprecher liefern mit ihren Äußerungen Kontextualisierungshinweise mit, welche den Rezipienten signalisieren, wie eine Äußerung zu verstehen ist. Kontextualisierungen können zum Beispiel über Lautstärke, bestimmte syntaktische Konstruktionen, Wahl bestimmter Begriffe usf., aber auch über Intonation erfolgen. Aufgrund unterschiedlicher Kontextualisierungshinweise kommt es in der interkulturellen Kommunikation zu Missverständnissen und kommunikativen Fehlschlägen. Gumperz' These liegen Beobachtungen und Ton- bzw. Video-Aufzeichnungen aus interkulturellen Kommunikationen z. B. zwischen Engländern und Indern bzw. Pakistani zugrunde. Diese berühmt gewordenen Beispiele stammen aus alltäglichen Situationen wie der Essensausgabe in einer Kantine oder einer Busfahrt. Die Untersuchungen ergaben, dass schon in flüchtigen Begegnungen mit nur kurzen Wortwechseln die Art, *wie* etwas geäußert wird, ungeahnte Implikationen hat. Ein Beispiel: Wenn in unserer Kultur ein Mensch einem anderen Menschen ein höfliches Angebot macht, wird er dies in der Regel mit einer am Satzende steigenden Intonation tun. Das indische Personal jedoch bot in der britischen Kantine den englischsprachigen Kunden, die an der Essensausgabe anstanden, »gravy«, also Soße zum Fleisch, mit fallender Intonation an. In ihrer Sprache gehört zu einem höflichen Angebot nicht notwendig eine steigende Intonation. Als Resultat solcher Situationen wurde das indische Personal von Kunden, Vorgesetzten und Kollegen als unfreundlich und unkooperativ empfunden. Dieser negative Eindruck wurde durch die Intonation erzeugt:

> »(...) ›Gravy‹, said with a falling intonation, is likely to be interpreted as ›This is gravy‹, i. e. not interpreted as an offer but rather a statement, which in the context seems redundant and consequently rude.« (Gumperz 1982, 173)

Gumperz' Beispiele machen deutlich, dass viele Missverständnisse in der Kommunikation zwischen Angehörigen verschiedener Kulturen eben auf der unterschiedlichen Interpretation von solchen Kontextualisierungshinweisen wie Intonation oder Lautstärke basieren. Die Äußerungen des Gegenübers werden aufgrund der in der eigenen Kultur vorherrschenden Kontextualisierungshinweise interpretiert. Dies führt zum Missverständnis, weil die kommunikativen Aktivitätstypen »falsch« interpretiert werden: So wird zum Beispiel nicht als Frage gehört, was als Frage gemeint war, oder eine Einladung nicht als eine Einladung verstanden. Ein weiteres Beispiel bei Gumperz beschreibt einen indischen Busfahrer, der seine Fahrgäste um passendes Kleingeld bat, wie es in britischen Bussen oft üblich ist. Doch er sprach das »exact change, please« auf eine Art und Weise aus, die von den Fahrgästen als Befehl und nicht als Bitte empfunden wurde: Er setzte das »please« mit einer kleinen Pause ab und sprach es sehr laut, mit stark fallender Intonation aus. Als Konsequenz daraus fühlten sich die Fahrgäste herumkommandiert. Ein Fahrgast, so schildert Gumperz, ging sichtlich verärgert den Gang des Busses hinunter, tauschte wütende Blicke mit anderen Fahrgästen und schimpfte »Warum müssen diese Leute immer so unverschämt sein!« (Gumperz 1982, 168). In seiner eigenen kulturellen Konvention war der indische Busfahrer höflich und korrekt gewesen – bei den Briten kamen seine Äußerungen jedoch als barsch und ruppig an.

Gumperz' Ausführungen zeigen, dass die Beherrschung der grammatischen und lexikalischen Techniken einer Sprache allein nicht ausreicht, um erfolgreich in dieser Sprache zu kommunizieren und zu interagieren, sondern dass auch die richtigen Kontextualisierungshinweise verwendet werden müssen. Dies ist umso relevanter, als Kontextualisierungshinweise über Ausdrucksmuster vermittelt werden, deren Funktion und Bedeutung für das Gelingen einer Kommunikation den Sprechern oft nicht bewusst sind. Das Teilen mindestens eines kleinen gemeinsamen Repertoires an »contextualization cues« ist Voraussetzung jeder Interaktion. Insbesondere in Gesellschaften, die längst nicht mehr nur aus einer Kultur bestehen oder in denen Kulturkontakte regelmäßig erfolgen, sind Missverständnisse, die durch fehlinterpretierte oder überhörte Kontextualisierungshinweise ausgelöst werden, an der Tagesordnung. Gumperz' These ist auch deswegen relevant, weil sie zeigen kann, wie kulturelle Konflikte entstehen. Die Fremdheit bzw. die fehlende Vertrautheit mit den Kontextualisierungskonventionen anderer Sprachen und Kulturen kann zu Missinterpretationen, kommunikativen Fehlschlägen und darüber zu Vorurteilen führen, denen zufolge »Araber immer so aggressiv sind« oder »Inder immer so pampig«, »Asiaten undurchschaubar«, »Amerikaner oberflächlich« usf.

Diese These von Gumperz wird nun von Maltz/Borker – und daran anknüpfend auch von Deborah Tannen – direkt auf Kommunikation zwischen den Geschlechtern übertragen. Männer und Frauen, so die These, gehören verschiedenen Kulturen an, folglich handelt es sich bei Kommunikation zwischen ihnen um interkulturelle Kommunikation. Die gleichen kommunikativen Ereignisse und Handlungen würden von den Geschlechtern unterschiedlich interpretiert:

> »Wir gehen davon aus, daß amerikanische Frauen und Männer unterschiedlichen soziolinguistischen Subkulturen entstammen, daß sie andere Sprachverhaltensweisen gelernt haben, so daß – wenn sie sich im Gespräch miteinander befinden – kommunikative Fehlschläge dadurch entstehen, daß jedes Geschlecht seine Verhaltensweise einbringt.« (Maltz/Borker 1991, 55/56)

So würden Frauen Fragen als Mittel benutzen, das Gespräch in Gang zu halten, Männer hingegen würde Fragen primär zur Informationselizitierung nutzen. Auch in anderen Bereichen gebe es unterschiedliche Funktionen, etwa bei den sogenannten Hörersignalen, wie »mhm«, »hmhm«, »aha«, »ja« etc. Maltz/Borker zufolge sind diese Hörersignale geschlechtsspezifisch verteilt. Für Männer hätten sie die Bedeutung »ich bin einverstanden« bzw.

»ich kann deiner Argumentation folgen«. Für Frauen jedoch meinten sie »ich hör dir zu«. Frauen würden Hörersignale also stärker empathisch einsetzen.

> »Wir wagen die Hypothese, daß für Frauen die besagten Minimalreaktionen etwa bedeuten ›Ich höre Dir zu. Mach weiter‹ und für Männer etwas Stärkeres, etwa ›Ich bin einverstanden‹ oder zumindest ›Ich folge insoweit Deiner Argumentation‹. Die Tatsache, daß Frauen die Minimalreaktionen so viel häufiger äußern, liegt schlicht daran, daß sie öfter zuhören und Männer weniger zustimmen.« (Maltz/Borker 1991, 58)

Begründet wird diese These mit dem Erwerb sprachlicher und kommunikativer Fähigkeiten im Kindesalter: Diese würden im Alter zwischen fünf und fünfzehn Jahren erworben, einem Zeitraum, in dem Mädchen eher in Mädchengruppen und Jungen eher in Jungengruppen verkehren. Es seien diese in der Sozialisation erworbenen Kommunikationsmuster, die im Erwachsenenalter beibehalten würden und die eine fortdauernde Quelle für Missverständnisse seien (Maltz/Borker 1991, 60/61). Maltz und Borker begründen dies mit einem Rückgriff auf die empirischen Untersuchungen von Marjorie Goodwin (1980) über spielende Kinder. Goodwin hatte mehrere Monate auf einer Straße in Philadelphia Kinder beim Spielen beobachtet und ihre Gespräche auf Tonband aufgezeichnet (siehe umfassend auch Goodwin 1990). Ihr fiel auf, dass Mädchen, wenn sie in reinen Mädchengruppen spielten, einen kooperativen Spielverlauf bevorzugten und symmetrische Beziehungen sogar dann herstellten, wenn sie einander Befehle erteilten, indem sie mittels des Gebrauchs des Personalpronomens »wir« oder mittels eines »lets do X« die Gemeinsamkeit des Unterfangens betonten (Bsp.: »We could use a sewer« oder »Lets move these out first«). Jungen hingegen teilen sich über direkte Befehle mit (Bsp.: »Gimme the pliers!« oder »Get out of here«) und versuchen, asymmetrische Konstellationen herzustellen und Dominanzverhältnisse aufzubauen. Mit dieser Untersuchung Goodwins belegen Maltz und Borker die These der zwei Kulturen der Geschlechter. Die unterschiedlichen Sprachen der Geschlechter zeigten sich schon in diesen »peer groups«. Hier lernten Kinder, da sie vorwiegend in gleichgeschlechtlichen Gruppen spielten, unterschiedliche

Sprechweisen. Im späteren Alter würden diese verschiedenen Kommunikationsstile beibehalten bzw. weiter ausgebaut.

Maltz' und Borkers These wird in der Literatur häufig aufgegriffen und als vielversprechender Ansatz hervorgehoben. Aries (1987, 167) etwa bezeichnet die These als »more convincing«, überzeugender etwa als Ansätze, die mit einem Geschlechtsrollenmodell arbeiten.

Doch die These der zwei Kulturen wurde auch vielfach kritisiert. Mehrere Kritikpunkte lassen sich anführen: Talbot (1998, 86) weist zum Beispiel darauf hin, dass Maltz und Borker die Analysen Goodwins verkürzt dargestellt hätten. Tatsächlich hatte Goodwin neben den geschilderten Differenzen im Spiel- und Kommunikationsverlauf auch große Gemeinsamkeiten zwischen den gleichgeschlechtlichen Gruppen festgestellt, was Maltz und Borker übergehen. So schrieb Goodwin in der auch von Maltz/Borker herangezogenen Untersuchung explizit:

> »It should therefore be emphasized that the girls being studied not only have full competence with aggravated forms of action but systematically use them in appropriate circumstances (...).« (Goodwin 1980, 170)

Kleine Mädchen sind somit sehr wohl in der Lage, ihre Spielkameraden, seien dies Jungen oder Mädchen, in der gleichen dominanten und Asymmetrie erzeugenden Art zu behandeln – etwa wenn sie einen Angriff eines Spielkameraden kontern, wenn sie jüngere Geschwister herumkommandieren oder wenn sie sich gegenseitig hänseln.

Maltz' und Borkers These liegen keine eigenen empirischen Untersuchungen zugrunde, sie stützen sich in ihren Ausführungen auf die Resultate vorliegender Analysen, neben den zitierten Arbeiten von Gumperz und Goodwin unter anderem auf die Untersuchungen von West und Zimmerman über Unterbrechungen, Themenkontrollen und Hörersignale sowie auf die Behauptung Pamela Fishmans, Frauen würden in Gesprächen die Dreckarbeit (»shit work«) verrichten (Zimmerman/West 1975, West/Zimmerman 1983, Fishman 1978). Beide Thesen, so populär sie zu ihrer Zeit auch waren, sind nach dem heutigen Stand der Forschung nicht mehr haltbar (vgl. zu einer Kritik zusammenfassend Kapitel 4). Hörersignale können mehr ausdrücken als nur zwei kommunikative Intentionen. Was ein Hörersignal konkret bedeutet, hängt von seinem interaktiven Kontext und seiner kommunikativen Durchführung ab. Ein stereotypes, tonloses »hm hm hm« während der Rede eines anderen Sprechers drückt statt Interesse vielmehr Unaufmerksamkeit, Ungeduld oder Langeweile aus. Man kann mit Hörersignalen Verständnislosigkeit und Erstaunen markieren, ebenso Empathie zeigen oder Kritik ankündigen, einfühlend die gleiche Meinung ankündigen usf. Was ein »hm« ausdrückt, hängt entscheidend von emphatischem Gehalt, der Intonation und vor allem Synchronisierung mit der Rede des Sprechenden ab. Die schematische Zweiteilung bei Maltz/Borker verhüllt daher mehr, als dass sie zur Klärung beiträgt. Auch das zentrale Argument, Kinder lernten in gleichgeschlechtlichen »peer groups« die unterschiedlichen Kulturen der Geschlechter, ist den gängigen Resultaten von Untersuchungen zum Spracherwerb zufolge nicht haltbar, da dieser in früheren Lebensjahren zu für Mädchen und Jungen gleichen Bedingungen erfolgt. Zudem ist es nicht richtig, dass Kindern ausschließlich in gleichgeschlechtlichen Gruppen spielen. Das stärkste Gegenargument, da es das zentrale Kernstück der These von Maltz/Borker entkräftet, stammt von Günthner:

> »Da Mädchen und Jungen sowie Frauen und Männer – im Vergleich zu Angehörigen verschiedener Kulturen – in ständigem kommunikativen Kontakt miteinander stehen (...), müßten sie zumindest über passive Kenntnisse des ›anderen Stils‹ verfügen.« (1992, 127)

Nach einer umfassenden Rekonstruktion des Arguments sowie der einschlägigen Literatur zum Thema zieht Günthner den nüchternen Schluss, die These der Geschlechter-Kulturen hielte »einer genauen linguistischen Analyse nicht stand« (1992, 139).

5.2 »Du kannst mich einfach nicht verstehen«: Tannens Trivialisierung der These von den zwei Kulturen

Die These von Maltz/Borker wurde vor allem durch die populärwissenschaftlichen Publikationen von Deborah Tannen verbreitet. In Büchern wie »Du kannst mich einfach nicht verstehen« (orig. 1990, dt. 1991) führt Tannen die These der zwei Kulturen fort:

> »Wenn Erwachsene ihr Gesprächsverhalten schon als Kinder in getrennten Welten sozialer Peer-Kontakte lernen, dann ist Kommunikation zwischen Frauen und Männern interkulturelle Kommunikation.« (1991, 46)

Weil sich die männlichen und weiblichen kommunikativen Stile unterscheiden, so Tannen, komme es zu Missverständnissen. Frauen sprächen eine Beziehungssprache (»rapport-talk«), Männern hingegen eine Berichtssprache (»report-talk«) (1991, 78f.). Diese Kontraste im Gesprächsverhalten zwischen Männern und Frauen drückten sich in verschiedenen kommunikativen Strategien aus. Die Kommunikation von Frauen sei auf die Beziehung zum Gesprächspartner konzentriert, die Gespräche von Männern hingegen auf Problemlösungen ausgerichtet; Frauen suchten um die Unterstützung ihres Gesprächspartners, Männer dagegen erzeugten Asymmetrie in der Kommunikation. Für Frauen sei die Sprache der Konversation in erster Linie »eine Beziehungssprache: eine Möglichkeit, Bindungen zu knüpfen und Gemeinschaften herzustellen« (1991, 79). Für Männer hingegen seien Gespräche »in erster Linie ein Mittel zur Bewahrung von Unabhängigkeit und zur Statusaushandlung in einer hierarchischen sozialen Ordnung« (1991, 79). Talbot fasst die bei Tannen im Verlauf des Buches sukzessive aufgestellten Dichotomien wie folgt zusammen (1998, 138):

rapport	**report**
sympathy	problem-solving
listening	lecturing
private	public
connection	status
supportive	oppositional
intimacy	independence

Stärker noch als die These von Maltz und Borker wird Tannens Behauptung – bzw. genau genommen ihre Popularisierung der These von Maltz/Borker – in der einschlägigen Literatur angegriffen. Es sind vor allem die Polarisierung der beiden Geschlechter und die Gegenüberstellung zweier dichotomer, inkompatibler Gesprächsstile, denen zufolge Frauen immer nach Intimität und Nähe verlangten und Männer stets auf ihre Unabhängigkeit orientiert seien, die Anlass zur Kritik bieten. Diese Pauschalisierung stellt eine Reduktion gesellschaftlicher Komplexität dar. So kritisiert Günthner die Darstellungen Tannens als eine Reduktion auf Stereotypen:

> »Eine solch simplizistische Zuschreibung, die bei Tannen in Form einer dichotomischen ›rapport-report‹-Zuordnung vorgeführt wird, reduziert weibliches Interaktionsverhalten auf traditionelle Stereotypen, wie die der ständigen Suche weiblicher Interagierender nach Nähe und Intimität, des Harmoniestrebens, des Desinteresses an politischen Belangen, der Unfähigkeit zur sachlichen, von persönlichen Belangen losgelösten Diskussion und mangelnder Durchsetzungsfähigkeit.« (Günthner 1992, 130)

Wie Günthner an empirischen Beispielen weiter zeigt, sind Frauen in bestimmten Konstellationen und sozialen Situationen (so wie die Mädchen in Goodwins Untersuchungen auch) sehr wohl in der Lage, Dissens auszudrücken und ihren Gesprächspartner anzugreifen. Sie scheinen damit auch nicht dem Stereotyp des harmonischen Ideals, das Tannen präsentiert, zu entsprechen, demzufolge es unter Frauen eine »weitverbreitete Tendenz (gebe), nach Übereinstimmung zu suchen« (Tannen 1991, 182).

Candace West kritisiert darüber hinaus, dass Tannen Forschungsresultate über das Spielverhalten von Kindern linear auf Verhaltensweisen von Erwachsenen überträgt. Vom wissenschaftlichen Standpunkt aus sei dies, so West, »highly problematic« (1995, 127). Tannen präsentiert mit dieser zweigeteilten Zuweisung geschlechtlicher Kommunikationsweisen als geschlechtsexklusiv, was nach den gängigen empirischen Befunden *nicht* geschlechtsexklusiv ist. Insofern polarisiert sie Geschlechtsunterschiede im kommunikativen Verhalten und Handeln von Männern und Frauen und überhöht die Differenzen.

Tannen kann des Weiteren eine verkürzte und schematisierende Darstellung der einschlägigen Literatur bescheinigt werden. So leitet sie ihre Ausführungen über die oben referierte Einzelfall-Untersuchung von Goodwin mit den folgenden Worten ein:

> »Wissenschaftler, die das Spiel von Kindern untersuchen, haben festgestellt, daß Mädchen aller Alterstufen zu dieser Sprechweise neigen.« (Tannen 1991, 164)

Wie schon gezeigt, trifft diese pauschalisierende Aussage nicht zu bzw. stellt die differenzierten Resultate Goodwins verkürzt dar. Zudem sind solche diffusen Referenzen ohne Beleg nicht unproblematisch, da sie die Behauptung der Überprüfbarkeit entziehen. Sie sind autoritative Markierungen, welche das Gesagte unhinterfragbar machen. (Wenn »Wissenschaftler«, und dann gleich mehrere, das »festgestellt« haben, dann wird das schon so sein.)

Neben dieser inhaltlichen Kritik wurde das Buch jedoch auch Gegenstand (frauen-) politischer Auseinandersetzungen. Dem Buch wurde vorgehalten, es sei unpolitisch. Tannen betont das Ziel ihres Ansatzes wie folgt:

> »Männer und Frauen als Angehörige verschiedener Kulturen zu begreifen, eröffnet die Möglichkeit, eine Erklärung für zu Recht bestehende Unzufriedenheiten zu finden, ohne der einen oder anderen Seite vorzuwerfen, daß sie sich falsch oder unverständlich verhält.« (Tannen 1991, 46)

Wie West (1995, 111) kritisch anmerkt, eliminiert Tannen auf diese Weise jegliche Verantwortung für das kommunikative Geschehen. Wenn Männer und Frauen Angehörige verschiedener

Kulturen sind, sind sie für ihr kommunikatives Handeln nicht zur Verantwortung zu ziehen, schließlich handeln sie nur auf der Basis unterschiedlicher kultureller Wertvorstellungen. Auch Talbot kritisiert diesen Aspekt des Buches:

> »It addresses problems and breakdowns in communication without anyone having to be responsible for them. (…) They just happen because men and women have different interactional styles but don't realize it. (…) no one is to blame.« (Talbot 1998, 139)

Die schärfste Kritik stammt von Trömel-Plötz (1991), die sich in den 1980er Jahren selbst in mehreren Texten mit dem Zusammenhang von Sprache, Geschlecht und Macht auseinandergesetzt hatte. Unter dem Titel »Selling the apolitical« unterzieht sie Tannens Buch in der Zeitschrift »Discourse & Society« einer in Inhalt und Ton vernichtenden Kritik. Tannen reagierte auf die inhaltlich äußerst scharfen und persönlich abfällig vorgetragenen Einwände am selben Ort mit einer vierseitigen Stellungnahme, in der sie ihren Ansatz verteidigt und Trömel-Plötz' Kritik als »the sort of hate filled diatribe« bezeichnet, »that hurts all of us who struggle to achieve the goals of feminism« (Tannen 1992, 253). Trömel-Plötz hatte das Buch in dieser Kritik als »deeply reactionary« bezeichnet, als »dishonest«, die These als »entirely unsupported and unproven«, die Methode als »superficial dilettantism«, eine Erläuterung als »wishy-washy«, das Buch insgesamt als »depressing« (Trömel-Plötz 1991, 490, 493, 499 und 500).

Im Zentrum der Kritik steht die Frage nach Macht- und Herrschaftsverhältnissen. Trömel-Plötz zum Beispiel bezeichnet Tannens Buch als unpolitisch. Vergeblich suche man nach Begriffen wie Macht, Dominanz, Diskriminierung etc.:

> »Tannen is selling political naïveté, but neither is sociology quite so naïve nor linguistics quite as apolitical as Tannen would have us believe.« (1991, 491)

Tatsächlich finden sich Begriffe wie Macht, Ungleichheit etc., Begriffe, die die frühe Forschung zum Thema Kommunikation und Geschlecht stark dominiert hatten, zum Beispiel in den frühen Untersuchungen von West und Zimmerman oder Pusch und Trömel-Plötz über Unterbrechungen, Themenkontrolle etc., in Tannens Ausführungen nicht. Auch Talbot konstatiert, sachlicher, diese Abwesenheit eines Machtbegriffs:

> »Tannen's ›You just don't understand‹ (...) depicts a world in which power imbalance doesn't seem to exist; women and men exist as equals.« (Talbot 1998, 139)

Tannen, so Talbot weiter, nimmt die soziale Wirklichkeit als gegeben hin bzw. stellt diese als mehr oder weniger unveränderbar dar. Mit nur wenig Einfühlungsvermögen könnten Interaktionsprobleme bewältigt und Konflikte überwunden werden. Mit diesem Blick auf die soziale Welt verfestige und stabilisiere das Buch den Status quo. Cameron zufolge hat gerade dies vielmehr einen klaren politischen Subtext:

> »But under the surface we may discern a message that is political, though it is not feminist: ›stop blaming men‹. Women are urged to accept what they cannot (and given the cultural difference theory, should not) change.« (Cameron 1992, 467)

Die meisten Kritiken bezogen sich im Wesentlichen auf den *Inhalt* des Textes. Im Folgenden soll stärker das Augenmerk auf seine *Form* gelegt werden. Was für eine Art Literatur stellt »You just don't understand« genau dar? Liegt hier möglicherweise ein Missverständnis vor?

5.3 Die Welt als Paarbildung

Talbot hatte in der oben zitierten Kritik die Formulierung verwendet, Tannen beschreibe eine bestimmte Welt (»depicts a world«, ibid.). Unterzieht man Tannens Ausführungen einer stilistischen Analyse, lässt sich schnell feststellen, welche Welt Tannen tatsächlich beschreibt, ja schafft. In ihren Szenen treten in der Regel zwei Figuren auf, je ein Mann und eine Frau, die in Alltagssituationen, die uns gut vertraut sind, auf eine bestimmte Weise reden und handeln. In Anschluss an Goffman (1994) lässt sich dies als eine besondere Art des »Arrangements der Geschlechter«, als *selektive Paarbildung*, beschreiben. Die Form der Darstellung ist narrativ und anekdotisch. Tannen schildert Kapitel für Kapitel Beispielsituationen, in denen es zu Konflikten und

Missverständnissen zwischen Männern und Frauen kommt. Sie verwendet hierzu kleine Geschichten mit realen oder fiktiven Figuren. Einige Beispiele mögen dies veranschaulichen:

> »Emily und Jacob richteten ihre Hochzeit nach ihren eigenen Vorstellungen aus.« (1991, 28)

> »Eve hatte sich einen Knoten aus der Brust entfernen lassen.« (1991, 48)

> »Martha kaufte sich einen Computer und musste lernen, wie man damit umgeht.« (1991, 68)

> »Eine Frau, die ich Rebecca nennen will und die im großen und ganzen glücklich verheiratet ist (…).« (1991, 86)

> »Gail hasst Streit. Wenn Norman wütend wird und rumschreit, ist sie tief beunruhigt.« (1991, 173)

Welchen Status diese Beispiele haben, bleibt unklar. Sind sie real? Stammen sie aus teilnehmender Beobachtung? Aus Tonbandaufzeichnungen? Aus Erzählungen der Betroffenen? Haben sie die Funktion eines philosophischen Gedankenexperiments, ohne empirische Entsprechungen zu haben? In Tannens Darstellungen spielen diese kleinen Szenen eine bedeutende Rolle. Viele der genannten Episoden, zum Beispiel die ersten drei oben zitierten, entstammen Kapitelanfängen und rahmen damit Argumente. Im Anschluss daran wird eine (fiktive?) kommunikative Situation geschildert, in der es zu einem Konflikt zwischen den (fiktiven?) Figuren kommt. Tannens Welt besteht dabei aus Szenen mit je zwei Personen unterschiedlichen Geschlechts, die eine (sexuelle) Beziehung miteinander haben und die Tannen gut zu kennen vorgibt, indem sie sie mit Vornamen belegt und um ihre Gefühle weiß. Nahezu alle Beispiele, die Tannen liefert und auf denen ihre Argumentation aufbaut, entstammen damit der Kommunikation in privaten Konstellationen. Doch Kommunikation zwischen Männern und Frauen beschränkt sich keineswegs nur auf Gespräche in Beziehungen. Auch Gespräche in halböffentlichen und öffentlichen Kontexten, zum Beispiel in Sprechstunden an der Universität oder beim Arzt, gehören zur Kommunikation zwischen Männern und Frauen. (Diesen widmet Tannen 1995 ein eigenes Buch, »Job-Talk: Wie Frauen und Männer am Arbeitsplatz miteinander reden«; für das im Wesentlichen alle anderen hier genannten Kritikpunkte gelten.) Des Weiteren betreffen ihre Kommunikationsbeispiele durchweg Gespräche zwischen einander *eng vertrauten* Personen. Aber auch gerade Kommunikationen zwischen einander bloß bekannten und auch unbekannten Personen spielen eine große Rolle, etwa in Bewerbungsgesprächen, in Computerfachgeschäften usf.

Tannens Reduktion auf die eheliche oder eheähnliche Situation einer heterosexuellen Paarbeziehung – kombiniert mit ihrer Darstellungstechnik, permanent personalisierte Beispiele zu verwenden – gibt Anlass zur Annahme, dass es sich hier nicht um Strukturargumente handelt. Diese Darstellungstechnik möglichst anwendungsbezogener, konkreter exemplarischer Situationen ist aus einem bestimmten Typus von Literatur bekannt: der Ratgeberliteratur. Die gesamte Diskussion um das Buch erscheint in einem völlig anderen Licht, wenn man es als das nimmt, was es ist: ein Ratgeber. Das Buch wurde zum Bestseller, *weil* es unpolitisch argumentiert, *weil* es narrativ aufgebaut und damit leicht zu lesen ist, *weil* es einfache Lösungen anbietet und gängige Klischees bedient. Insofern läuft Trömel-Plötz' polemische Kritik ins Leere. Dennoch lässt sich das Buch, auch und gerade als Ratgeber, kritisieren.

Wie DeFrancisco in einer Rezension betont, stellen Frauen mehrheitlich die Leserschaft von Beziehungsratgebern dar. Tannen verstärke damit die Alltagsvorstellung, dass Beziehungspflege die Arbeit von Frauen sei (1992, 323). Auch Deborah Cameron zufolge ist der Text »quintessentially a book aimed at women« (1992, 466). (Cameron weist zudem darauf hin, dass das Buch in England im feministischen Verlag Virago Press erschien.)

Die Adressierung einer weiblichen Leserschaft lässt sich vor allem aber am Text belegen: Die Mehrheit der im Buch verwendeten Beispiele geht davon aus, dass eine Frau eine kommunikative Situation als unbefriedigend empfindet (»Gail hasst Streit. Wenn Norman wütend wird und rumschreit, ist sie tief beunruhigt«). Damit adressiert Tannen selbst eine vorwiegend weibliche Leserschaft. Die Rahmung als Ratgeberliteratur hat ihrerseits zur Folge, dass um Verständnis der anderen Kultur geworben wird. Als Konsequenz daraus sind es Frauen, denen ein Verständnis für den anderen kulturellen Stil abverlangt wird, sind es Frauen, die sich Gedanken machen (sollen) um die innerehelichen Konflikte, deren Ursachen und deren Lösungen. Cameron zufolge (1992, 466) hat dies eine problematische Konsequenz:

> »Indeed, it might conceivable worsen women's position, since they may end up making accomodation to their partners which their partners do not reciprocate.«

Problematisch ist nicht, dass Tannen einen Ehe- respektive Beziehungsratgeber geschrieben hat. Es gibt zahllose Ratgeber dieses Typs, denen zufolge ›Männer vom Mars‹ kommen, ›Frauen von der Venus‹ o. Ä. Es ist jedoch sehr irritierend, dass dieser Text als wissenschaftliche Literatur rezipiert wurde, und dies, obwohl schon frühe Rezensionen auf den Ratgebercharakter hinwiesen (etwa Cameron 1992 und DeFrancisco 1992). Dabei gibt Tannens Buch zahllose Hinweise – wenn man so möchte: Kontextualisierungshinweise –, welche den Text als Ratgeberliteratur rahmen. So wird permanent Tannens akademischer Hintergrund betont. In Klappentext und fortlaufendem Text des Buches wird mehrfach auf ihren Status als Professorin hingewiesen. So lautet der Klappentext, noch recht unverfänglich: »Dr. Deborah Tannen ist Professorin für Linguistik an der Georgetown University«. Doch auch im Text selbst wird, gänzlich unüblich für wissenschaftliche Literatur, immer wieder auf den akademischen Kontext verwiesen. So beginnt ein Kapitel – typisch in seinem erzählenden Gestus und der Anekdotenhaftigkeit – mit den Worten: »Es geschah bei einem gemeinsamen Essen mit Lehrkräften aus anderen Fachbereichen meiner Universität.« (S. 134), immer wieder werden die eigenen Vorträge oder Lesungen erwähnt oder anderweitig auf den eigenen Status und den akademischen Kontext Bezug genommen (vgl. z. B. S. 76: »Ich saß in einem Vorstadtwohnzimmer und hielt einen Vortrag vor einer Gruppe von Frauen«; S. 77: »Ich habe dieses Verhaltensmuster bei eigenen Lesungen (…) selbst festgestellt«; S. 109: »Ein Journalist, der einen Artikel von mir gelesen hatte«; ibid.: »Meine Studenten erzählen mir« etc.). Autorisierungsgesten wie das zitierte autoritative »Wissenschaftler haben festgestellt«, der narrative Stil, die exemplarischen Figuren: Es gibt Seite für Seite Hinweise darauf, dass es sich um einen Beziehungsratgeber handelt. Es ist ein einziges großes Missverständnis, dass »Du kannst mich einfach nicht verstehen« als wissenschaftliche Literatur behandelt wurde. Wie konnte das geschehen? Warum wurde das Buch durch zahllose Rezensionen in wissenschaftlichen Zeitschriften, etwa durch Trömel-Plötz' vierzehnseitige (!) Polemik, zur wissenschaftlichen Literatur geadelt? Woraus entstand die enorme Popularität des Buches im Alltag wie in der Wissenschaft?

Um diesen Fragen nachzugehen seien im folgenden Abschnitt weitere Aspekte der These von den zwei Kulturen bzw. Tannens Trivialisierung dieses Ansatzes diskutiert, die insofern relevant sind, weil sie weitreichende theoretische und praktische Konsequenzen haben: die unterstellte fortwährende Primordialität der Kategorie Geschlecht, die Stereotypisierung der Geschlechter sowie die reflexive Wirkung solcher Stereotypisierungen.

5.4 Die Vergeschlechtlichung von Kommunikation

Tannen behandelt die Geschlechtszugehörigkeit als stets dominant und immer primär. Weitere zentrale Identitätskategorien – wie soziale Herkunft, Alter, ethnischer Hintergrund, Bildung oder Beruf – werden ignoriert. Doch Identitäten von Menschen setzen sich aus verschiedenen Facetten zusammen, und nicht in jeder Situation spielt die Geschlechtszugehörigkeit die tragende Rolle. Gewiss existieren kommunikative Aktivitäten, in denen die Geschlechtszugehörigkeit entscheidend ist: im Flirt etwa oder bei der sexuellen Anmache (vgl. z. B. Gardner 1980), doch ist das Geschlecht nicht in allen kommunikativen Situationen ausschlaggebend.

Schon in der Diskussion der These von Maltz und Borker in Abschnitt 2 wurde kritisch darauf hingewiesen, dass die Etablierung der Dichotomien problematisch ist. Und Günthner hatte kritisiert, Tannen »reduzier(e) weibliches Interaktionsverhalten auf traditionelle Stereotypen« (1992, 130; s. o.). Diese Kritik lässt sich ergänzen und verschärfen. Tannen gibt nicht einfach nur gesellschaftliche Stereotypen wieder, sie selbst verfertigt sie – in ihren Anekdoten und Geschichten von »Gail«, die »tief beunruhigt« ist, »wenn Norman wütend wird und rumschreit«, oder von »Martha«, die sich einen Computer kaufte und erst »lernen musste«, »wie man damit umgeht«. Tannens Zuschreibung der »rapport«-Sprache, auf Sympathie und Intimität angelegt zu sein, »reduziert« (Günthner) nicht einfach nur weibliches Interaktionsverhalten auf traditionelle Stereotypen, es *produziert* diese Stereotypen *selbst.* Für ein Buch, das dazu beitragen möchte, die kommunikativen Probleme in gemischtgeschlechtlichen Konstellationen zu beheben, ist dies nicht nur »hochproblematisch« (West, s. o.), sondern schlicht fatal.

Die dichotomisierte Darstellung, die Frauen zuschreibt, immer und in allen Situationen zuhörend, unterstützend etc. zu sein, Männern hingegen belehrend, auf Status bedacht etc., behandelt Geschlecht als fixe und unveränderliche Kategorie, als eine den Menschen fest eingeschriebene, wesenhafte Ausdrucksweise. Dies meint auch Talbot, wenn sie Tannen vorwirft, zu einer Essentialisierung von Geschlecht beizutragen:

> »Gender is represented as difference, with gender categories frequently being treated as bipolar, fixed and static. They are sometimes established as though they were complementary pairs, or natural opposites. Books like Tannen's ›You just don't understand‹ do not threaten deep-rooted beliefs in these bipolar categories. They are appealing because they offer solutions to gender problems without making a problem of gender itself. As a consequence of a preoccupation with difference, stereotypes are reinforced, shoring up essentialism in our perception of gender.« (Talbot 1998, 143)

Der Blick auf Differenzen verstärkt die Wahrnehmung möglicherweise bestehender geringfügiger Unterschiede. Entsprechend erfolgt ein Essentialismus, dem zufolge Frauen »eben« verständnisvoll, unterstützend etc. sind, Männer »von Natur aus« zielorientiert oder statusfixiert usf. Die Gegenüberstellung zweier gegensätzlicher Merkmalsets schafft eine Zweiteilung sogar dort, wo keine existiert oder möglicherweise ein Kontinuum besteht. Dies führt im Fall der Zwei-Kulturen-These sichtlich dazu, dass Differenzen gesucht werden, wo möglicherweise Überschneidungen bestehen. Auf theoretischer Ebene wird hier eine Differenzverstärkung betrieben, indem Unterschiede zu kategorialen Differenzen überhöht werden. Die Konsequenz ist eine fast undurchlässige *Vergeschlechtlichung von Kommunikation*, die Geschlecht als fortwährendes Explanans verwendet, ohne die

Geschlechtskategorisierung in irgendeiner Form zu problematisieren.

Diese Stereotypisierung weiblichen und männlichen Kommunikationsverhaltens kann sich ihrerseits reflexiv auf die realen Kommunikationen zwischen Männern und Frauen auswirken. Es ist im Folgenden zu überlegen, ob und inwiefern die These der zwei Kulturen wiederum eine Vorlage für die gesellschaftliche Differenzierung von Geschlecht stellt. Für soziale Strukturen, die die Gesellschaft bereithält, um Geschlechter voneinander zu separieren und kenntlich zu machen, hat Goffman den Begriff der »institutionellen Reflexivität« geprägt (vgl. hierzu ausführlicher Kapitel 8). Ein typisches Beispiel für institutionelle Reflexivität stellt die sogenannte »parallele Organisation« dar. Hierunter versteht Goffman soziale Strukturen, mittels derer die Geschlechter einerseits zweigeteilt und voneinander getrennt werden – in Sport, Ausbildung, am Arbeitsplatz, aber auch räumlich in der Trennung der Toiletten –, andererseits aber auch einander zugeordnet werden – durch selektive Arbeitsplatzvergabe, durch häusliche Arbeitsteilung.

Die Theorie der zwei Kulturen, so lässt sich diagnostizieren, stellt ein geradezu beispielhaftes Exemplar einer solchen parallelen Organisation dar. Sie liefert den Rahmen, Verhaltensweisen und Kommunikationsformen zu dichotomisieren, eine parallele zweigeschlechtliche Organisation von Gesellschaft zu erzeugen bzw. reflexiv aufrechtzuerhalten. Die parallele Organisation steht als logische Folge eines natürlichen Geschlechtsunterschieds da, obwohl sie den proklamierten Unterschied erst schafft. »You just don't understand« schafft in den fiktiven Geschichten eine Welt mit selektiver Paarbildung: ein kommunikatives Arrangement der Geschlechter.

Es lässt sich unschwer zeigen, dass die Diagnose der bloßen Verdoppelung der als naturgegeben empfundenen Zweigeschlechtlichkeit auch auf den Ansatz der zwei Kulturen zutrifft. Mehr noch: Der Ansatz der zwei Kulturen doppelt nicht nur einfach die alltägliche Konstruktion von Zweigeschlechtlichkeit, er leistet vielmehr einer *alltäglichen* Ontologisierung von Geschlecht verstärkend Vorschub.

Der Ansatz der zwei Kulturen *beteiligt* sich daran durch die Gegenüberstellung zweier vermeintlich inkompatibler kommunikativer Stile. In diesem Ansatz und insbesondere bei Tannen wird eine »kommunikative Konstruktion von Geschlechterdifferenzen« (Günthner 1997) selbst betrieben. Die These der zwei Kulturen produziert mit der polarisierenden Gegenüberstellung kommunikative »Geschlechtszuständigkeiten« (zu diesem Begriff Hirschauer 1989, 112). Im Ansatz der zwei Kulturen werden alltägliche Differenzvorstellungen zu einer wissenschaftlichen These überhöht und als Theorie ausgebaut. Bei ausreichender Verbreitung – und dies ist hier der Fall – legitimiert diese Theorie wiederum alltägliche Vorstellungen und Handlungs- und Verhaltensweisen. Goffman hatte hervorgehoben, dass die Glaubensvorstellungen davon, wie Geschlecht sich artikuliert, in einem engen Zusammenhang damit stehen, wie sich Geschlechter tatsächlich verhalten.

> »(...) hier spielt vermutlich auch popularisiertes sozialwissenschaftliches Wissen eine wichtige Rolle. Forschungserkenntnisse über das soziale Geschlecht und die Sexualität, seien sie nun gut oder schlecht begründet, werden den normativen Vorstellungen von Männlichkeit bzw. Weiblichkeit selektiv – und manchmal erstaunlich schnell – einverleibt. Durch eine solche Quelle gestärkt, können sich diese Idealbilder dann als selbsterfüllende Prophezeiungen auf das tatsächliche Verhalten der Geschlechter auswirken.« (Goffman 1994, 111f.)

Die popularisierten Vorstellungen von Geschlecht werden, wie Gildemeister und Wetterer dies formulieren, »Bestandteil der natürlichen Weltordnung und stehen dann als solche als Argumentationsgrundlage zur Verfügung (...)« (1992, 241). Unter dem Vorzeichen der Aufklärung und Hilfestellung werden bei Tannen kommunikative Stereotypen produziert, die als ideologisches Sickerwasser Eingang in die Glaubensvorstellungen alltäglich Handelnder finden und für eine fortwährende Aktualisierung von Geschlechterdifferenz sorgen. Insofern trägt das Buch zu einer Naturalisierung von Geschlecht bei. Carol Hagemann-White hatte 1993 eher rhetorisch gefragt, wie sich die »Konstrukteure des Geschlechts auf frischer Tat ertappen« ließen. Mit Tannens Text liegt uns ein solcher Konstruktionsvorgang gedruckt vor. Er liefert eine Handlungsanleitung zum sprachlichen »doing gender« in Millionenauflage.

Die These der *zwei* Kulturen ›passt‹ in ihrer binären Logik und dichotomisierenden, geschlechtsexklusiven Argumentation zur alltäglichen und unhinterfragten dualistischen Konstruktion von *Zwei*geschlechtlichkeit. Sie liefert eine bifokale Brille, mittels derer komplementäre Differenzen erzeugt, für Realität erklärt und in die alltägliche Praxis zurückvermittelt werden. Die These der zwei Kulturen rationalisiert damit die alltägliche Konstruktion von Zweigeschlechtlichkeit. Und sie trägt zur Ontologisierung von Geschlecht bei, indem sie wissenschaftlich autorisierte Erklärungen für dessen Wesensmäßigkeiten bietet. Insofern ist die These der zwei Kulturen keine Lösung, sondern, Ironie des Schicksals, Teil des Problems selbst. Es ist die binäre Logik der Zwei-Kulturen-These, die die alltägliche Logik der Zweigeschlechtlichkeit an keinem Punkt in Frage stellt, sondern sie vielmehr stützt und Zweifel beiseite räumt – und dies zu einem Zeitpunkt, zu dem wissenschaftlich und auch vielfach im Alltag Ansätze einer De-Konstruktion und De-Institutionalisierung von Geschlecht erkennbar sind.

Die Theorie der zwei Kulturen leistet damit einer naiven Reifizierung von Zweigeschlechtlichkeit Vorschub und verfestigt selbst die kommunikativen Stereotypen, die sie zu lösen vorgibt. Sie legitimiert sie, verleiht ihnen einen ontologischen Status und trägt damit zur Institutionalisierung und Verbreitung von Geschlechterdifferenzen bei.

6 Kommunikation der Geschlechter in anderen Kulturen

6.1 Frühe Untersuchungen der Ethnologie zum Thema Geschlecht

Die frühesten bekannten Berichte über die Kommunikation der Geschlechter in anderen Kulturen stammen von Missionaren, die – auf den Spuren von Seefahrern und Händlern – die ersten Europäer waren, die sich länger in fremden Ländern in Übersee aufhielten. Sie berichteten mehrfach von Völkern, in denen Männer und Frauen unterschiedliche Sprachen verwendeten. Otto Jespersen lieferte 1925 (erstmals 1922) eine erste systematische Behandlung dieser sogenannten »Weibersprachen« bei »primitiven« Völkern. (Bezeichnenderweise wurde schon hier die männliche Sprache als die Norm behandelt, die weibliche Sprache als Abweichung. So ist nicht von »Männersprachen« die Rede, diese werden als Basis vorausgesetzt.)

Immer wieder hatte es Berichte über Frauensprachen in anderen Kulturen gegeben (vgl. Chamberlain 1912 für eine kurze Diskussion). Der älteste Bericht datiert in das Jahr 1664, als der Dominikaner Breton in seinem »Dictionnaire caraïbe-français« über die Kariben (Kleine Antillen) berichtet. Als Grund für die verschiedenen Sprachen von Männern und Frauen wird ein Frauenraub angeführt. Die Frauen hätten ihre Ursprungssprache behalten und weitergegeben. Rochefort, der in der Mitte des 17. Jahrhunderts bei den Kariben lebte, bestätigt im Wesentlichen Bretons Schilderung. In seiner »Histoire naturelle et morale des Iles Antilles« (1665) berichtet er:

> »die männer haben eine große zahl nur ihnen eigentümlicher ausdrücke, welche die frauen wohl verstehen, niemals aber selbst in den mund nehmen. Auf der anderen seite verfügen die frauen über wörter und redensarten, die die männer niemals anwenden, denn sonst verfielen sie dem fluch der lächerlichkeit. Daher kommt es, daß es in ihren gesprächen oft den anschein gewinnt, wie wenn die frauen eine andere sprache gebrauchten als die männer« (zitiert nach Jespersen 1925, 220; Kleinschreibung bei Jespersen)

Zu beachten sei, so fährt Jespersen fort, dass Rochefort von den Sprechweisen der Geschlechter »in wirklichkeit nicht als von vollkommen getrennten sprachen« spricht. Im strengen Sinne habe man es nicht mit zwei verschiedenen Sprachen zu tun, da sie bei den beiden Geschlechtern auf die selbe Weise flektierten, die Grammatik also dieselbe wäre (Jespersen 1925, 221; Kleinschreibung bei Jespersen).

Die Begegnung mit den exotischen und fremden Völkern führte um die Jahrhundertwende zur Entstehung der Ethnologie als einer eigenen Disziplin. Zwei Themen dominierten von Anbeginn: zum einen die Religionen und religiösen Praktiken der untersuchten Kulturen, zum anderen das Verhältnis der Geschlechter. Viele prominente ethnologische Studien haben den Umgang mit Sexualität und die Sexualpraktiken der untersuchten Völker als zentralen Gegenstand. Malinowskis Untersuchung über »Das Geschlechtsleben der Wilden« etwa behandelt ausführlich den Umgang mit Körper und Sexualität, die Konstitution von Familie und Verwandtschaft bei den Trobriand-Insulanern im westlichen Pazifik (1979, erstmals 1929). »Baloma«, eine Untersuchung über Glaubensvorstellungen im Zusammenhang mit Geburt und Tod, zeigt die Deutungssysteme der Trobriander bezüglich der Zeugung und Entstehung neuen Lebens (1983, erstmals 1948). Danach riskierte ein Mädchen, schwanger zu werden, wenn es leichtsinnigerweise zu weit die Lagune hinausschwimmt, da sich dort die Geister der Toten aufhalten, weswegen die Anweisung an die Mädchen auch lautete, sich besser im seichten Wasser aufzuhalten. Zwischen Sexualität und Schwangerschaft sehen die Trobriander keinen Zusammenhang. Auf die Andeutungen Malinowskis, der Fortpflanzungsprozess könnte doch möglicherweise etwas mit Sexualität zu tun haben, reagierten die Trobriander mit Heiterkeit und Unverständnis. Schwangerschaft wird vielmehr als Rückkehr eines Geistes in den Körper eines Mädchens gedeutet. Leibliche Vaterschaft in unserem Sinne ist den Trobriand-Insulanern damit unbekannt. (Dass die Kinder jemandem aus der dörflichen Gemeinschaft äußerlich ähnelten, wurde plausibel mit der Rückkehr der Seele eines Verstorbenen erklärt.) Weiteres Interesse Malinowkis galt dem Anbau des Hauptnahrungsmittels Yams und seiner rituellen Rahmung sowie religiösen und magischen Handlungen im Zusammenhang mit Handel und Seefahrt. Von unterschiedlichen kommunikativen Formen und Praktiken ist bei Malinowski nicht die Rede.

Dasselbe gilt für eine weitere berühmte ethnologische Untersuchung zum Thema Geschlecht, Margaret Meads »Coming of Age in Samoa« aus dem Jahr 1928 (dt. 1970a). Mead wurde mit dieser Untersuchung weltberühmt. Die Samoa-Studie schildert insbesondere die Sexualerziehung und die Sexualvorstellungen der jungen Mädchen auf Samoa und stellt einen Zusammenhang zwischen sexueller Freizügigkeit und der Friedfertigkeit dieses Volkes her. Diese These sowie der bei Mead geschilderte offene Umgang mit Sexualität und das nach amerikanischen Vorstellungen dieser Zeit freizügige sexuelle Verhalten der jungen samoanischen Mädchen entfachte in den USA eine heftige Diskussion über die dort eher restriktive Sexualerziehung. (Meads Untersuchung erfuhr in den 1980er Jahren eine heftige Kritik, als Derek Freeman ihre Untersuchung einer »restudy« unterwarf und ihre Ergebnisse bestritt, vgl. hierzu Freeman 1983. Freeman bezeichnete Meads Bericht als »Legende von der Friedfertigkeit der Naturvölker«. Aber auch Freemans Kritik blieb nicht unwidersprochen, vgl. hierzu Holmes 1987.)

Nach dem immensen Erfolg der Samoa-Studie verfolgte Mead das Thema Geschlecht weiter und machte es zum zentralen Gegenstand weiterer Feldforschungen (z. B. in »Growing up in New Guinea«, 1930). In »Sex and temperament in three primitive societies«, erstmals 1935 erschienen, unternimmt sie eine vergleichende Untersuchung zum Thema Geschlecht und Temperament anhand dreier kleiner Völker auf Neu-Guinea. Es handelt sich m. W. um die erste Untersuchung, in der auch die unterschiedlichen *kommunikativen* Formen der Geschlechter einer fremden Kultur detaillierter Betrachtung finden. »Sex and Temperament in Three Primitive Societies« (1970b, erstmals 1935) gilt als Klassiker sowohl der Ethnologie als auch der Geschlechterforschung, auch wenn die Ergebnisse mittlerweile als überholt gelten, und ihre These vom Zusammenhang zwischen Temperament und Geschlecht inzwischen als nicht haltbar bezeichnet werden kann. (Meads Material wurde bei einem gemeinsamen Feldforschungsaufenthalt von Mead und Reo Fortune im Jahre 1933 erhoben.) In dieser Untersuchung liefert Mead in der äußerst anschaulichen Beschreibung des Volkes der Tchambuli ein extremes Beispiel zur Illustration der Kulturgebundenheit männlichen und weiblichen Verhaltens:

Bei den Tchambuli handelt es um ein kleines Volk in Neu-Guinea, das am Ufer eines Sees lebt. Hauptgrundlage ihrer Ernährung ist der Fischfang und der Handel mit Lotus, dessen Blüten in großen Mengen auf dem See schwimmen. Das Leben der Tchambuli ist relativ einfach, sie leiden keinen Hunger. Mead beschreibt die Tchambuli als ein im Wesentlichen ruhiges und friedliches Volk, das in kunstvollen Pfahlbauten am See lebt. Doch genau genommen wohnen hier nur die Männer, denn die Frauen leben weiter oben an einem Hang in niedrigeren langgestreckten Häusern. Diese oberen Häuser sind durch einen separaten Weg miteinander verbunden, so wie auch die unteren Männerhäuser, deren Verbindung üblicherweise nur von Männern betreten wird. Die Arbeit im Dorf – der Fischfang und das Flechten von Körben und Matten – wird von Frauen erledigt, ebenso die Kindererziehung. Männer hingegen gelten als Künstler und sind zuständig für die kultischen Pflichten. Anlässlich von Festen wird die Arbeit gänzlich niedergelegt und die Männer, die sonst kaum auftauchen, treten an die Öffentlichkeit. Sie legen Festkleidung an, putzen sich heraus und schmücken sich.

> »(...) die Männer setzen sich einen Kopfschmuck aus Paradiesvogelfedern auf die sorgfältig frisierten Locken; die Kinder tragen mit Muscheln verzierte Kappen (...). Die Männer gehen selbstbewußt, doch zum Essen zu schüchtern, zwischen den ungeschmückten, lächelnden, schlagfertigen Frauen umher.« (Mead 1970b, 219)

Die Beziehungen der Männer untereinander sind problematisch, von Gezänk und Eifersucht geprägt, es »herrscht immer Spannung und gegenseitiges Mißtrauen« (Mead 1970b, 229), während die Frauen, so Mead, laut, fröhlich und solidarisch ihre Arbeit erledigen. Männer hingegen sind schüchtern. Wenn sie sitzen, kauern sie sich auf den Rand eines Schemels, sie sind leicht kränkbar, ihr Gang ist geziert.

> »Im Gegensatz zum Leben der Männer, das angefüllt ist mit kleinen Streitigkeiten, Mißverständnissen, Wiederversöhnungen, Dementis und Beteuerungen, denen Geschenke folgen, ist das Leben der Frauen ungewöhnlich frei von Gehässigkeit und Streit.« (Mead 1970b, 233)

Die Frauen sind den Männern gegenüber tolerant, sie schätzen sie besonders als Betrachtungsobjekt. »Sie haben Freude am Sport und Spiel der Männer« (Mead 1970b, 231). Besonders bei der Maskenschau des Mwai-Tanzes bekunden sie ihr lebhaftes Interesse sexueller Art an den Männern. Mead schildert eine solche Zeremonie ausführlich, in der es zu Annäherungsversuchen und sexuellen Übergriffen kommt – und zwar seitens der Frauen:

> »Den weiblichen Masken gegenüber bekunden die Frauen aggressives sexuelles Verlangen und prahlen mit ihrem Recht zur Initiative. Die jungen Männer können (...) auch weiter nichts tun, als auf dem Tanzboden auf und ab zu stolzieren und darauf zu warten, daß sich einzelne Frauen an sie pressen und ihnen etwas zuflüstern.« (Mead 1970b, 232)

Meads Darstellung der Tchambuli und ihrer vom europäischen Standpunkt außergewöhnlichen Verteilung kommunikativer Handlungen ist innerhalb der ethnologischen Literatur eher eine Ausnahme. Die meisten Untersuchungen widmen kommunikativen Praktiken weniger oder keine Aufmerksamkeit. Erst die Untersuchungen aus der Ethnographie der *Kommunikation* betrachten fremde Kulturen genauer dahingehend, welcher kommunikativen Formen sich die Geschlechter in verschiedenen Kulturen bedienen.

6.2 Die Ethnographie der Kommunikation

Die ursprünglich als »Ethnographie des Sprechens« bezeichnete Disziplin entstand in den frühen 1960er Jahren vor dem Hintergrund der amerikanischen linguistischen Anthropologie. In der ersten Hälfte des 20. Jahrhunderts hatten Edward Sapir, Franz Boas oder Mary Haas Unterschiede im Sprachgebrauch bei verschiedenen nordamerikanischen Völkern beschrieben (vgl. hierzu auch Kapitel 4.1). Die Ethnographie des Sprechens (später: Ethnographie der Kommunikation) geht über die Untersuchung von einzelnem Sprachgebrauch wie Intonation oder Lexik (wie dies für die korrelative Soziolinguistik charakteristisch war, vgl. Kapitel 3) weit hinaus. Der Ansatz untersucht vielmehr Sprache in ihrem sozialen *Verwendungszusammenhang*. Initiiert wurde diese neue Disziplin von Dell Hymes, der 1962 durch einen programmatischen Aufsatz mit dem Titel »The Ethnography of Speaking« diese neue Disziplin begründete. Ziel der Ethnographie des Sprechens (der Kommunikation) ist, die Muster des Sprechens zu analysieren. Hymes betont explizit, dass Sprechen eine »activity in its own right« (1962, 16; dt. 1979) darstelle.

> »In a society speech as an activity is not a single function of the structure and meanings of the language or languages involved. Nor is speech activity random. Like the languages, speech is patterned, governed by rules; (…). Moreover the patterning of speech activity is not the same from society to society or from group to group within societies as our own.« (Hymes 1961, 57)

Zentral ist der Begriff des *Sprechereignisses* (»speech event«). Hierunter versteht Hymes kommunikative Aktivitäten, die voneinander unterscheidbar und abgrenzbar sind. Jede Gesellschaft verfüge über eigene besondere Sprechereignisse. Vielfach kennen Gesellschaften auch eigene Begriffe für ihre Sprechereignisse, etwa die »Predigt«, den »Witz«, den »Klatsch«, den »Smalltalk«, den »Streit« etc. Alle Sprechereignisse zusammen bilden den *kommunikativen Haushalt* (»communicative economy«) einer Gemeinschaft, eine Art kommunikatives Repertoire, dessen sich die Mitglieder dieser Gesellschaft bedienen. Dazu zählen Predigten, Befehle, Ratschläge usf.:

> »Members of the world's cultures pray, curse, reproach, taunt, invoke, gossip, answer, instruct, report, joke, insult, greet, take leave, announce, interpret, advise, preach, command, inquire, duel verbally etc., etc.« (Hymes 1971, 71)

Gesellschaften unterscheiden sich darin, aus welchen Sprechereignissen sich der jeweilige kommunikative Haushalt zusammensetzt und wie die einzelnen Sprechereignisse realisiert werden. So ist bei den Wolof im Senegal die Begrüßungssequenz wesentlich elaborierter als in Westeuropa und muss dem unterschiedlichen sozialen Status der beiden sich begegnenden Personen Rechnung tragen bzw. handelt diesen aus (vgl. Irvine 1974).

Hymes definiert soziale Gruppen, die ein bestimmtes System von Sprachgebrauchsregeln teilen, als *Sprechgemeinschaft* (»speech community«). Diese Bestimmung spielt deswegen eine entscheidende Rolle, als die Grenze der Sprechgemeinschaft sich nicht von außen bestimmen lässt (etwa über eine gemeinsam geteilte Muttersprache), sondern nur von innen – über die gemeinsamen *Gebrauchsregeln von Sprache*. Die Ethnographie des Sprechens hat den Anspruch, der Beschreibung fremder Kulturen und ihrer Sprechweisen nicht die eigenen Deutungsmuster aufzuzwingen. Ihr Gegenstand ist die Verortung von Sprache und Sprechen in ihrem sozialen Kontext und ihrem konkreten Verwendungszusammenhang. Aus der ursprünglich als »Ethnographie des Sprechens« bezeichneten Disziplin wurde daher auch schnell die »Ethnographie der *Kommunikation*« (vgl. für einen Überblick Bauman/Sherzer 1975 oder Saville-Troike 1982).

Um die unterschiedlichen Sprechereignisse der verschiedenen Sprechgemeinschaften präzise erfassen zu können und untereinander vergleichbar zu machen, schlägt Hymes ein Modell vor, das sieben »Faktoren« enthält (1979, 49):

1. Sender und
2. Empfänger sowie weitere in das Ereignis verwickelte Personen,
3. Form der Mitteilung,
4. Übertragungskanal,
5. Code,
6. Gegenstand der Mitteilung,
7. Schauplatz der Mitteilung.

Jeder Faktor kann je nach Sprechereignis unterschiedlich ausgeprägt sein. So kann der vierte Faktor, der Übertragungskanal, auf vielfältigste Weise gewählt sein. Das Sprechereignis kann gepfiffen sein, gesprochen, gesungen, geschrieben, getrommelt, getanzt. Unter »Code«, dem fünften Faktor, ist ein von den Mitgliedern geteiltes Zeichensystem zu verstehen, sei es sprachlich, parasprachlich, mimisch, gestisch etc. Soziale Gruppen, so Hymes weiter, »unterscheiden sich beträchtlich in Anzahl und Art der einheimischen Kategorien, mit denen die von uns aufgezählten sieben abstrakten Faktoren konkret ausgefüllt werden« (1979, 49). Dabei versteht Hymes die sieben Faktoren nicht als starren Regelkatalog. In anderen Zusammenstellungen Hymes' finden sich leicht veränderte Bestimmungen der Sprechfaktoren (etwa Hymes 1964, 13). Die Faktoren stellen vielmehr ein heuristisches Gerüst, welches das Auffinden von Sprechereignissen und ihre Beschreibung erleichtern soll.

Hymes' Entwurf regte eine Reihe von empirischen Untersuchungen an. In den folgenden Jahren entstanden zahlreiche Fallstudien, die unterschiedliche Sprechereignisse aus verschiedenen Kulturen beschrieben (vgl. die Sammelbände Gumperz/Hymes 1964; 1972 und Bauman/Sherzer 1974). Irvine untersuchte, wie zuvor erwähnt, das Grußverhalten der Wolof, Sherzer zeremonielle Ereignisse bei den Kuna in Panama usf. Die Kategorie Geschlecht scheint zunächst in nur einer dieser frühen Untersuchungen eine prominente Rolle zu spielen, in Elinor Ochs Keenans Untersuchung über Sprechweisen von Männern und Frauen auf Madagaskar (siehe hierzu ausführlich Abschnitt 4 dieses Kapitels). Doch auch frühere Untersuchungen aus dem Kontext der Ethnographie des Sprechens sind nicht ganz ›geschlechtsblind‹, wie etwa die Studien von Roger D. Abrahams, der in mehreren Texten die narrative Folklore schwarzer junger Männer, das »talking black«, beschreibt (z. B. 1970; 1974; 1976).

6.3 Eine »männliche« Gattung: Rituelle Beschimpfungen

Abrahams schildert einen kommunikativen Vorgang, der unter schwarzen Jugendlichen sehr populär ist und der von den Beteiligten selbst als »sounding«, »signifying«, »joning« oder »playing the dozens« bezeichnet wird. Unter »sounding« etc. ist ein Sprechereignis zu verstehen, das auf den Straßen der Stadtviertel stattfindet und aus spielerischen wechselseitigen Beschimpfungen besteht. »Sounding« wird von zwei Kontrahenten durchgeführt, die in einen Beleidigungswettstreit treten, sowie einem Publikum, das den verbalen Schlagabtausch goutiert, mit Gelächter und Kommentaren honoriert und die Kombattanten anstachelt. Kunstvolles Angreifen, Beleidigen, Beschimpfen sowie schlagfertiges Parieren der gegnerischen Verbalattacke erhöhen die Reputation der jeweiligen Teilnehmer.

»Sounding« ist ein verbaler Wettkampf, der einen wesentlichen Bestandteil des schwarzen kommunikativen Haushalts bildet, da sich über ihn das soziale Ansehen des Einzelnen innerhalb der Gemeinschaft bestimmt. Abrahams resümiert:

> »(…) in this area of investigation, I am convinced, lies one of the key dimensions of those role and behavior configurations that will enable us to designate not only the patterns of characteristics of the Black speaking community, but the integrity and uniqueness of Black culture in general.« (1974, 255)

Die spielerischen »sounding«-Aktivitäten werden ausschließlich von Jungen durchgeführt, ein Phänomen, das Hannerz (1969), Labov (1980c) und andere bestätigen. »Sounding« ist damit weniger ein Merkmal von »Black culture in general« (s. o.). Vielmehr handelt es sich deutlich um ein *männliches* Sprechereignis. Abrahams beschreibt das »playing the dozens« folglich auch als »part of a complex in which males find meeting places where they can pursue their male expressive behaviors« (1974, 244).

Rituelle Beschimpfungen stellen offensichtlich einen wesentlichen Bestandteil der *männlichen* schwarzen Kommunikationskultur dar, aber nicht ausschließlich der *schwarzen*. Auch türkische Jugendliche führen rituelle Beschimpfungen durch (Dundes/Leach/Özkök 1972) – auch hier praktizieren dieses Sprechereignis ausschließlich männliche Jugendliche.

Die Rededuelle stellen eine sprachliche Kunstform dar, die strengen Regeln folgt. Die Antwort des Angegriffenen muss die Beleidigung des Angreifenden aufgreifen und eine rhythmische Struktur aufweisen. Im Idealfall enthält sie eine Reimstruktur, die sich innerhalb der Replik, aber auch auf den Angriff des Vorgängers reimt. An Formelhaftigkeit und Rhythmus der Äußerung ist auch der Unterschied zwischen einem Rededuell und einer echten Beleidigung zu erkennen. Die Duelle können bis zu dreißig Sprecherwechsel aufweisen. Sie erfordern hohe Kunstfertigkeit, rhetorisches Geschick und Schlagfertigkeit. Verlierer des Rededuells ist der Junge, der sich wiederholt – oder dem nichts einfällt. Er ist dem Spott der Umgebung preisgegeben.

Wie die Beispiele bei Abrahams, Hannerz, Dundes et al., Labov und Tertilt zeigen, haben die Beschimpfungsduelle der Jugendlichen fast durchweg *sexuelle* Konnotationen meist metaphorischer Art. Dabei wird die sexuelle Autonomie des Adressaten in Frage gestellt oder eine weibliche Familienangehörige (zum Beispiel eine Schwester, meistens aber die Mutter) des Kontrahenten beleidigt.

Diese beiden zentralen Phänomene der Rededuelle – die sexuellen Inhalte und Andeutungen einerseits und das Alter und Geschlecht der Durchführenden andererseits – werden von Abrahams, Hannerz und Dundes et al. im Kontext der Sozialstruktur der jeweiligen Gesellschaft interpretiert und als »rites de passage«, als Übergangsriten, verstanden. Dundes et al. zufolge zählt ein türkischer Junge zum Beispiel zwar als künftiger Mann zu den Privilegierten, doch innerhalb der äußerst strengen türkischen Altershierarchie zählt er *jetzt* zu den Benachteiligten, die den Erwachsenen (Männern *und* Frauen) bedingungslos Gehorsam leisten müssen. »He is at the bottom of the social pecking order.« (Dundes et al. 1972, 157) In den Rededuellen erproben die Jungen ein aggressives Männlichkeitsbild. Über diese Duelle wird die Rangordnung in der Gruppe ausgehandelt. Im Sinne von Goffmans »face«-Begriff (1967) handelt es sich um eine offensive Art der Gesichtswahrung, deren Ziel es ist, das eigene »face« aufzuwerten, indem man sich und andere gezielt in riskante Situationen bringt und aus diesen – verglichen mit dem Kontrahenten – als Sieger hervorgeht. Beleidigungsduelle sind spielerischer Ausdruck einer aggressiv verstandenen idealen Männlichkeit.

Wie Tertilt in seiner Untersuchung über türkische Jugendliche in Deutschland zeigt, haben die türkischen Immigranten die Beschimpfungsduelle importiert. Auch bei den »Turkish Power Boys«, einer Gang in einer deutschen Stadt (Frankfurt am Main), deren Angehörige in Deutschland geboren sind, spielen die Beschimpfungsduelle eine große Rolle.

> »In der Gruppe riefen diese Beleidigungsrituale immer große Begeisterung hervor, weil sie für Spannung und Unterhaltung sorgten.« (Tertilt 1996, 201)

Sexuelle Beleidigungen, die nicht auf das Gegenüber (dies gilt als angebracht), sondern auf dessen weibliche Familienangehörige zielten (wie sie Labov ausführlich schilderte), wurden bei den »Turkish Power Boys« hingegen sehr vorsichtig eingesetzt:

> »(Sie) waren zwar nicht generell tabu, gefahrlos wurden sie aber nur unter engen und zumeist gleichaltrigen Freunden verwendet, die Spaß an einer möglichst obszönen Formulierung hatten und das Spiel vom Ernstfall einer tatsächlichen Provokation zu unterscheiden wußten.« (1996, 205)

»Playing the dozens«, »Sounding« und andere ritualisierte Rededuelle sind damit weniger *schwarze* Sprechereignisse als vielmehr Sprechereignisse unter heranwachsenden Jungen, in denen spielerisch ein verbaler Schlagabtausch durchgeführt wird und rhetorische Fertigkeiten erprobt und erworben werden.

Die Rededuelle sind, so obszön und beleidigend sie auch sein wollen, keineswegs sozial regellos. Im Gegenteil, sie sind ein streng formalisiertes, sozial geregeltes kommunikatives Phänomen. Die Beschimpfungsduelle stellen Sprechereignisse im Sinne Hymes' par excellence dar. Sender und Empfänger (der erste und der zweite Sprechfaktor; s. o.) sind die Ausführenden des Sprechereignisses, zwei Personen, die sich wechselseitig beschimpfen. Doch es bedarf unbedingt eines weiteren Beteiligten, nämlich des Publikums, das anfeuert, bewertet, spottet, lacht. Ebenso steht die Form der Mitteilung fest: Es muss sich um eine Äußerung handeln, die eine sexuelle Anspielung auf den Adressaten selbst oder seine weiblichen Angehörigen unternimmt. Diese Äußerung ist kurz und enthält mindestens einen Begriff, der eine sexuelle Konnotation beinhaltet. Ihre äußere Form ist formelhaft und rhythmisch, sie greift zudem Formeln aus der vorgehenden Äußerung auf und ist im Idealfall gereimt. Übertragungskanal ist gesprochene Sprache, wobei diese rhythmisch sein muss. Abrahams beschreibt darüber hinaus die räumliche Orientierung der Kampfhähne aneinander (1974, 246f.). Der Inhalt der Mitteilung ist genau genommen eine Aussage, die die sexuelle Autonomie des Adressaten in Frage stellt, der Schauplatz die Straße oder zumindest ein halböffentlicher Ort, zu dem die Jungen unbeschränkt Zugang haben.

Geschlecht spielt bei diesem Sprechereignis im doppelten Sinne eine tragende Rolle. Zum einen haben die rituellen Beschimpfungen fast ausschließlich sexuellen Charakter. Zum anderen handelt es sich bei den an diesem Sprechereignis aktiv Beteiligten ausschließlich um männliche Jugendliche. Frauen kommen als ›Gegenstand‹ vor, doch auch nur, wenn sie als

Familienangehörige in enger Relation zum Adressaten stehen. Aber auch männliche Erwachsene sind ausgeschlossen. (Das schwarzamerikanische »playing the dozens« ist sichtlich eng verwandt mit dem musikalischen »Rap«. Es handelt sich bei Rap damit möglicherweise um eine – mittlerweile kommerzialisierte – Musikform, die aus dieser rhythmischen, verbalen, auf der Straße vorgetragenen und in den USA vorwiegend von schwarzen Jugendlichen praktizierten Gattung hervorgegangen ist, vgl. hierzu Kochman 1969.)

Abrahams hatte somit ein Sprechereignis thematisiert, in dem das Geschlecht der Agierenden eine zentrale Rolle spielt und das sichtlich in mehreren Kulturen verbreitet ist. So spielt schon in den frühen Untersuchungen der Ethnographie der Kommunikation Geschlecht weit häufiger eine Rolle, als es auf den ersten Blick der Fall zu sein scheint. Inzwischen bringt die Ethnographie der Kommunikation eine Fülle von Untersuchungen zum Thema Kommunikation und Geschlecht hervor. Geschlecht wird in ihnen mittlerweile explizit thematisiert und zur Fragestellung der Untersuchung gemacht. Studien über Java, Mexiko, Kenia, China, Madagaskar, Georgien und viele andere Länder beleuchten die verschiedenen Kommunikationsformen der Geschlechter und zeigen die konkreten Unterschiede im Sprechen von Männern und Frauen auf (vgl. vor allem den Sammelband von Günthner/Kotthoff 1991, unter anderem mit Beiträgen von Keenan, Smith-Hefner, Günthner, Kotthoff, Hirsch, Sherzer und Brown). Keenans Untersuchung »Norm Making, Norm Breaking« wird im Folgenden ausführlich dargestellt, zum einen weil sie zu einer der häufig zitierten Untersuchungen der Ethnographie der Kommunikation zum Thema Geschlecht zählt, zum anderen weil sie den essentialistischen Vorstellungen von empathischen Frauen widerspricht.

6.4 Aggressive Frauen, sensible Männer: Keenans Untersuchung über die Malagassen

»Norm Making, Norm Breaking«, erstmals 1974 publiziert, behandelt männliche und weibliche Sprechweisen in einer madagassischen Gemeinschaft. Auf Madagaskar wird, in unterschiedlichen Dialekten, Malagasy gesprochen, welches zur polynesischen Sprachgruppe zählt. Die Einheimischen selbst unterscheiden zwischen zwei Sprechweisen, »resaka« und »kabary«. »Resaka« gilt als einfaches Sprechen, das im Alltag, z. B. für Klatsch und Diskussionen, verwendet wird. »Kabary« hingegen ist eine hochstilisierte Sprechweise, die für formelle und zeremonielle Situationen reserviert ist und bei Ritualen wie Hochzeiten, Beerdigungen und Beschneidungsfeiern Verwendung findet. Als generelle Norm gilt in der von Keenan untersuchten Sprechgemeinschaft die Vermeidung von Kritik. Alle Formen direkter oder konfrontativer Sprechweise, offener Ausdruck von Ärger oder Dissens etc. gelten als unangebracht. Offene und direkte Konfrontation wird nach Möglichkeit vermieden. Direktiva – wie etwas befehlen oder um etwas bitten – werden mit vielen Mitteln umgangen. Keenan spricht von einer »Norm der Nichtkonfrontation« (1991, 79). Auch eine andere Person zu missbilligen oder einer persönlichen Kritik auszusetzen, unterliegt dieser Norm. Kritik wird daher nicht offen übermittelt. Alle Sprechaktivitäten, die Gesichtsverlust bedeuten können, werden vermieden. Keenan rekurriert auf Goffmans Begriff des »face«, um die kommunikativen Vorgänge zu erläutern. Unter »face« versteht Goffman das Bild des Selbst, das Individuen in Interaktionen von sich erzeugen. Er definiert den Begriff wie folgt:

> »The term face may be defined as the positive social value a person effectively claims for himself by the line others assume he has taken during a particular context.« (1967, 5)

»Face« ist zwar Besitz eines Einzelnen, doch es wird in Interaktionen erzeugt. »Face« kann man nur bewahren, wenn die Kommunikationsteilnehmer dies mittragen. Goffman bezeichnet die Handlungen, mittels derer die Individuen ihr eigenes »face« und das der anderen aufrechterhalten, als »face-work«. Interagierende meiden es in der Regel, ihr Gegenüber in eine gesichtsbedrohende Lage zu bringen bzw. unternehmen ausgleichende Handlungen, sollte dies doch geschehen. Ereignen sich dennoch Zwischenfälle, erzeugt dies Unbehagen bei allen Beteiligten. Bei den Madagassen, so zeigt Keenan, herrscht die Norm der Indirektheit. Die Madagassen setzen verschiedene sprachliche Verfahren ein, um Bitten, Befehle, Kritik oder andere Formen von Direktheit abzuschwächen. Zum Beispiel erfolgt die Überbringung einer Bitte durch eine dritte Person. Oder aber es wird der Wunsch nur angedeutet. Keenan führt folgende Beispiele an:

> »Häufig wird eine solche Bitte durch einen abrupten Themenwechsel signalisiert. Das neue Thema erlaubt den Sprecher/inne/n, den betreffenden Wunsch anzudeuten. Beispielsweise brechen kleine Jungen plötzlich einen Bericht über eine Reise, die sie für jenen Abend planen, ab und beschreiben die Dunkelheit der Nacht und ihren Mangel an Kerzen. Frauen berichteten in meiner Anwesenheit über die schlechte Qualität der einheimischen Seife im Vergleich zur europäischen. Männer stöhnen über die allzu knappen finanziellen Mittel für ein bestimmtes Projekt. Vom Gast oder der Zuhörerin wird dann erwartet, daß sie diese Hinweise aufgreifen und die Bitte erfüllen.« (Keenan 1991, 91)

Goffman bezeichnet solche Formen indirekter Kommunikation als »andeutende Kommunikation«. Da keine direkte Bitte geäußert wurde, liegt auf dem, der um etwas gebeten wird, nicht die Last, die Bitte abzuweisen, und der, der die Bitte gestellt hat, riskiert nicht, dass seine Bitte abgelehnt wird. Die indirekten Formen der Madagassen mindern die Gefahr eines Gesichtsverlusts auf beiden Seiten. Die madagassischen Sprechereignisse orientieren sich stark an Indirektheit und kommunikativer Vorsicht. Gesichtsbedrohende Interaktionsformen werden vermieden.

Problematisch für beide Beteiligte sind zum Beispiel imperative Formen. Das Malagasy hält hierfür eine Lösung bereit. Mit verschiedenen Passivkonstruktionen können Aufforderungen so produziert werden, dass der Befehlsempfänger nicht benannt wird. Im malagassischen passiven Imperativ wird nicht der Adressat der Handlung topikalisiert (»Du musst«), sondern das Objekt. Ein imperatives »Wasche die Kleider mit der Seife« wird in der passiven Imperativform zu einem »Lass die Kleider mit der

Seife waschen« (Keenan 1991, 85). Ein zentrales Merkmal der madagassischen Gemeinschaft ist also eine Vermeidung von Konfrontation. Doch:

> »Frauen scheinen sich jedoch nicht an diese allgemeinen Sprechregeln der Gemeinschaft zu halten.« (Keenan 1991, 92)

Anders als die allgemeine Interaktionsnorm erwartet, drücken Frauen ihren Ärger offen aus. Ihnen wird zugeschrieben, nicht sonderlich sensibel zu sein. So können sie zum Beispiel keine Beziehungen wiederherstellen, sie können keinen Streit schlichten, sie gelten vielmehr als geeignet, als Überbringerinnen schlechter Nachrichten aufzutreten:

> »In dieser Hinsicht ist ihr Verhalten dem von Männern geradezu entgegengesetzt. Männer tendieren dazu, ihre Gefühle nicht offen auszudrücken, und bewundern jene Personen, die Sprache auf subtile Weise benutzen: Sie verhalten sich in der Öffentlichkeit so, daß sie eine entspannte Atmosphäre verbreiten, d. h. sie vermeiden unangenehme zwischenmenschliche Begegnungen. Frauen dagegen verwenden häufig eine direkte Sprache, zeigen anderen gegenüber ihren Ärger und ihre Kritik. Sowohl Männer als auch Frauen stimmen darin überein, daß Frauen ›lavela‹, eine scharfe Zunge haben.« (Keenan 1991, 92)

Alle kommunikativen Formen, in denen es zu Konfrontationen oder gesichtsbedrohenden Handlungen kommen könnte, werden daher von Frauen durchgeführt. Die den Frauen zugeschriebene direkte Art führt daher dazu, dass sie diejenigen sind, die den Handel und die Märkte bestimmen, etwa beim Feilschen um Preise. Allgemein gelten Frauen als die besseren Händler. Frauen feilschen aggressiver. Sie erzielen daher auch die besseren Preise als die Männer. Männer verkaufen daher Gegenstände, deren Preis festgelegt ist; Frauen sind für die Produkte zuständig, bei denen hartes Feilschen angesagt ist. Frauen verrichten damit kommunikative Tätigkeiten, die gesichtsbedrohend sind: Sie überbringen schlechte Nachrichten, sie handeln und feilschen, sie tadeln und greifen an.

> »Frauen sind dazu in der Lage, andere zu entblößen und mit offensiven Informationen zu konfrontieren, während Männer dazu nicht fähig sind, bzw. dieses ungern tun. Während also Frauen zu Direktheit und Offenheit in ihrem Verhalten tendieren, neigen

> Männer zu Diskretion und Subtilität. Aus diesem Grund dominieren Frauen in jenen Situationen, die Direktheit verlangen.« (Keenan 1991, 95)

Männer hingegen gelten als subtil und sensibel. Die Sprechweise der Männer, das gewandte und indirekte Sprechen, gilt als das »gute« Sprechen. Frauen wird diese Fähigkeit abgesprochen. Auf Madagaskar gilt Indirektheit und indirektes Sprechen als Stilideal. Frauen bewegen sich mit ihrer Direktheit damit außerhalb der Norm. (Mit dieser Umkehrung der europäischen Bewertungsregel, die das offensive Sprechen der Männer häufig höher bewertet, wird bezeichnenderweise wiederum die Sprechweise der Männer zum Ideal.)

Dennoch lässt sich daraus nicht die Regel ableiten, dass weiblichem Sprechen und weiblichen Sprechereignissen immer die Wertschätzung entzogen wird. Es existieren im Gegenzug auch kommunikative Formen, die weltweit in erster Linie die Domäne von Frauen zu sein scheinen: Klagelieder. Ihnen wird eine hohe Wertschätzung entgegengebracht, denn sie begleiten das Ende des Lebens.

6.5 Eine »weibliche« Gattung: Klagelieder

Klagelieder sind melodische Trauergesänge, die anlässlich eines Todesfalls durchgeführt werden. Sie wurden in fast allen Teilen der Welt nachgewiesen: in Afrika (Finnegan 1970), Griechenland (Caraveli-Chaves 1980), Brasilien (Urban 1988), Panama (Sherzer 1991), im kaukasischen Georgien (Kotthoff 1999) u. v. a. m. Klagelieder werden von den weiblichen Angehörigen des Toten durchgeführt, in manchen Kulturen existieren auch professionelle »Klageweiber«, die für ihren Einsatz bezahlt werden. Geklagt wird, entsprechend der Trauerfeierlichkeiten, meist mehrere Tage. In den Klageliedern erfolgt eine Anpreisung der Taten und des Charakters des Verstorbenen. Erinnerungen an Vergangenes werden singend aufbereitet. Ihnen allen ist eine melodische Struktur gemeinsam. Tiwary bezeichnete sie daher als »tuneful weeping« (1978). Vielfach wurde eine starke stimmliche Übersteigerung beschrieben, die Klage mit hohem Ton angesetzt und fallender Stimme gesungen, begleitet und versetzt mit Klagelauten, Schluchzlauten und Seufzern. Mehrere Frauen können gemeinsam klagen und sich abwechseln, es kann aber auch Klagemonologe geben, die von den anderen Anwesenden durch Schluchzen und Ausrufe begleitet werden. Die Grundthemen und bestimmte Formeln sind festgelegt und kehren innerhalb der Klagelieder regelmäßig wieder. Dennoch werden Klagelieder nicht einfach nur reproduziert. Die Klagefrauen bauen je nach Virtuosität und Situation die Grundthemen aus oder improvisieren. Inhaltlich haben sie das Leben des einzelnen Verstorbenen zum Gegenstand und schneiden sich speziell auf ihn zu. Klagefrauen gelten daher als Virtuosinnen. Die Klage gliedert sich in rhythmische Strophen, die durch Atmung und Prosodie oder auch formelhafte Elemente strukturiert werden. Kotthoff zum Beispiel zeigt, wie über die Klagelieder die Anwesenden mit dem Toten verknüpft werden. In den von ihr untersuchten georgischen Klageliedern wurden Geschichten aus vergangenen Zeiten erzählt und Ereignisse rekonstruiert, die der Tote mit einem der Anwesenden erlebt hatte. Stets wird der Tote gepriesen. Anna Caraveli-Chaves zeigt für griechische Totenklagen eine typische sequentielle Struktur auf, die unter anderem die folgenden Elemente enthält: Lobpreisung des Toten, Anrufung, Lebensgeschichte des Verstorbenen, Leiden der Trauernden etc. (1980, 135).

Das folgende Beispiel aus der Untersuchung von Kotthoff weist ebenfalls diese Elemente auf, es zeigt zugleich auch, dass Totenklagen von zwei Klagefrauen duettierend vorgetragen werden können (zitiert nach Kotthoff 1999, 59f.; vereinfacht):

C: [Tengiz, Tengiz
T: [Tengiz genacvale
C: warum sind wir noch am Leben nach dir
warum sind wir noch am Leben, Tengiz
warum sind wir nicht gestorben nach dir
Tengiz, genacvale, wir waren ja gleichaltrig
wir waren zusammen in der ersten Klasse
haben einander nachgeeifert
wer besser im Lernen sein wird, Tengiz
genacvale, Tengiz, du warst Gold
T: klug, gut und verständnisvoll warst du

[in allem warst du gut
C: [verständnisvoll war er und umsichtig und alles
Tengiz, dein Leid mir
warum bist du nicht am Leben jetzt, warum
warum bist du nicht am Leben (...)
Tengiz, dein Leid mir

Das Beispiel zeigt (vgl. hierzu Kotthoffs Interpretation, 1999, 60f.) zum einen die wiederholte namentliche Anrufung des Verstorbenen. Darüber hinaus wird der Tote mit der Formel »Du warst X« mit positiven Eigenschaften beschrieben. Formelhaft und repetitiv sind auch die wiederkehrenden »Warum sind wir X« und »Warum bist du X«. Dennoch ist die Klage keine Schablone. Die Erzählung der gemeinsamen Schulzeit zum Beispiel erinnert an die gemeinsam erlebte Vergangenheit von Verstorbenem und seinen Hinterbliebenen.

In der ethnologischen und anthropologischen Literatur wird einhellig festgehalten, dass Klagelieder eine kommunikative Gattung darstellen, die Angelegenheit der Frauen ist:

> »(...) in der Hauptsache (...) ist es fast überall Aufgabe der Frauen, die Totenklage zu halten.« (Stubbe 1985, 113)

Auch Sherzer betont, dass (neben Wiegeliedern) Klagelieder

> »vor allem in relativ traditionellen, nichtindustriellen und nichtliteraten oder nur marginal literaten Gesellschaften fast durchweg von Frauen ausgeführt werden.« (1991, 178f.)

Zwar gehören in manchen Kulturen auch Männer zum Klagepersonal, jedoch meist in einer untergeordneten oder nebengeordneten Rolle. So schildert Sherzer für die Kuna (Panama), dass das melodiöse Klagen ausschließlich Aufgabe der Frauen ist. Daneben existiert aber noch eine weitere Totenklage, die in rituellem Rahmen stattfindet, die »Weise des Bambusrohrs«. Diese wird jedoch von männlichen Experten gegen Bezahlung durchgeführt (Sherzer 1991, 170).

Immer wieder wird der hohe soziale Wert erwähnt, den die Klagelieder (und damit die Klagefrauen) in den verschiedenen Gesellschaften einnehmen. »Beweinungen«, konstatiert Kotthoff (1999, 50), »reorganisieren sozialen Zusammenhalt und prägen kulturelles Gedächtnis«. Auch Sherzer betont die hohe soziale

Achtung, die den Klageliedern entgegengebracht wird, und bezeichnet die Klagelieder als eine »höchst bedeutungsvolle Sprechform« (1991, 179). Die hohe Wertschätzung für das Klagen erklärt sich mit der sozialen Situation, aus der heraus sie entstehen. Der Verlust eines Mitglieds durch Tod ist für alle Gemeinschaften eine krisenhafte Erfahrung, die bewältigt werden muss. Alle Kulturen greifen hierfür auf Rituale zurück. Für eine Gesellschaft und ihre Mitglieder, die mit dem Tod eines ihrer Angehörigen eine solche Krise durchlaufen, haben rituelle Klagelieder einen stabilisierenden Charakter, da sie die Bande zwischen dem Toten und den Lebenden besingen und damit den Fortbestand der Gemeinschaft beschwören. (Das Beispiel von Kotthoff zeigt auch, dass die Gleichzeitigkeit des Gesanges von T und C in den Liedzeilen »in allem warst du gut« und »verständnisvoll war er« keineswegs einen Kampf ums Rederecht darstellt, sondern Sinn und Zweck der Klage gerade durch das Duett verstärkt werden.) Die Klagelieder evozieren einen sozialen Zusammenhalt der Gruppe auch über den Zeitpunkt des Todes eines einzelnen Mitglieds hinaus. Caraveli-Chaves (1980) bezeichnet sie daher auch als »Bridge between worlds«, als Brücke zwischen der Welt der Lebenden und der Toten.

Dieser kurze Überblick über Sprechweisen in anderen Kulturen zeigt, dass die Unterschiede zwischen weiblichem und männlichem Sprechen in anderen Gesellschaften deutlicher ausfallen können als in den Sprechgemeinschaften der (nord-) westlichen Hemisphäre. Wie Günthner (1996) in ihrer Übersicht resümiert, können in Gesellschaften, in denen Geschlecht (neben Alter) eine sehr starke Ordnungskategorie stellt, die Unterschiede in den Sprechweisen deutlicher zutage treten. Der Überblick zeigt aber *auch*, dass diese Unterschiede nicht mit einer einfachen Zweiteilung beschreibbar sind. Sherzer betont:

> »Es existiert keine einfache Dimension, die männliches und weibliches Sprechen unterscheidet, keine einfache Verallgemeinerung, die als schöne binäre Opposition oder Dichotomie formuliert werden könnte.« (Sherzer 1991, 176)

Es zeichnet sich ab, dass keine (bekannte?) Kultur existiert, die eine radikale Trennung der Sprechweisen in männliche und weibliche kennt – und doch zugleich keine, die auf geschlechtsspezifische Sprechweisen oder Gattungen zur Gänze verzichtet. Sherzer spricht daher weniger von »männlichem« und »weiblichem« Sprechen als vielmehr von einer »Vielfalt an Stimmen« (Sherzer 1991).

7 »Die« Geschlechter und »die« Medien

Wenn in den vergangenen Jahrzehnten in der Öffentlichkeit das Thema Geschlecht und Medien thematisiert wurde, dann war meist die sexistische Darstellung von Frauen in Bild- und Printmedien gemeint, insbesondere in zwei Genres, der Werbung und der Pornographie. Beide Darstellungsformen waren Gegenstand feministischer Kampagnen, wofür exemplarisch der Streit zwischen den Zeitschriften »Stern« und »Emma« in den 1970er Jahren um die Präsentation von Frauen auf den Titelseiten des »Stern« sowie die »PorNo«-Kampagne der 1990er Jahre stehen. Die Kampagnen zielten auf die Abschaffung sexistischer Bilder von Frauen, also Darstellungen, in denen Frauen als unterwürfig und sexuell verfügbare Objekte abgebildet wurden. Diese Darstellungen wurden als Ausdruck einer frauenverachtenden Ideologie verstanden, die wiederum der Gesellschaft bewusstseinsprägende frauenfeindliche Vorlagen lieferten. In der wissenschaftlichen Literatur wurde insbesondere Werbung wegen ihrer traditionellen Rollenbilder und der Darstellung klassischer Geschlechts-Stereotypen diskutiert und kritisiert (vgl. zum Beispiel Kotelmann/Mikos 1981 über die Darstellung der Frauen in Werbung für Reinigungsmittel als »Frühjahrsputz und Südseezauber« sowie Schmerl 1991 über die Darstellung der Frauen in Werbung als »Fabeltiere«, s. a. den Band von Fröhlich 1992 für einen Überblick zum Thema Geschlecht und Medien).

Dieses Kapitel kann nicht annähernd die Fülle der Untersuchungen zum Thema Medien und Geschlecht behandeln und versteht sich daher eher als (Problem-) Skizze. Es konzentriert sich auf vier Aspekte, die in vielen klassischen und aktuellen Argumentationen zentral sind: die zeremonielle Darstellung der Geschlechter in Massenmedien (Abschnitt 1), die Diskussion um sogenannte »männliche« oder »weibliche« Fernsehtexte (Abschnitt 2), die Medienrezeption von Männern und Frauen (Abschnitt 3) und schließlich, in einem kurzen Ausblick, auf neue

Medien und neue mediale Gattungen in »alten« Medien (Abschnitt 4). Dabei wird sich zeigen, dass – entgegen den Erwartungen – zu diesen Themen trotz der Fülle der Untersuchungen erstaunlich *wenig* eindeutige Befunde vorliegen bzw. vorliegende Befunde sich bei näherer Betrachtung als fragwürdig erweisen.

7.1 Zeremonielle Darstellungen: Die Stilisierung der Geschlechter in der Werbung

Mit Erving Goffmans »Gender Advertisements« (1976; deutsch: »Geschlecht und Werbung«, 1981) liegt eine qualitative Untersuchung über die Darstellung von Frauen und Männern in der Werbung vor, auf die sich auch viele nachfolgende Studien (z. B. Mühlen Achs 1998 oder Kotthoff 1994) beziehen. Goffmans Untersuchung gilt heute als Klassiker der visuellen Soziologie, insbesondere weil sie eine der wenigen und seltenen Studien aus den Sozialwissenschaften ist, in denen visuellem (bildlichem) Material ein hoher Stellenwert eingeräumt wird und vor allem die Bilder nicht einfach nur als Beleg, sondern als Ressource selbst eingesetzt werden. Goffman hatte auf der Basis von Werbungsannoncen (für Haushaltsreiniger, Kleidung, Möbel etc.) aus amerikanischen Illustrierten die visuelle Darstellung von Männern und Frauen (resp. Jungen und Mädchen) analysiert. Dabei gilt sein Interesse weniger der Darstellung von Frauen als Objekten sexueller Begierde, sondern vielmehr jener Art von fiktiver Sozialwelt, welche die Werbung konstruiert. Im Zentrum der Analyse stehen einzelne Aspekte des bildlichen Arrangements, wie etwa die räumliche Anordnung der Personen, ihre Gestik und Mimik, Berührungen und vieles andere mehr.

Anhand von über 500 Werbeannoncen beschreibt Goffman die Darstellung der Geschlechter nach mehreren Auffälligkeiten, zum Beispiel nach ihrer »relativen Größe« (1981, 120ff.): Weibliche und männliche Figuren würden häufig so positioniert, dass Männer durch einen mittigen oder erhöhten Standort zu einer Zentralfigur werden; Frauen (und Kinder) hingegen nehmen im Bild untergeordnete oder periphere Standorte ein. Dieses Arrangement kann mit verschiedenen Mitteln erreicht werden: Zunächst einfach dadurch, dass weibliche Figuren eine geringere Körpergröße aufweisen als die gemeinsam mit ihnen abgebildeten männlichen Figuren; aber auch dadurch, dass sie neben stehenden männlichen Figuren sitzend oder neben sitzenden männlichen Figuren liegend dargestellt werden. Die physische Höhe und der erhöhte räumliche Standort symbolisieren dabei einen höheren sozialen Rang, die sitzende oder gar liegende Position hingegen Unterordnung. Neben dieser Anordnung via relative Größe widmet Goffman weiteren auffälligen Merkmalen Aufmerksamkeit: der weiblichen Berührung, dem entrückten Blick, der Darstellung der Geschlechter in gemischtgeschlechtlichen Paaren und als Familie, Ritualen der Unterordnung durch Lächeln, laterale Kopfhaltungen etc. Goffman interpretiert diese Anordnung der Geschlechter als »Hyperritualisierung«. Die im gesellschaftlichen Alltag ohnehin stattfindende Ritualisierung in der Aufführung der Geschlechter würde in Werbung *hyper*ritualisiert.

> »Dabei rückt die Stilisierung selbst in den Mittelpunkt der Aufmerksamkeit (...). Das Ritual wird selbst ritualisiert, es gerät zur Transformation von etwas bereits transformiertem, zur ›Hyperritualisierung‹.« (Goffman 1981, 18)

Am Beispiel des Größenunterschieds der Figuren lässt sich dies verdeutlichen: Die im Alltag ohnehin stattfindende ritualisierte »selektive Paarbildung« (Goffman), als deren Resultat Männer vorzugsweise Frauen als Partnerinnen wählen, die kleiner sind als sie, resp. Frauen Partner wählen, die ihnen in Alter und Körpergröße überlegen sind, wird in der Werbung insofern überhöht, als sie mit verschiedenen Mitteln noch verstärkt wird – sei es durch die Zentrierung der männlichen Person im Bild und/oder die Position der ihnen zu Füßen am Boden sitzenden oder gar liegenden weiblichen Figur. Durch diese bildlichen Arrangements wird die (schon im Alltag ritualisierte) Größendifferenz in der Werbung überhöht – in Goffmans Worten: hyperritualisiert.

> »So vertieft sich der Eindruck, daß ritualisierte Verhaltensweisen, wie sie in verschiedenen Kontexten des täglichen Lebens vorkommen, besonders gern in ›hyperritualisierter‹ Form zur Gestaltung von Reklamebildern herangezogen werden (...).« (Goffman 1981, 112f.)

Am Beispiel Gestik, Mimik und Körperhaltung lässt sich der Begriff der Hyperritualisierung weiter veranschaulichen. Neben der unterwürfigen liegenden Position finden sich in Werbungsannoncen weitere Stilisierungen alltäglicher Verhaltensweisen (also: Überhöhungen der schon im Alltag erfolgenden Stilisierungen). So finden sich Frauen und Männer in Körperhaltungen, die alltägliche körperliche Stilisierungen verstärken. Männer sitzen in den Annoncen zum Beispiel mit extrem gespreizten Beinen, Frauen mit angewinkelten, überschlagenen oder gar ineinander verschlungenen Gliedmaßen. Männer halten in den Werbeannoncen Kopf und Oberkörper aufrecht und blicken ernst, während Frauen lächelnd, lachend, mit schräg gestelltem Oberkörper und schräg gehaltenem Kopf abgebildet werden. Insbesondere diese *lateralen* Positionen von Kopf, Beinen und Oberkörper der Frauen bedeute, dass ihr Status gegenüber anderen Figuren, aber auch gegenüber dem Betrachter abgesenkt würde (vgl. Goffman 1981, 186ff.).

Hyperritualisierung erfolgt auch bei Darstellungen von Berührungen. Frauen würden »öfter als Männer abgebildet, wie sie mit ihren Fingern oder Händen den Umfang eines Objektes nachzeichnen, seine Oberfläche schützend umfassen oder liebkosen« (Goffman 1981, 125). Davon unterscheide sich der männliche Zugriff, »der anpackt, manipuliert, festhält« (ibid.). Darüber hinaus seien ausschließlich bei Darstellungen von Frauen Selbstberührungen zu finden, bei denen sich Frauen selbst ins Gesicht oder in die Haare fassen.

Zentral an Goffmans Überlegungen ist neben dem Begriff der Hyperritualisierung der Begriff der *Geschlechtsdarstellungen* (»gender display«). Werbe-Designer erfinden diese ritualisierten Ausdrucksweisen also nicht:

> »Sie benützen offenbar das gleiche Repertoire von Darstellungen, das gleiche rituelle Idiom, dessen wir alle uns bedienen, die wir an sozialen Situationen partizipieren (…) Allenfalls konventionalisieren die Reklameleute unsere Konventionen, sie stilisieren, was bereits eine Stilisierung ist (…).« (Goffman 1981, 328)

Goffmans Argument lautet, dass es sich bei den solchermaßen ritualisierten Abbildungen nicht um Darstellungen von Wirklichkeit handle, sondern vielmehr um eine zeremonielle Aufführrung. Werbung sei selbst eine soziale Zeremonie (»a social ceremony«), durch welche eine Gesellschaft sich selbst ausdrücke und darstelle. Insofern ist Analyse von Werbung eine Untersuchung dieses zeremoniellen – und symbolischen – Idioms, mittels dessen eine Gesellschaft eine Selbstdarstellung ihrer selbst gebe. Wie Sol Worth 1976 in seiner Einleitung zur originalen Publikation von »Gender Advertisements« in der ersten Ausgabe von »Studies in the Anthropology of Visual Communication« betont (in die amerikanische Buchfassung von 1979 sowie ihre Übersetzungen wurde diese Einleitung nicht übernommen), lasse sich dieses symbolische Idiom auch in anderen Fiktionalisierungen wieder finden – in Filmen, Fernsehen, Romanen, Comics etc.: »(…) a wide variety of mass produced materials can also be analysed as social portraiture (…)« (Worth 1976, 67). Auch Smith (1996) diskutiert die Reichweite von Goffmans Argument sowie die Übertragbarkeit der Analyse auf andere Formen ritualisierter sowie hyperritualisierter Selbstdarstellungen.

Natürlich stellt sich mehr als ein Vierteljahrhundert nach der ersten Publikation von »Gender Advertisements« auch die Frage, ob Goffmans Analysen (respektive sein Material) eventuell veraltet sind bzw. inwiefern seine Befunde auch auf andere zeremonielle Darstellungen oder andere Elemente dieser Darstellungen übertragbar sind. Schließlich ist Werbung als mediale Form von starkem Wandlungsdruck betroffen und wechselt ständig ihre Präsentationsformen, um die Aufmerksamkeit des Publikums auf sich zu ziehen. Lassen sich auch in neuerer Werbung solche Hyperritualisierungen entdecken, oder lässt sich eventuell ein Aufbrechen der von Goffman geschilderten stereotypisierten hyperritualisierten Darstellungen finden, Ent-Hyper-Ritualisierungen sozusagen? Das Erstaunliche ist: Obwohl Werbung die vielleicht sich am schnellsten verändernde mediale Gattung überhaupt ist, haben sich die Darstellungen der Geschlechts-Ritualisierungen nur wenig geändert. Neuere Untersuchungen geben Grund zur Annahme, dass sich zwar die Formen und Inhalte der Hyperritualisierungen ändern, jedoch weniger die Tatsache der Hyperritualisierung an sich. Die Analyse aktuellerer deutschsprachiger Werbung von Gitta Mühlen Achs weist auf (auch hier erfolgt eine Analyse von Printmedien), dass viele der von Goffman beschriebenen Details auch dort zu finden sind. Mühlen Achs

(1998) zeigt in Anschluss an Goffman, wie schräge (laterale) Körper- und Kopfhaltungen der weiblichen Figuren mit der aufrechten Position der männlichen kontrastieren, wie Körperberührung, Arm- und Handhaltungen unterschiedliche Figuren stilisieren. Die Abbildungen bei Mühlen Achs zeigen Frauen, die sich an Bierkästen kuscheln, auf Teppichen räkeln, sich an Sofas oder Männer anschmiegen; die mit extrem angewinkelten oder ineinander verwickelten Beinen oder angeschmiegten Armen wenig Raum einnehmen bzw. insgesamt wenig robuste bis hin zu geradezu instabile Posen einnehmen. Die schon bei Goffman beschriebene »kindliche Maskerade« der Frauen (1981, 197) scheint sich eher in weiteren Elementen auszudrücken, zum Beispiel im lächelnden oder entrückten Blick, im Absenken des Kopfes und einem daraus resultierenden Blick von unten nach oben, im kindlichen Kauen auf Fingern und Nägeln, dem koketten Verbergen des Gesichts hinter Hand, Schal oder Haaren, all dies Mimiken und Gesten, die sich in den Darstellungen der männlichen Figuren nicht auffinden lassen (Mühlen Achs 1998).

Auch Belknap/Leonard (1991) haben in ihrer Analyse weiterer Printwerbungen Goffmans Befunde im Wesentlichen bestätigt. Ihre (quantitative) Auswertung von Annoncen aus Magazinen wie »Good Housekeeping« oder »Gentlemen's Quarterly« u. a. zeigt sogar auf, dass es ausgerechnet die Anzeigen in modernen Zeitschriften sind, welche die bei Goffman beschriebenen Rituale der Unterordnung verwenden (1991, 115). Insofern scheint die Aktualität und Gültigkeit von Goffmans Analysen für Printwerbung bestätigt.

Von Interesse sind daher auch Untersuchungen, die die Existenz von Hyperritualisierungen für *andere* Bereiche als die bildliche Anordnung aufzeigen. Kotthoff (1994) zeigt zum Beispiel, dass sich Hyperritualisierungen auch in *auditivem* Material auffinden lassen. Die Hyperritualisierung findet in Hörfunkwerbung in der extremen Überzeichnung männlicher und weiblicher *Stimmen* statt. In alltäglicher Kommunikation ist die Verteilung von Stimmhöhen – etwa tiefe Stimmen bei Männern, höhere Stimmen bei Frauen – keineswegs biologisch determiniert. Wie Graddol und Swann zeigen, nutzen Männer und Frauen in alltäglicher Kommunikation nicht das ganze ihnen auf Grund ihrer Stimmbänder zur Verfügung stehende Repertoire an Stimmhöhen aus. Männer wählen eher tiefer liegende, Frauen hingegen höhere Register – obschon ein großer Bereich von Überschneidung in den realisierbaren Frequenzen und Tonhöhen besteht, Männer und Frauen also rein praktisch mit denselben Tonhöhen sprechen *könnten* (vgl. Graddol/Swann 1989, 20f.). Hier erfolgt also im Sinne Goffmans eine (alltägliche) Stilisierung. Eine weitere stimmliche Stilisierung in alltäglichen Kommunikationen betrifft Intonationskonturen: Männer vermeiden starke Tonhöhenbewegungen (vgl. hier zu McConnell-Ginet 1983).

In der Werbung wird nun diese alltägliche Stilisierung wiederum überzeichnet. Männer und Frauen treten in der Hörfunkwerbung mit extrem tiefen bzw. extrem hohen Stimmlagen auf. Auch kommunikative Rollen sind in Hörfunkwerbung deutlich aufgeteilt. Finden sich Dialoge oder Frage/Antwort-Schemata, so treten Frauen als die Fragenden auf, Männer als die Antwortenden. Technische oder teure Produkte wie Autos oder Versicherungen werden ausschließlich von männlichen Stimmen angepriesen, Haushalts- und alltägliche Gebrauchsgegenstände von Frauen. Die so genannte Voice-Over, die das Produkt abschließend preist, wird fast ausschließlich mit männlichen Stimmen besetzt. Der Jingle hingegen, die gesungene Erkennungsmelodie, wird von weiblichen Stimmen getragen. Insgesamt die Hälfte der Frauenstimmen tritt singend auf (vgl. Kotthoff 1994, 184f.). Kotthoff resümiert (1994, 191):

> »In der Radiowerbung findet sich insgesamt eine Portraitierung der Geschlechter, welche derjenigen in der Bildwerbung entspricht. Über Dialogrollen, Stimmen und Intonation wird dem Mann Autorität, Kompetenz und Sachlichkeit zugeordnet und der Frau Emotionalität, Hilflosigkeit und Instabilität.«

Auch außerhalb von Werbung finden sich Hyperritualisierungen. In ihrer Analyse von Geburtstags-Glückwunschkarten zeigen Mooney/Brabant/Moran (1993), dass die von Goffman entwickelten Kategorien der Analyse – wie relative Größe, weibliche Berührung etc. – sich je nach Geschlecht und Alter des Adressaten auch in Glückwunschkarten wieder finden. Sie resümieren:

> »(...) what has been revealed and thus again reaffirmed is the subtle way in which cultural artefacts such as birthday-cards convey messages of the subordination and devaluation of women and children in ceremonial activities (...).« (1993, 626)

Die Analyse solcher scheinbar trivialer Alltags-Phänomene wie Glückwunschkarten zeige auf: Es sei die *Summe* solcher Darstellungen, welche eine enorme gesellschaftliche Wirkung entfalte. Tatsächlich ist davon auszugehen, dass diese Hyperritualisierungen von Geschlechterunterschieden auf die alltäglichen Stilisierungen zurückwirken und diese damit verfestigen. (Solche rückbezüglichen Wirkungen von Verfestigungen werden in Abschnitt 8.2 mit Bezug auf Goffman als »institutionelle Reflexivität« diskutiert.)

7.2 Actionreihen und Familienserien – »gendered television«?

Als in den 1980er Jahren im amerikanischen und dann auch europäischen Fernsehen Serien wie »Dallas« oder »Denver Clan« (orig.: »Dynasty«) enorme Popularität erreichten, setzte auch eine Diskussion darum ein, ob es in Fernsehsendungen geschlechtsspezifische Erzählstrukturen gebe (und zumeist bejaht: vgl. z. B. Brown 1990 und 1994 oder Geraghty 1991). Im deutschen Fernsehen hatte es Serien schon früher gegeben (»Forellenhof«, »Familie Hesselbach« etc.). Der neue Typ von Serie zeichnete sich jedoch durch eine ganz andere Erzählstruktur aus: Im Unterschied zu den erzählerisch abgeschlossenen Familienserien des alten Typs, in der in jeder Folge eine Geschichte erzählt und auch zu Ende gebracht wurde, wiesen die neuen amerikanischen Serien eine endlose Erzählstruktur auf. Christine Geraghty hatte anhand der englischen Serie »Coronation Street« (1981, 9ff.) drei charakteristische Eigenschaften dieser neuen Serien herausgearbeitet, die, ergänzt um weitere Elemente, im Wesentlichen für fast alle Serien gelten:

1. *Die Organisation der Zeit*: Die Zeit der Serie verläuft parallel zum Leben der Zuschauer. Ist im Leben der Zuschauer zwischen zwei Sendungen eine Woche vergangen, so ist dies auch in der

fiktiven Familie der Fall. Die Figuren der Serie bewegen sich »in einer offenen, endlosen, zukunftsorientierten Geschichte (...), die gleichzeitig mit dem Zuschauerleben verläuft« (Mikos 1988, 110). Die Figuren leben damit zwischen den Folgen eine Art »nicht belegte Existenz« fort (Geraghty 1981, 10).

2. *Die Zukunftsorientiertheit der Handlungen*: Die Handlungen werden nicht innerhalb einzelner Folgen abgeschlossen. Im Gegenteil. Typisch für den neuen Serientyp ist zum Beispiel, dass keine klassische narrative Schließung mittels eines »Endes« erfolgt, sondern vielmehr die Öffnung der Erzählung mittels eines sogenannten »cliffhanger«. Zum Ende der Folge zoomt die Kamera auf das Gesicht einer Figur, meist mitten in einer dramatischen Szene oder vor einer richtungsweisenden Entscheidung der Figur. Begleitet wird dieses »face close up« von dramatischer Musik. Serien zeichnen sich, so Feuer, dadurch weniger durch Anfang, Mitte und Schluss aus, als vielmehr durch eine »ins Endlose expandierbare Mitte« (ein britischer Fernsehkritiker; zitiert nach Feuer 1987, 19). »Eine Episode endet meistens so, daß einer der Charaktere in einer neuen, psychologisch konfliktträchtigen Situation landet. Die letzte Aufnahme einer Episode ist dann fast immer eine Nahaufnahme des betreffenden Charakters (...).« (Ang 1986, 67)

3. *Die Verwebung verschiedener Handlungsstränge*: In Serien des neuen Typs wird nicht nur eine Geschichte erzählt, vielmehr werden zwei oder mehr Handlungen parallel erzählt, die auch miteinander verknüpft sein können. Diese Gleichzeitigkeit zweier (oder mehrerer) Handlungen führt wiederum zur Unterbrechung der jeweiligen Erzählungen. In Großbritannien und den USA war diese serielle Erzählform viel früher populär als in Europa. »The Guiding Light« etwa wurde seit 1937 (!) täglich gesendet, bevor die Serie 1986 eingestellt wurde. Deutsche Endlosserien vom Typ der »Lindenstraße« entstanden erst in Folge des enormen Erfolgs von »Dallas« und »Denver Clan«. In den USA hingegen haben die Endlosserien eine andere Tradition. Sie entwickelten sich aus den sogenannten Seifenopern heraus. Die »soap operas« entstanden in den USA der 1920er Jahre, sie wurden tagsüber im Hörfunk gesendet und richteten sich vorwiegend an *Hausfrauen,* also an ein *weibliches Publikum.* Die Sendungen wurden immer wieder durch Werbung unterbrochen

(meist Werbung für Haushaltsreiniger, daher die Bezeichnung Seifenoper). Mit der Ausbreitung des Fernsehens migrierte die Sendeform in das neue Medium. »The Guiding Light«, zuvor eine Radiosendung, wurde 1952 einfach im Fernsehen fortgesetzt (Cantor/Pingree 1983, 97ff.).

Neu war an den Seifenopern neben ihrer Erzählstruktur vor allem aber der *Inhalt*, der sich von bisherigen Serien unterschied. Die neuen Serien fokussierten menschliche Probleme und persönliche Dinge: Liebe, Hass, Tod, finanzielle Probleme, Ehekrisen, Seitensprünge, Scheidungen, Drogenprobleme, Familiendramen, und dies alles in einer Erzählung. Ang spricht in diesem Zusammenhang von einer »tragische(n) Gefühlsstruktur« (Ang 1986, 58): »Das Leben wird als grundsätzlich problematisch dargestellt. Das Unglück ist die Norm (...). Dies ist der Kern der tragischen Gefühlsstruktur.« (Ang 1986, 145) Mehrfach beschrieben wurde auch die Redundanz des Inhalts: Menschliche Probleme werden aus mehreren Perspektiven gezeigt. Die Dramatik der Ereignisse wird also exzessiv präsentiert (Modleski 1987, 10; Seiter 1987, 42f.). Die Narration ist dabei im Wesentlichen handlungsarm. Serien zeichnen sich vielmehr durch eine starke Dialoglastigkeit der Szenen aus. Die Frage danach, was denn eigentlich in den Serien geschehe, beantwortet Katzman wie folgt: »Die Personen reden, reden und reden.« (1985, 33) In den von Katzman untersuchten Seifenopern wurden allein während einer Woche zum Beispiel folgende Probleme behandelt: »drei Liebesverhältnisse in Schwierigkeiten, drei neue Liebesverhältnisse, vier Ehen in Schwierigkeiten, acht klare Fälle von ehelicher Untreue, zwei Fälle von potentieller ehelicher Untreue, drei Scheidungen oder Annullierungen, eine Wiederversöhnung eines Ehepaars, sieben bevorstehende Heiraten« (1985, 30). Vor allem aber spielen weibliche Figuren eine zentrale Rolle in den Serien. Insbesondere einer dieser fiktionalen Handlungsträger wurde dabei als neu empfunden: »das Biest« (»the villainess«).

Diese neuen Serien wurden vorwiegend als »weibliche« Erzählform behandelt, obwohl insbesondere die abendlichen Serien wie »Dallas« oder »Dynasty« auch ein männliches Publikum fanden. (»Non-action«-Serien werden immerhin zu 36 % von Männern gesehen, s. u.) Vor allem die inhaltliche Redundanz und die offene, polyseme Erzählstruktur der tagsüber ausgestrahlten Serien erlaubten ein zerstreutes Sehen – und mithin die Verrichtung von Nebentätigkeiten wie Hausarbeit. Zumindest stellte Tania Modleski (1987) in einem vielzitierten Aufsatz mit dem Titel »Die Rhythmen der Rezeption« einen Zusammenhang zwischen der diskontinuierlichen, endlosen Erzählstruktur der Serien und der gleichfalls diskontinuierlichen, endlosen Arbeit von (Haus-) Frauen her. Immer wieder wird die Emotionalität, die offene Erzählstruktur und die Bedeutung des Dialogs angeführt, wenn von Serien als »weiblicher« Sendeform die Rede ist. Viele Studien untersuchten daher auch die besondere Serienrezeption speziell von *Frauen*, Ien Ang etwa, in der vielbeachteten Untersuchung »Das Gefühl Dallas«, die auf der Suche nach Auskunftspersonen »in einem holländischen Frauenmagazin« annoncierte (1986, 19). Sie erhielt auf ihre Anzeige hin 42 Zuschriften, darunter nur drei von Jungen bzw. Männern. Doch dieses Verhältnis ist angesichts des Erscheinungsortes der Anzeige eher wenig überraschend. Seiter et al., die mittels Gruppendiskussionen die Rezeption von »day time serials« untersuchten, wurden nach ihrer Anzeige in der lokalen Presse »flooded with telephone calls« (1989, 226) von Anrufern *beiden* Geschlechts. Dennoch sprechen sie im Weiteren durchweg von »female pleasure« und »female audiences«. Dabei entstand auch das interessante Ergebnis, dass die Rezipientinnen durchaus zum »Biest« halten und hingegen passive weibliche Figuren als »whiner« verachten (1989, 238).

Serien wurden also von Anbeginn an als »weibliches« Genre empfunden, und es wurde auf die Parallelität mit dem »weiblichen« Alltag hingewiesen. Vor allen Dingen wurden Serien aber immer wieder mit »männlichen« Sendeformen verglichen. Ein prominentes Beispiel ist hier John Fiskes »Television Culture« (1987). In zwei getrennten Kapiteln diskutiert Fiske das sogenannte »gendered television«, wobei Seifenopern als weibliches Genre, (abendliche) »action series« wie »Magnum«, »The A-Team« oder »Miami Vice« als männliches Genre behandelt werden. Fiske spricht von einer engen Verbindung von Sendeform und Geschlecht, eben weil beide soziale Konstruktionen seien: »The close connection between genre and gender is evidence of the social construction of both.« (1987, 222) In mehreren Aspekten stellt er die unterschiedlichen Erzählformen einander gegenüber, etwa die fehlende narrative Schließung der Seifenopern versus die narrative Klimax der Aktionsserien, das intime Gespräch gegenüber der aktionsreichen Handlung, die Vielzahl der Handlungsstränge und Charaktere im »feminine narrative« gegenüber der Fokussierung auf einen Helden bzw. auf (männliche) »hero pairs« und eine zentrale Handlung im »masculine narrative« etc. (1987, 215ff.).

Diese Analyse ist in (mindestens) zweierlei Hinsicht problematisch (zu einer detaillierten Kritik vgl. Ayaß 2006): Zunächst verfährt sie stark vereinfachend. Es klingt zunächst sehr plausibel, bestimmte Sendeformen bestimmten Publikumsgruppen zuzuordnen, Sportberichterstattung oder Krimis etwa einem männlichen Publikum, das Melodram dem weiblichen. Allerdings gelingt dies nur auf der Basis von Alltagstheorien. Welcher Sport? Eiskunstlaufen, Kunstturnen, Formel 1 oder Boxen? Und es gibt kontra-intuitive Befunde, die den Alltagstheorien zuwiderlaufen: Mehr als die Hälfte des Publikums der Übertragungen von Henry Maskes Boxwettkämpfen war weiblich. Krimis als männliches Genre? Angesichts der langen Tradition von Krimiautorinnen (von Agatha Christie, Patricia Highsmith, Ruth Rendell über Fred Vargas, Martha Grimes, Val McDermid, Shulamit Lapid und Donna Leon)? In Fiskes Logik sind Sport und Krimi eindeutig »männliche« Narrative, weil auf eine Klimax hin orientiert. Die Parallele zwischen Erzählstruktur und männlicher Sexualität wird von Fiske tatsächlich gezogen (1987, 215). *Wessen* »Männlichkeit«?

Die Gegenüberstellung von weiblichen und männlichen Erzählungen (»Texten« in der Begrifflichkeit der Cultural Studies) verfällt damit in eine Pauschalisierung, die hinter die Komplexität der Sendeformen resp. ihrer Erzählformen weit zurückfällt. In »Charlie's Angels« und anderen »action series« sind Frauen die Protagonisten. Nicht einmal Fiskes eigene empirische Beispiele halten seiner Argumentation Stand. »Magnum« etwa zeichnete sich durch ausführliche Off-Kommentare des männlichen Protagonisten aus, in denen er als Ich-Erzähler fiktive Gespräche mit den Zuschauern führt (»Ich weiß, was Sie jetzt denken und Sie haben recht«), also eine Betonung von Gespräch und Empathie. »Miami Vice« unternahm ausgedehnte Anleihen bei Musikvideoclips, welche die »action« verlangsamten und ästhetisierten.

Dieses systematische Übersehen und Auslassen von Zwischentönen oder gar Gegenevidenzen führt somit zu einer Darstellung von fiktionalen Formen, in die eine alltägliche Zweigeschlechtlichkeit eingeschrieben wird. »Gendered Television« wird durch die kontrastierende Darstellung von Fiske selbst betrieben, indem er Nichtsexuiertes – eine Erzählung – sexuiert. Es erfolgt hier eine Vergeschlechtlichung von Erzählstrukturen und somit eine Übertragung und Zuspitzung alltäglicher Konstruktionen von Zweigeschlechtlichkeit auf Texte. Unter Bezugnahme auf das »männliche« Konzept der »agency« schreibt Cornelißen: »Solch eine schematisierende Polarisierung der Geschlechtscharaktere ist heute (...) eher dem Bereich der Geschlechterideologie als der Gesellschaftsanalyse zuzurechnen.« (1998, 54) Mit Goffman argumentierend könnte man auch davon sprechen, dass mit der Gegenüberstellung von »männlichen« und »weiblichen« Texten zu einem »gendered television« eine Hyperritualisierung betrieben wird.

Der zweite problematische Punkt an Fiskes Argumentation ist seine Parallelisierung der (vermeintlichen) geschlechtlichen Erzählstrukturen mit den Bedürfnissen der Zuschauer resp. Zuschauerinnen. Im Text ist fortwährend die Rede von »female« versus »male pleasure« bzw. von »female« oder »male desire«, denen die Texte entgegenkommen und die sie zugleich strukturieren. Was das genau ist, bleibt offen bzw. erschöpft sich wiederum in Pauschalisierungen und Stereotypen. Fiske schreibt zum Beispiel (unter Bezugnahme auf Nancy Chodorow):

> »Goals are more singular than people and tend to be more clearly prioritized, thus males develop a more centered subjectivity than do females. Thus masculine narrative tends to deal more with singular goals and achievements, feminine narrative more with people and relationships. The multiple plots and multiplicity of characters on soaps are reflective of a feminine subjectivity and pleasure. Conversely, the singular or clearly prioritized plot structure of masculine narratives is characteristic of masculine subjectivity and productive of masculine pleasure.« (1987, 213)

Problematisch ist hier nicht nur die Gleichsetzung von Erzählstruktur eines Textes, Identität seiner Rezipienten und der Art von Vergnügen, das diese während der Rezeption empfinden. Problematisch ist vielmehr die pauschalisierende Rede von

»males« und »females«. Cornelißen weist darauf hin, dass solche Verallgemeinerungen angesichts der »verbreiteten Ausdifferenzierung weiblicher (und männlicher; RA) Lebens- und Arbeitsformen schwer in Einklang zu bringen« sind (1998, 46). Zum anderen wird permanent unterstellt, dass das Geschlecht eine stets ausschlaggebende Rolle für die Medienrezeption spielt. Durch die Fokussierung auf Geschlecht wird jedoch verdeckt, dass andere soziale Kategorien – soziale Schicht, Alter, ethnischer Hintergrund, Bildung etc. – eine ebenbürtige, wenn nicht gar größere Rolle spielen können. Empirische Untersuchungen zu konkreten Gebrauchsweisen von Medien zeigen, dass die Medienrezeption nicht einfach durch die Erzählstrukturen der Texte geschweige denn das Geschlecht der Rezipienten vorgegeben ist. Um beim Beispiel Serien zu bleiben: In der in Israel durchgeführten »Dallas«-Studie von Liebes und Katz (1990) wurde mittels Gruppendiskussionen die Rezeption ethnisch homogener Gruppen (israelische Araber, neue russische Immigranten, marokkanische Immigranten der ersten und zweiten Generation, Kibbuzmitglieder) untersucht. Dabei zeigte sich nicht nur, dass die Zuschauer sehr souverän mit den rezipierten Inhalten umgingen. Vor allem interpretierten sie diese vor dem je eigenen *ethnischen* Hintergrund. So spielte der Topos des Geldes bzw. des Reichtums der Ölbarone in den Diskussionen der russischen Einwanderer eine bedeutende Rolle, während zum Beispiel die arabischen Israelis großes Augenmerk auf die Großfamilie und ihre Verwandtschaftsstrukturen legten.

7.3 Die Medienrezeption von Männern und Frauen – »gendered television viewing«?

In allen empirischen Untersuchungen über Lesesozialisation wird das unterschiedliche Leseverhalten von Mädchen und Jungen betont (Bonfadelli/Fritz 1993, Gilges 1992, Hurrelmann et al. 1995). Mädchen lesen diesen Befunden zufolge in *allen* Altersstufen deutlich mehr als Jungen. Diese Ergebnisse sind gültig für alle Bildungsschichten, auch Jungen aus Elternhäusern mit gehobenem Bildungshintergrund lesen somit erheblich weniger als Mädchen. Bonfadelli und Fritz zählen 42 % der Mädchen zu den »Viellesern«, hingegen nur 25 % der Jungen (1993, 130). Unter den ausgewiesenen »Leseratten« betrug der Anteil der Mädchen sogar 68 % (1993, 188). Jungen sehen dafür *erheblich mehr fern*. Die Gründe hierfür können vielfach sein. Zum einen kann dies an der technischen Ausstattung liegen, mit der Jungen ausgerüstet sind. Jungen besitzen »signifikant häufiger als Mädchen ein eigenes Fernsehgerät oder einen eigenen Computer« (Bonfadelli/Fritz 1993, 13). Andere Überlegungen beziehen sich darauf, dass es in der Umgebung der Kinder wiederum vorwiegend lesende weibliche Erwachsene gibt: die (überwiegend weiblichen) Grundschullehrerinnen bzw. die (vor-) lesenden Mütter (Hurrelmann et al. 1995). Der kindliche Zugang zu Büchern wäre damit überwiegend »feminin« geprägt. Jedoch zeigen literaturhistorische Untersuchungen, dass schon das romanelesende Publikum des 18. Jahrhunderts traditionell »ganz überwiegend weiblich« war (Schön 1995, 144): »Zahllos sind die Polemiken gegen die lesenden Frauen.« (ibid., 157)

Der Befund der überwiegend lesenden Mädchen ist (nur) insofern erstaunlich, als telemetrischen Messungen zufolge *erwachsene* Frauen (in der Altersgruppe 20–39 Jahre) wiederum deutlich *mehr* fernsehen als Männer, und zwar berufstätige wie nicht-berufstätige, sich das Verhältnis zum Medium Fernsehen im Erwachsenenalter also ändert. (Diese Differenz nivelliert sich bei den über 40-Jährigen.) Cornelißen folgert, dass »sich die Altersgruppen bezogen auf die Fernsehnutzung sehr viel deutlicher unterscheiden als die Geschlechtergruppen« (1998, 90). Dies ist ein überraschender Befund: Die Altersdifferenzen erweisen sich für die Medienrezeption als wesentlich bedeutsamer als Geschlechterdifferenzen. Auch in einem anderen Aspekt der Fernsehnutzung ist das Geschlecht vernachlässigbar, der Programmspartennutzung (also des Typs der Sendung: politische Information, fiktionale Unterhaltung, Sport etc.). In der Bundesrepublik sind die Differenzen zwischen den Geschlechtern in der Programmwahl »geringfügig« (Cornelißen 1998, 113). Aktionserien zum Beispiel werden zu 57 % (!) von Frauen gesehen. Bedeutsamer ist das Bundesland: »Die Programmspartennutzung der Bevölkerung in Ost und West divergiert zum Beispiel vielfach stärker als die der Männer und Frauen innerhalb eines Bundesgebietes.« (Cornelißen 1998, 113) In nur zwei Programmsparten scheint sich eine deutliche Geschlechterdifferenz abzuzeichnen: Sport (43 % Frauen vs. 57 % Männer) und »non-action«-Serien (64 % Frauen vs. 36 % Männer) (Frielingsdorf auf der Basis telemetrischer Messungen; hier zitiert nach Cornelißen 1998, 115).

Bezüglich der Erhebungsmethode gibt es hier eine interessante Entdeckung: Je nachdem, ob die Genrepräferenzen telemetrisch oder mittels Frageverfahren erfasst werden, ergeben sich unterschiedliche Befunde: Die telemetrischen Messungen weisen *geringere* Geschlechterdifferenzen auf als die Selbstauskünfte via Befragungen. Cornelißen interpretiert daher die Auskünfte über Befragungen als »Formen der Selbststilisierung« (1998, 119). Damit ist insbesondere für den Forschungsgegenstand Medienrezeption auf ein methodisches Problem hingewiesen. Mittels Frageverfahren ist kein direkter Zugriff auf soziale Wirklichkeit möglich. Befragte erinnern sich oft nur unzulänglich. Wie zum Beispiel Staab und Hocker zeigen, »sind Fernsehzuschauer offensichtlich nur sehr bedingt in der Lage, präzise Auskunft über ihr tatsächliches Fernsehverhalten zu geben« (1994, 163). Zudem jedoch orientieren sich Befragte gerade beim Thema Mediennutzung am Phänomen der sozialen Erwünschtheit. Die Selbstdarstellungen von Männern und Frauen bezüglich ihrer Mediennutzung sind somit »als Folge *und Ausdruck* der sozialen Konstruktion von Weiblichkeit und Männlichkeit zu begreifen« (Cornelißen 1998, 180; Hervorhebung RA). Selbstauskünfte zu Programmpräferenzen sind ein Ort von *Selbstdarstellung* und mithin auch eine Situation, an dem *Geschlechtsstilisierungen* (»gender display« im Sinne Goffmans) erfolgen. Auch ein weiterer Befund weist darauf hin, dass mittels Befragungen weniger die Rezeptionssituation an sich als vielmehr eine stilisierte Darstellung erhoben wird: der Gebrauch der Fernbedienung. Nahezu alle Untersuchungen, die mittels Interviews den Umgang mit der Fernbedienung erheben, erhalten eindeutige Befunde, denen zufolge in Familien während der Rezeptionssituation Männer (und Jungen) im Besitz der Fernbedienung sind (z. B. Morley 1992). Studien, die mit Beobachtungsverfahren und Video-Aufzeichnungen arbeiten, können hingegen den Befund, Fernbedienungen seien »boy's toys«, *nicht* bestätigen. In einem Text mit der Überschrift »Method matters« kommen zum Beispiel Cornwell et al. zu dem Schluss: »RCD use (RCD = »remote control device«, also Fernbedienung; RA) differed *slightly* for males and females.« (1993, 51; Hervorhebung RA)

Die in der Literatur bislang übliche Fokussierung auf die vermeintlich dramatischen Differenzen im Fernsehgebrauch verdeckt damit die enorme Bedeutung anderer sozialer Kategorien, darunter insbesondere das Alter bzw. die Generationszugehörigkeit.

> »We cannot presume *a priori* that in any particular instance of media consumption gender will be a basic determining factor. (...) media consumption is not always a gendered practice (...).« (Ang/Hermes 1991, 321)

Mediennutzung unterscheidet sich am deutlichsten hinsichtlich des *Alters* der Rezipienten. Neue Medien (z. B. Computer, Mobiltelefone, Videospiele) und neue Kommunikationsformen in neuen (z. B. Chat, SMS) und etablierten Medien (z. B. Videoclips in Musikkanälen wie MTV) werden insbesondere von der Generation der Heranwachsenden aufgegriffen. Auch Bonfadelli (1993, 226) betont »the very rapid and widespread adoption of each new mass medium by the adolescent population«. Burkhard Schäffer spricht von »generationsspezifischen Medienpraxiskulturen« (2003). Insbesondere bezüglich des Umgangs mit neuen Medientechnologien existieren, wie er aufzeigt, deutliche Unterschiede zwischen den Generationen.

7.4 »Crossdressing«: Entgrenzungen und Verfestigungen in neuen Genres und neuen Medien

Diese neuen Medien bzw. die neuen Kommunikationsformen in neuen und alten Medien als geschlechtsneutral zu verstehen, wäre allerdings ein Fehlschluss. Alte und neue Medien weisen vielmehr komplexe und keineswegs einheitliche Formen von und Foren für geschlechtliche Inszenierung auf. Man kann daher die einzelnen Befunde nicht auf »die« Medien im Allgemeinen geschweige denn auf »die« Geschlechter als solche übertragen. Am Beispiel des Phänomens des »crossdressing« in Musikvideos (als einer neuen Kommunikationsform in einem alten Medium) und im Umgang mit dem Computer (als einer neuen Technologie, die sich teils alter Kommunikationsformen bedient) lässt sich diese Heterogenität illustrieren.

Ute Bechdolfs Untersuchung »Puzzling Gender« behandelt »Re- und Dekonstruktionen« im Musikfernsehen (1999). Sie geht der Frage nach, inwiefern sich in Videoclips Auflösungen traditioneller Präsentationsformen von Zweigeschlechtlichkeit auffinden lassen.

> »Jenseits traditioneller Konzepte von Männlichkeit und Weiblichkeit (...) erproben einige Künstlerinnen geschlechtliche Irritationen, Abweichungen, Aufbrüche und Überschreitungen. Sie verbiegen (bend) und verwischen (blur), vermischen (blend) und zerstören die Geschlechter-Definitionen (...).« (1999, 122)

Anhand der Videoclips von Madonna, Prince, Annie Lennox und anderen zeigt Bechdolf, wie die Grenzen traditioneller Zweigeschlechtlichkeit mittels spielerischer Inszenierungsstrategien wie Androgynität, »crossdressing«, Maskeraden etc. unscharf gemacht werden. Insbesondere David Bowie könne als »einer der wichtigsten Geschlechter-Grenzgänger der Popmusik« bezeichnet werden (1999, 135). Sein Video »Ashes to Ashes« zum Beispiel zeichne sich durch eine visuelle und akustische Inszenierung von Androgynie und Geschlechterwechsel aus. Die meisten Clips würden jedoch die traditionelle Geschlechterdichotomie unterstützen. Die Geschlechterdifferenz werde jedoch »immer wieder auch aufgegriffen, umgestaltet und in kleinen subversiven Akten demontiert und damit dekonstruiert« (1999, 220). Dennoch könne das Musikfernsehen »keinesfalls als Ort eines besonders heftigen Widerstands gegen das System der Zweigeschlechtlichkeit« (1999, 223) bezeichnet werden. Jedoch scheinen unter den jugendlichen Rezipienten insbesondere die jungen Frauen Gefallen an der Rezeption solcher Geschlechtspuzzles zu finden. Bechdolf führt dies darauf zurück, dass ihnen die Einnahme verschiedener Positionen erlaubt würde, welche die traditionellen Positionierungen als Objekt überschritten.

Unter »crossdressing« wird das Phänomen verstanden, dass sich Menschen (befristet) mit den kulturellen Attributen (Kleidung, Frisuren, Accessoires) des je anderen Geschlechts ausstatten (ohne dabei ihr ›eigenes‹ Geschlecht dauerhaft zu verlieren). »Crossdressing« wird in der Regel im Transvestismus praktiziert. Vielfach beschrieben ist auch das Phänomen des *virtuellen* »crossdressing« in der Internetkommunikation (Turkle 1998, 340–377), das Einloggen in Kommunikationsräume (zum Beispiel Chats) oder Spielforen (zum Beispiel MUDs) des Internet unter Verwendung eines Pseudonyms (»nicks«) des je anderen Geschlechts (»gender swapping«; siehe Bruckmann 1993). Wie Dorer beschreibt, ermöglicht virtuelles »crossdressing« die spielerische Einnahme anderer Geschlechtspositionen und damit eine Erweiterung oder zumindest Reflexion der gesellschaftlich zugeschriebenen geschlechtlichen Verhaltensmuster (1997, 26). »Crossdressing« ist im Internet so verbreitet, dass es inzwischen sogar zum spielerischen Umgang mit dieser Form kommt, zu einer Art fiktivem virtuellen »crossdressing«: Personen, die *vorgeben*, Personen des anderen Geschlechts zu sein. (Also zum Beispiel eine Frau, die sich unter einem weiblichen Nick einloggt und dabei dennoch vorgibt oder zu verstehen gibt, dass sie ein Mann sei, der »crossdressing« praktiziert etc.) Fiktives »crossdressing« kann sich selbst fiktionalisieren: Personen, die vorgeben, sie seien Personen, die vorgeben, etc.

Dorer weist jedoch darauf hin, dass virtuelles »crossdressing« nicht nur spielerische Elemente enthält. Es komme sehr häufig zu einer »aufgezwungenen Annahme des anderen Geschlechts« (1997, 26): »Für Frauen stellt die sexuelle Belästigung im Netz ein wesentliches Problem dar, so daß es oft vorteilhafter erscheint, sich mit einer männlichen Identität einzuloggen.« (Herring 1998 analysiert zwei Fälle von sexueller Belästigung im Internet ausführlich, der erste Fall stammt aus einem Chat, der andere aus einer Diskussionsliste.) Daran sei problematisch, dass, obschon Netzkommunikation ohnehin schon durch einen »auffallenden Gender-gap« (1997, 20) charakterisiert sei, durch virtuelles »crossdressing« oder die Wahl eines geschlechtsneutralen Nick Frauen unsichtbar gemacht würden (»›zum Verschwinden‹ gebracht«; 1997, 26). In die Technologie der Internetkommunikation sei – sowohl durch die Hard- wie die Software – von

Anfang an die Geschlechterhierarchie »eingeschrieben« (1997, 20). Dorer stellt abschließend die Frage, ob eine solche Geschlechterhierarchie auch bei der Einführung anderer (Massen-) Medien, sie nennt explizit Radio und Fernsehen, zu beobachten gewesen sei.

Frühe Untersuchungen über den Umgang mit dem Fernsehen bestätigen die Präferenz der Männer für die technischen Aspekte der Fernsehnutzung. Einer Untersuchung von Gray aus dem Jahr 1987 zufolge, die auf einer Befragung von Frauen beruht, gaben fast alle an, das Videogerät zum Abspielen und Spulen zu nutzen, aber bei der Programmierung von Aufzeichnungen auf die Hilfe ihrer Partner oder sogar ihrer Kinder angewiesen zu sein (1987, 42). Stoessl berichtet, noch in den 1960er Jahren seien Frauen nicht in der Lage gewesen, die Programmplätze des eigenen Fernsehers einzurichten (1987, 114). (Wobei hier das oben genannte Caveat bezüglich der Stilisierungen von Geschlecht in Selbstauskünften gilt.)

Aber es existieren auch Gegenevidenzen. Die Sozialgeschichte von technischen Berufen zeigt, dass in hochtechnisierten Arbeitskontexten wie der Computertechnologie aber auch im Cockpit anfangs Frauen sehr wohl eine Rolle spielten, jedoch im Weiteren systematisch verdrängt wurden. Sowohl die Programmiererinnen als auch die Pilotinnen verschwanden im Prozess der Etablierung der Technologie (vgl. zum Thema Geschlecht und Profession insbesondere die Untersuchungen von Wetterer, z. B. 1999 und 2002).

Insofern wäre Dorers Feststellung, in die Technik sei eine Geschlechterhierarchie von Beginn an eingeschrieben, um die Frage zu ergänzen, inwiefern nicht erst bei der Einführung und Verbreitung neuer Techniken und Kommunikationstechnologien eine systematische *Vergeschlechtlichung* im Prozess der Etablierung dieser Technik selbst erfolgt.

8 Zweigeschlechtlichkeit als Herstellungsprozess

In unserem Alltagsverstand (unserer »natürlichen Einstellung« im Sinne Alfred Schütz') gehen wir selbstredend davon aus, dass es zwei Geschlechter gibt. Ausnahmslos jeder Mensch hat in dieser Common-Sense-Einstellung zu einem dieser beiden Geschlechter zu gehören. Treffen wir auf Personen, die wir nicht auf Anhieb ›einordnen‹ können, leisten wir beträchtlichen Interpretationsaufwand und suchen nach Anzeichen, die uns eine zuverlässige Entscheidung treffen lassen, zum Beispiel nach sekundären Geschlechtsmerkmalen wie Bartwuchs (auch wenn wir wissen, dass nicht alle Männer einen Bartwuchs haben, hingegen aber manche Frauen) oder anderen Hinweisen, die auf das Geschlecht der Person schließen lassen wie Stimme oder Schmuck oder ähnliches (obschon wir wissen, dass es Frauen gibt, die keinen Schmuck tragen, wohl aber Männer, und dass es Frauen gibt, die tiefere Stimmen haben als Männer etc.). »We make a *gender attribution*, that is we decide whether someone is male or female (...).« (Kessler/McKenna 1978, 2) Das Geschlecht einer Person nicht eindeutig zu erkennen oder zu verwechseln, ist in unserer Gesellschaft eine überaus peinliche Angelegenheit für den, der diese (Fehl-) Entscheidung trifft und eine ungemein beleidigende für den, den sie betrifft. Hirschauer (1993b, 32) spricht von der »Blamage einer Verwechslung«. Entsprechend erwarten wir von anderen, dass sie uns interpretierbare Hinweise auf ihr Geschlecht geben, die uns die Entscheidung abnehmen und uns nicht unnötig im Unklaren lassen. Gesellschaft hält, damit dieser Attribuierungsprozess reibungslos und unhinterfragt vonstatten gehen kann, eine Unmenge an Objekten bereit, die diesen Zuschreibungsprozess erleichtern: Namen, Schuhe, Frisuren, Kleidungsstücke, Uhren, Ohrringe, die wie »tertiäre Geschlechtsmerkmale« (ein Begriff von Birdwhistell 1970, 39ff.) wirken, da sie uns die Interpretation und umgehende Zuschreibung erleichtern. Bei genauerer Betrachtung ist mehr als auffällig, in welchem Ausmaß geschlechtslose Dinge wie Autos, Mobiltelefone, Turnschuhe, Hosen, Brillen, Kinderkleidung, Tätowierungen, Windeln, Strümpfe, Deodorants, Parfüms, Haarwaschmittel und sogar *Farben* sexuiert werden und, unter dem Hinweis, dass sie »natürlichen« Geschlechtsunterschieden entsprechen, den beiden Geschlechtern binär und exklusiv zugeordnet werden. Wenn es aber so selbstverständlich ist, dass es zwei und nur zwei Geschlechter gibt, wozu dann eigentlich dieser Aufwand? Die mittlerweile klassische Antwort der Soziologie lautet: Weil diese sexuierten Objekte nicht einfach nur eine vorhandene und »natürlich« gegebene Differenzierung unterstützen, sondern weil sie eine eindeutige Geschlechterunterscheidung erst möglich machen. Artefakte dieser Art werden in der Regel nicht dazu verwendet, biologische (oder als biologisch gedachte) Unterschiede zu minimieren, sondern im Gegenteil, sie zu verstärken, oder aber auch: sie erst zu erzeugen, auf dass sie naturalisiert werden können. Den Vorgang, Objekten ein Geschlecht zuzuweisen, bezeichnet Hirschauer (1989, 103) als »Sexuierung«. Die ungeheure Redundanz dieser Sexuierung – über Brillen, Schmuck, Haartracht, Kleidung etc. – verweist darauf, dass die Unterschiede entgegen aller alltagsweltlichen Annahmen über »die Natur« der Geschlechter doch recht gering sind. Wären diese Unterschiede auffälliger, wäre ein solcher Aufwand nicht nötig.

Gildemeister und Wetterer (1992, 209) zufolge gibt es Hinweise aus der neueren Biologie und Endokrinologie, denen zufolge die Befunde längst nicht so eindeutig sind, dass eine Person immer zweifelsfrei einer Geschlechtskategorie zugeordnet werden könnte. Es gebe vielmehr das »unerwartete(s) Ergebnis«, dass die Biologie »keineswegs einlöst«, was das Alltagsbewusstsein voraussetzt (Gildemeister/Wetterer 1992, 209). In Biologie und Endokrinologie nämlich werden weibliches und männliches Geschlecht inzwischen

> »nicht mehr als zwei entgegengesetzte, einander ausschließende Kategorien verstanden, sondern vielmehr als Kontinuum, bestehend aus dem genetischen Geschlecht, dem Keimdrüsengeschlecht und dem Hormongeschlecht« (Lorber/Farell 1991, 7; dt. Übersetzung des Zitats nach Gildemeister/Wetterer 1992, 209).

Die Bestimmung des Geschlechtes kann über eine oder mehrere dieser Ebenen erfolgen (und dabei widersprüchliche Ergebnisse erbringen). Auf jeder dieser Ebenen gibt es zudem mehr als nur zwei Erscheinungsformen. Schon allein das genetische Geschlecht (Chromosomengeschlecht) ist nicht binär in »XY« und »XX« codiert. Neben diesen bekannten Chromosomenpaarungen kommen, wenn auch weit weniger häufig, zum Beispiel »XO«, »XXY«, »XYY« vor. In der Medizin werden diese Chromosomenkombinationen in der Regel als abweichend bezeichnet (als »Anomalien« bzw. »Syndrome«, z. B. »XXY« als »Klinefelter-Syndrom«, »XO« als »Turner-Syndrom«), die betroffenen Personen entsprechend behandelt, medikalisiert und therapiert. Dass es zwei Geschlechter (bzw. *genau* zwei und *nur* zwei Geschlechter) gibt, kann also aus der Biologie *nicht* abgeleitet werden. Die empirische Realität ist vielfältiger als die Alltagsvorstellung, die nur eine exklusive Entweder-Oder-Zuordnung erlaubt. Die binäre Codierung ist vielmehr Resultat einer sozialen Konstruktion, die ein komplexes, vielfältiges, jedenfalls *nicht-binäres* Kontinuum überformt. Kessler/McKenna (1978, 42–80) zeigen zum Beispiel, dass die Art und Weise, wie Biologen Geschlechtszuordnungen treffen (und dies obwohl sie um die Existenz von Chromosomenkombinationen jenseits von »XX« und »XY« wissen), auf der Basis von Alltagstheorien erfolgt (ibid., 68). Biologie (und Medizin) behandeln diese Chromosomenpaarungen als »abweichend«, als *Anomalien*. Lorber bezeichnet daher – mit dem süffisanten Zusatz: »Man sieht nur, was man glaubt« – »Biologie als Ideologie« (2000, 85ff.).

8.1 »Passing« – Harold Garfinkels Agnes-Studie

Wie jedoch in Alltagsinteraktionen aus einem Kontinuum eine binäre Angelegenheit wird, war und ist Gegenstand von vorwiegend ethnomethodologischen Untersuchungen. Die erste und bekannteste dieser Studien trägt den Titel »Passing and the Managed Achievement of Sex Status in an ›Intersexed‹ Person (Part 1)«. In der Regel wird auf diese Untersuchung wegen ihres umständlichen Titels als »Agnes-Studie« Bezug genommen. Garfinkel (1967b) beschreibt in dieser Fallstudie eine junge Frau, die ihre Geschlechtszugehörigkeit für sich und andere neu *erzeugt*. Agnes, so ihr Pseudonym, wurde als Junge geboren. Garfinkel beschreibt ihren (körperlich und seelisch) mühsamen und auch schmerzhaften Prozess des Frau-Werdens. An Agnes' Beispiel wird deutlich, was für uns, in unserer natürlichen Einstellung, längst nicht mehr wahrnehmbar ist: die kontinuierliche Hervorbringung von Geschlecht in der Interaktion.

Agnes wurde – im Oktober 1958 – von einem Hausarzt ihrer Heimatstadt (»Northwestern City«) an das University of California Medical Center der University of California at Los Angeles (UCLA) in Los Angeles überwiesen. Dort hatte in den 1950er und 1960er Jahren Robert Stoller am Department of Psychiatry intensiv über Geschlecht geforscht (Stoller 1974; 1975). Garfinkel beschreibt Agnes als ausgesprochen weiblich: Als sie zum ersten Mal im Department auftauchte, habe sie einen engen Pullover getragen, der ihre schmale Taille, ihre schmalen Schultern und ihre Brüste betonte. Ihre Hände und Füße, obwohl etwas größer als gewöhnlich, seien nicht sonderlich auffallend. Sie sei unauffällig, gepflegt und gut gekleidet, nicht ungewöhnlich für junge Frauen in ihrem Alter. Nichts an ihr sei sonderlich Aufsehen erregend. Sie habe mit hoher, sanfter Stimme gesprochen. Garfinkel bezeichnete sie als »120 per cent female« (1967b, 129). Doch Agnes hatte nicht nur weibliche Brüste, sondern auch völlig normal entwickelte männliche Genitalien. Sie besaß keine Gebärmutter und keine Eierstöcke. Während ihre sekundären Geschlechtsmerkmale weiblich waren, war Agnes bezüglich ihrer primären Geschlechtsmerkmale ein Mann. Garfinkel bezeichnet sie daher als »intersexed person«.

An der UCLA wurden wöchentlich Gespräche und Untersuchungen mit ihr durchgeführt. Die aufgezeichneten Gespräche mit Harold Garfinkel sind das Material seiner Studie.[1] Im März 1959 wurde Agnes operiert. Die männlichen Genitalien wurden ihr entfernt, und weibliche Genitalien, Schamlippen und eine

1 Weitere Darstellungen des Falls finden sich bei Stoller (1974, 133–139), Schwabe/Solomon/Stoller/Burnham (1962, mit mehreren Photos, die vermutlich Agnes abbilden), Stoller/Garfinkel/Rosen (1960) sowie Stoller/Garfinkel/Rosen (1962).

Vagina, wurden operativ angebracht bzw. implantiert. Die Operation änderte ihren Status einer »intersexed person«, sie erwarb damit, was dem Alltagsverständnis zufolge typische Merkmale einer Frau sind (i. e. die primären Geschlechtsorgane einer Frau). Aber die Untersuchung zeigt, dass sie schon zuvor sich selbst als »natural, normal female« sah (Garfinkel 1967b, 122). Sie selbst bestand darauf, schon immer eine Frau gewesen zu sein. Die Existenz männlicher Genitalien war für sie ein grausamer Schlag des Schicksals. Ihre Genitalien betrachtete sie als eine Art besonderes Gliedmaß, das sie zum Urinieren benutzte. Ihr (vergeblicher) Versuch, eine Änderung ihrer Geburtsurkunde zu erreichen, war für sie die längst fällige Korrektur eines biologischen und behördlichen Irrtums.

Agnes war im Zeitraum zwischen ihrer äußerlichen Verwandlung, als sie erstmals ihr Aussehen von männlich zu weiblich veränderte – indem sie zum Beispiel zum Frisör ging und sich neu einkleidete (Juni 1956) – und dem (den) operativen Eingriff(en) (ab März 1959) mehrere Jahre lang quasi unterwegs von einem Geschlecht zum anderen. Sich »wie eine Frau« zu bewegen, zu kleiden und zu sprechen, musste sie in dieser Zeit erst lernen. In einem kontinuierlichen Prozess gelang es ihr, sich selbst immer überzeugender und routinierter als Frau hervorzubringen, die sie ja, ihrer eigenen Einschätzung nach, auch war. Sie hat nicht einfach nur weibliche Verhaltensweisen nachgeahmt, sondern nach und nach gelernt, was es bedeutet, das, was wir im Alltagsverstand unter »weiblich« verstehen, mühelos zu praktizieren. Agnes war damit aber *fortwährend* damit beschäftigt, sich als Frau zu präsentieren und von anderen als solche wahrgenommen zu werden. Diesen Vorgang nennt Garfinkel »passing«.

> »The work of achieving and making secure the rights to live in the elected sex status while providing for the possibility of detection and ruin carried out within the socially structured conditions in which this work occured I shall call ›passing‹.« (Garfinkel 1967b, 118; im Original hervorgehoben)

Von besonderer Bedeutung für dieses »passing«, so hebt Garfinkel hervor, war Agnes' Gespür für Alltagspraktiken, die zur Wahrnehmung eines (weiblichen) Geschlechts beisteuern: »her awareness of routine, otherwise unnoticed, working of social situations« (1967b, 170). Agnes musste diese Verhaltens- und Handlungsweisen zunächst wahrnehmen, analysieren, lernen, um sie selbst praktizieren zu können. Garfinkel schildert: »she had achieved, at best, an unstable routinization of her daily rounds« (1967b, 179).

> »(...) it would be incorrect to say of Agnes that she passed. The active mode is needed: she is passing.« (1967b, 167)

Diese »praktische Aufgabe« bedeutete für Agnes, das, was anderen Interagierenden als »taken for granted« gilt und keiner Aufmerksamkeit mehr bedarf, systematisch zu kontrollieren und selbst anzuwenden. Agnes musste all diese Elemente des alltäglichen Verhaltens – in der natürlichen Einstellung nicht hinterfragt – nicht nur wahrnehmen, sondern auch erlernen und so vollziehen, dass *andere* nicht merkten, dass sie selbst sie erst analysiert, dann lernt, dann ausführt. Ihre Geschlechtsausübung ist ein *kontinuierlicher Erwerb* von bestimmten Praktiken. Garfinkel beschreibt dies als »achievement«. Im Fall von Agnes besteht das »achievement« nicht nur im ›Erwerb‹ eines körperlich weiblichen Geschlechts. »Achievement« bedeutet für sie zweierlei. Zum ersten, dass für sie das Erreichen des weiblichen Geschlechtes eine Errungenschaft ist, die sie hoch bewertet. Frau zu sein bedeutet ihr selbst, das zu werden, was sie zu sein wünschte – und was sie meinte, was auch andere von ihr wünschen.

> »The second sense of achievement refers to the task of securing and guaranteeing for herself the ascribed rights and obligations of an adult female by the acquisition and use of skills and capacities, the efficacious display of female appearances and performances (...).« (Garfinkel 1967b, 134)

Um dieses Ziel zu erreichen – um in Begegnungen mit anderen zweifelsfrei als Frau durchzugehen –, musste Agnes diverse »passing occasions« (1967b, 140) durchstehen, die für sie insofern kritische Situationen waren, als sie befürchten musste, dass ihre körperliche Verfassung zum Vorschein kommt, etwa bei Einstellungsgesprächen, bei Arztbesuchen, beim gemeinsamen Strandbesuch mit Freundinnen. Agnes war hier bezüglich anderer Menschen auf Täuschungsmanöver angewiesen, bei denen sie in unterschiedlichem Ausmaß improvisieren musste. Dies betraf auch ihre fehlende Biographie, da sie auf keine ›typische‹ Mädchen-Kindheit mit entsprechenden Erinnerungen und Erzählungen zurückgreifen konnte. Die meiste »Arbeit« bedeutete für sie jedoch, das herzustellen und zu erzeugen, was – in Garfinkels Formulierung – ansonsten »seen but unnoticed« bleibt (1967b, 118 et passim). Von besonderer Bedeutung waren für sie dabei die Interaktionen mit anderen. *In* diesen Interaktionen musste sie zum einen als Frau bestehen.

> »(...) the tests of such management work occurred under the gaze of and in presence of normal male and female others.« (Garfinkel 1967b, 134)

Agnes nahm die subtilen Hinweise oder auch direkten Kommentare *anderer* auf das, was als besonders weiblich gilt, sehr genau wahr und zog aus ihnen entsprechende Konsequenzen. Zum anderen aber waren die Interaktionen mit anderen für sie wie eine Schulung.

> »She learned from members how, in doing normal sexuality ›without having to think about it‹, they were able to avoid displays that would furnish sanctionable grounds for doubt that a member was sexually what he appeared to be. *Among the most critical of these displays were situated indexical particulars of talk.*« (Garfinkel 1967b, 181; Hervorhebung RA)

Garfinkels Text hat eine wechselhafte Rezeptionsgeschichte hinter sich. Im englischen Sprachraum wurde er vor allem in den Bereichen der Ethnomethodologie, die sich mit Geschlecht als »doing gender« befassten, rezipiert und weiter verbreitet (vor allem durch Kessler/McKenna 1978 und West/Zimmerman 1987). Im deutschen Sprachraum wurde Garfinkels Text insbesondere in der feministischen Sozialwissenschaft lange Zeit so hartnäckig ignoriert, dass Gildemeister und Wetterer (1992, 202) von einer »Rezeptionssperre« sprechen (von der neben Garfinkels Agnes-Studie vor allem auch Goffmans »The Arrangement Between the Sexes« und die grundlegende Einführung von Kessler/McKenna »Gender. An Ethnomethodological Approach« betroffen waren). Dies gilt teilweise auch für den amerikanischen Raum. Die teils sehr verärgerten Reaktionen auf Judith Butlers diskurstheoretischen Zugriff (1990) sind auch darauf zurückzuführen, dass sie die empirischen Untersuchungen, die ihre theoretischen, teils sehr abstrakten Ausführungen mit Material stützen könnten, nicht zu Kenntnis nimmt. Hirschauer zum Beispiel stellt fest, dass sich ihr Buch »Gender Trouble« »wie ein spätes Echo« (1993a, 58) auf Garfinkel (und Goffman) lese, Butler nehme die empirische »Einlösung und Vorwegnahme ihres Programms« nicht zur Kenntnis (1993a, 57). Man müsse daher feststellen, dass mit diesen Texten »ein Gutteil feministischer Grundlagenforschung außerhalb der Frauenforschung stattfand« (1993a, 55). Ein weiterer Kritikpunkt ist für Hirschauer der Logozentrismus in Butlers Argumentation (1993a, 59). Ihr Rückgriff auf die Sprechakttheorie von Austin und Searle mutet wie ein nostalgisches Echo aus den 1960er Jahren an. Hagemann-White bezeichnet Butlers Buch »Gender Trouble« als »höchst oberflächliche und ärgerliche« Publikation und sieht darin eine »neue Gestalt der anhaltenden, untergründigen Rezeptionsverweigerung« (1993, 68). Diese Kritik gilt noch verstärkt für Butlers neuere Publikation »Undoing Gender« (2004), in der sie zwar die prägnante Formulierung von West/Zimmerman (1987) für ihren Titel aufgreift, deren grundlegenden Text »Doing Gender« und alle daran anschließenden Diskussionen, etwa Hirschauers Entwurf von »undoing gender« (1994), gar nicht erst erwähnt (zu einer ethnomethodologischen Kritik Butlers siehe McIlvenny 2002a).

Im gleichen Zeitraum, in dem in den feministischen Sozialwissenschaften die Untersuchung Garfinkels so beharrlich unbeachtet blieb (was sich im deutschen Sprachraum vor allem dank des grundlegenden Beitrags von Gildemeister und Wetterer 1992 geändert hat), entzündete sich in der amerikanischen Soziologie eine temperamentvolle Diskussion um Status und Stellenwert der Studie – ein Vierteljahrhundert nach ihrer Publikation. Zunächst legte Norman Denzin in »Sociological Theory« 1990 eine Textkritik vor: »This text cries out for rereading« (1990, 198). Diesem »Re-reading« entgegneten Lynch und Bogen (1991) sowie Maynard (1991) und Hilbert (1991) (Denzin wiederum 1991 mit einer Gegenreplik). In »Gender & Society« entspann sich 1992 ebenfalls eine Auseinandersetzung um Garfinkels Text, initialisiert durch eine Kritik von Rogers (1992b), die Repliken von Zimmerman (1992) und Bologh (1992) hervorrief, wiederum gefolgt von einer Gegenreplik von Rogers (1992a). Auf die einzelnen Argumente und Gegenargumente dieser hitzigen und teils mit scharfer Feder geführten Diskussion kann hier nicht im Detail eingegangen werden. Drei Punkte kehren in den Kritiken und ihren Repliken immer wieder: (1) die »Komplizenschaft« Garfinkels in Agnes' »passing«-Prozess, (2) Agnes' Notwendigkeit, ein »achievement« auch gegenüber den Wissenschaftlern zu erreichen sowie (3) die rhetorischen Strategien des Textes selbst.

(1) Eines der zentralen Argumente von Rogers und Denzin lautet, dass es nicht Agnes allein ist, die den Prozess des »passing« durchläuft bzw. bestehen muss. Zwar hatte Garfinkel die enorme Rolle *anderer* in Agnes' »passing« betont, die Funktion der Wissenschaftler dabei allerdings ausgespart. Rogers und Denzin lenken nun die Aufmerksamkeit eben auf die Rolle der Wissenschaftler, vor allem Garfinkel selbst. Ihre Kritiken entzünden sich unter anderem an einer Passage, in der Garfinkel die Art beschreibt, wie er mit Agnes umgeht:

> »There were many occasions when my attentions flattered her with respect to her feminity; for example, holding her arm while I guided her across the street (…); offering to hang up her coat; relieving her of her handbag; holding the automobile door for her while she entered (…).« (Garfinkel 1967b, 133)

Denzin kritisiert an dieser Passage, dass Garfinkel sich als Agnes' männliches Gegenüber verhält. Er ermögliche ihr, sich als Frau zu verhalten, er verhalte sich als das männliche Gegenüber, das der anderen Seite der Medaille quasi ihre Weiblichkeit erst erlaube:

> »He is leading Agnes into feminity. (…) Garfinkel has become Agnes's male other; the other who allows her to be the woman she wants him to see her as being.« (Denzin 1990, 205)

Ähnlich argumentiert Rogers: Garfinkel betone zwar den vergeschlechtlichten Charakter jeglicher Interaktion, gehe aber offensichtlich davon aus, dass dies für ihn selbst nicht gelte (1992b, 186).

> »(…) he was ›doing‹ masculinity in interactional tandem with her ›doing‹ feminity.« (1992b, 185)

Rogers Résumé: »They all were passing.« (1992b, 185) Zimmerman kritisiert wiederum in seiner Replik auf Rogers, dass dieses Argument zu pauschal sei. An Garfinkels Definition von »passing« sei ja das Moment von Täuschung und Risiko von Entdeckung zentral. Dies treffe auf Agnes zu, nicht jedoch auf die, die mit ihr interagieren. Diese würden zweifellos »doing gender« betreiben, aber ihrerseits selbst nicht das riskante »passing« mit seinen Gefahren von Aufdeckung und Scheitern durchlaufen (1992, 193f.).

(2) Garfinkels Untersuchung trägt wie oben erwähnt den Titel: »Passing and the Managed Achievement of Sex Status in an ›Intersexed‹ Person (Part 1)«. Der Text war ursprünglich aber nicht darauf angelegt, eine Fortsetzung in einem zweiten Teil zu finden. Im Band »Ethnomethodology«, in dem der Text 1967 als fünftes Kapitel erschien, findet sich ein unauffälliger »Appendix to chapter five« (1967a), auf welchen auf der ersten Seite der Studie ebenso dezent verwiesen wird (»An appendix to this chapter is on p. 285«). In diesem fünfseitigen Anhang teilt Garfinkel eher beiläufig mit, dass, nachdem der Band in Druck war, Stoller ihm mitgeteilt habe, Agnes habe ihm (also Stoller) »enthüllt«, dass sie entgegen aller (bisheriger) Beteuerungen seit ihrem zwölften Lebensjahr Östrogene eingenommen habe (deren Rezepte sie von ihrer Mutter stahl). Garfinkel (1967a) zitiert über mehrere Seiten aus dem damals noch unveröffentlichten Manuskript Robert Stollers »Sex and Gender« (1974, dort 133–139). Im *publizierten* Text wird von Stoller zusätzlich erwähnt, Agnes sei von ihrer Mutter in Mädchenkleider gekleidet worden. Agnes hatte bis dahin verhindert, dass die Wissenschaftler mit ihrer Mutter sprechen konnten. Garfinkel und Stoller sind damit von Agnes auch gezielt manipuliert worden. Die Täuschungsmanöver, die sie durchführen musste, um in Alltag und Beruf als »natural normal female« durchzugehen, vollzog sie auch den Wissenschaftlern gegenüber. Was sie ja unbedingt erreichen wollte, war die operative Umwandlung zu einer Frau. Um diese zu erreichen, musste sie daher natürlich *auch und gerade* die Wissenschaftler davon überzeugen, dass sie niemals etwas anderes gewesen war als eine Frau, und alles verheimlichen, was einer Operation entgegenstehen könnte (siehe hierzu auch Rogers 1992b, 171f. und Denzin 1990, 204).

(3) Der Anhang, in dem man erfährt, dass Agnes im gesamten Untersuchungszeitraum die Unwahrheit gesagt hatte, kommt beim Leser wie eine stille Post an (vom Typ A hat B gesagt, dass C gesagt hat). Er endet mit der Ankündigung, das bisherige und weiteres, neues, Material einer erneuerten Analyse und auch den vorliegenden Artikel selbst einer Re-Analyse zu unterziehen. Daher habe man den vorliegenden Text »part 1« genannt. Ein weiterer Text, der als »part 2« gelten könnte, ist jedoch nie erschienen. Interessant ist aber weiter, wie dieser erste und eine *Text* Garfinkels angelegt und aufgebaut ist. Neben der »stillen Post« (der Enthüllung im Anhang) weist der Text weitere Merkmale auf, die insbesondere Denzin zu einer Dekonstruktion der erzählerischen Strukturen des Textes veranlassten. Der Text selbst konstituiere Agnes als eine »intersexed person«, da er so aufgebaut sei, dass er als Beleg für Agnes' »passing« erscheine (»organize itself so that it gives appearance of having accounted for Agnes's passing«; 1990, 204). Der Text sei halb Detektivgeschichte, halb Melodram (ibid.). Tatsächlich liest sich der Text eher wie ein Krimi. Es fällt aber nicht nur der Spannungsbogen auf, sondern auch die mehrstufige Darstellungsform Garfinkels, die einer russischen Puppe ähnelt, in der in der einen Geschichte immer noch eine weitere steckt, sich Argumente und Darstellungen mit geringfügigen Variationen wiederholen, zum Beispiel die »passing«-Erläuterungen:

> »It would be less accurate to say of her that she passed than that she was continually engaged in the work of passing.« (1967b, 136f.)

> »(...) it would be incorrect to say of Agnes that she passed. The active mode is needed: she is passing.« (1967b, 167)

Garfinkel lässt Agnes als Person mit solchen und weiteren textlichen Darstellungsstrategien quasi vor dem inneren Auge des Lesers entstehen und »durchgehen«. Der Text weist in hohem Maße persuasive Muster auf, die für einen wissenschaftlichen Text recht ungewöhnlich sind. Keineswegs ist der Text leidenschaftslos. Dies aber macht den wissenschaftlichen Text zu einem außergewöhnlichen Text. Nicht anders sind auch die Debatten zu verstehen, die ein Vierteljahrhundert später um diesen Text geführt werden: An Aktualität und Faszination hat Garfinkels Studie nichts eingebüßt, wie auch die neuere Auseinandersetzung von Armitage (2001) zeigt. Auf Garfinkels Argumentation geht im Wesentlichen auch die prominente »doing gender«-Formulierung von West und Zimmerman aus dem Jahr 1987 zurück, in der »gender as a routine, methodical, and recurring accomplishment« (1991, 13) definiert wird (vgl. Kapitel 1).

8.2 Die gesellschaftliche Institutionalisierung der Differenz und die »Unkenntlichmachung« des Herstellungsprozesses

Garfinkels Untersuchung stellt besonders deutlich unsere Alltagsvorstellungen von Geschlecht in Frage. In unserer »natürlichen Einstellung« (Schütz) gehen wir, wie Garfinkel herausarbeitet, davon aus, dass es (1) zwei Geschlechter und nur zwei Geschlechter gibt, (2) dass diese beiden Geschlechter entweder männlich oder weiblich sind und ausnahmslos jeder Mensch einem dieser Geschlechter zugehörig ist, (3) diese Geschlechter unveränderlich sind (wenn ich zum Zeitpunkt A ein Mann bin, dann selbstredend auch zum Zeitpunkt B) und (4) alle Abweichungen davon entweder krankhaft oder gespielt sind etc. (siehe ausführlicher Garfinkel 1967b, 122–128 und Kessler/McKenna 1978, 113f.). Diese alltägliche Einstellung wird durch massive gesellschaftliche Überformungen so unterstützt, dass diese wiederum die Alltagsvorstellungen verstärken und zementieren.

Solche gesellschaftlichen Überformungen werden von Goffman (1994) als »reflexive Institutionalisierung« bezeichnet. Ein einfaches Beispiel vorweg: Eine gesellschaftliche Institutionalisierung der Geschlechterdifferenz stellen getrennte Schuhabteilungen in Kaufhäusern dar. Sie überformen die Alltagsvorstellung, dass es Unterschiede zwischen »männlichen« und »weiblichen« Schuhen oder gar Füßen gebe. »Männliche« Schuhe sind in der Regel breiter geschnitten, eher gedeckt in den Farben und flach, »weibliche« Schuhe stärker verziert, schmaler geschnitten und viele mit Absätzen stilisiert. Diese Institutionalisierung wirkt – reflexiv – auf die Bekleidung von Männern und Frauen zurück und verstärkt die alltäglichen Vorstellungen davon, Frauen hätten insgesamt zierlichere Füße. Wenn es getrennte Schuhabteilungen gibt, dann muss es auch Unterschiede zwischen männlichen und weiblichen Füßen geben. Ähnlich funktioniert die Institutionalisierung der Differenz bei Uhrarmbändern, Sportbekleidung und -geräten, Spielregeln im Sport (Gewinnsätze im Tennis, Gewicht der Bälle im Handball etc.).

Goffman geht davon aus, dass das soziale Geschlecht einer Person »keine biologische, sondern nahezu völlig eine soziale Folge der Funktionsweisen einer Gesellschaft« ist (1994, 109):

> »Aufgrund ihrer biologischen Gestalt können Frauen Kinder gebären, Kinder stillen und menstruieren, Männer jedoch nicht. Zudem sind Frauen im Durchschnitt kleiner, haben leichtere Knochen und weniger Muskeln als Männer. Etwas organisatorischer Aufwand wäre nötig, wenn auch unter modernen Bedingungen nicht allzuviel, wollte man spürbare soziale Folgen dieser körperlichen Gegebenheiten verhindern.« (1994, 106)

Es bedarf, so Goffman weiter, um diese geringen biologischen Unterschiede »als Ursachen derjenigen sozialen Konsequenzen ansehen zu können (...) eines umfassenden, geschlossenen Bündels sozialer Glaubensvorstellungen und Praktiken« (1994, 106). Unter institutioneller Reflexivität sind also gesellschaftliche Einrichtungen zu verstehen, mittels derer ein unterstellter biologischer Unterschied zu einem sozialen geformt wird und die unterstellte biologische Differenzierung zu etwas Exklusivem, etwas Gegensätzlichem überhöht und naturalisiert wird.

Im Gegenzug kann man sich eine Fülle anderer »biologischer« Unterschiede denken, die nicht zu einander exklusiven binären Oppositionspaaren erweitert wurden, etwa die Augenfarbe, das Alter, die Körpergröße oder die Intelligenz. Wiederum andere uneindeutige »biologische« Vorgaben wurden ebenfalls zu sozialen überhöht. Das prominenteste Beispiel dürfte Hautfarbe sein, die uns im Alltag erlaubt, zwischen »Schwarzen« und »Weißen« zu unterscheiden, wo ein Kontinuum an Merkmalen vorliegt. Institutionelle Reflexivität bewirkt, dass eine soziale Erscheinung

> »als natürliche Folge des Unterschieds zwischen den Geschlechtskategorien hingestellt (wird), obwohl sie tatsächlich mehr ein Mittel zur Anerkennung, wenn nicht gar zur Erschaffung dieses Unterschieds ist« (1994, 134).

Goffman nennt fünf Beispiele für institutionelle Reflexivität (1994, 128–139): Arbeitsteilung, Sozialisation, parallele Organisation, selektive Arbeitsplatzvergabe und Praktiken der Verortung und Benennung. Auf zwei dieser Beispiele soll kurz näher eingegangen werden. Unter *paralleler Organisation* versteht Goffman gesellschaftliche Arrangements, die zur Aufrechterhaltung binärer Klassifizierungen beitragen oder diese erst erzeugen, indem sie für eine Absonderung der Geschlechter sorgen. Parallele Einrichtungen sorgen dafür, dass die Geschlechter regelmäßig aber befristet voneinander unterschieden werden und damit die Unterscheidung allgegenwärtig und selbstverständlich wird. Goffmans zentrales Beispiel hierfür sind Toiletten und Waschräume, die er als »Enklaven« der Geschlechter beschreibt, aber er nennt auch Umkleideräume, Bars oder Billiardsalons, die in ähnlicher Weise zu »periodischer Absonderung« (1994, 133) beitragen. Unter *Praktiken der Verortung und Benennung* versteht Goffman zwei Teile eines umfassenden Identifikationssystems, das uns die Unterscheidung der Geschlechter erleichtert bzw. erst ermöglicht. Die Verortungspraktiken ermöglichen uns, schon aus der Entfernung Männer oder Frauen voneinander zu unterscheiden. Die Sexuierung von Kleidung und die selektive Paarbildung dürften hier eine entscheidende Rolle spielen. Dieses Arrangement habe, so Goffman, »in letzter Zeit gewisse Täuschungspotentiale« (1994, 137) entwickelt. Unter Praktiken der Benennung fallen sprachliche Phänomene wie Eigennamen, Anredeformen und Pronomen. Praktiken der Verortung und Praktiken der Benennung erlauben bzw. »bestärken in hohem Maße die Kategorisierung entlang der Linie der Geschlechtsklassen« (ibid., 138). (Die in Kapitel 2 diskutierte Beid-Benennung ist ein Beispiel dafür.)

Entscheidend ist nun, dass dieses komplexe »arrangement between the sexes« (so der originale Titel von Goffmans Text) zu einer Selbstverständlichkeit gerinnt, die ihrerseits wiederum zur Rechtfertigung »natürlicher« Differenzen herangezogen wird. Die bipolare Konstruktion – das zweigeschlechtliche Arrangement der Geschlechter – wird unhinterfragbar. Die Folie der Zweigeschlechtlichkeit erzwingt eine Entweder-Oder-Zuweisungspraxis, in der Uneindeutiges oder Drittes nicht zulässig ist. Bezeichnend ist, dass auch und gerade diejenigen, die von dieser bipolaren Konstruktion abweichen und von der Gesellschaft als »abweichend« behandelt werden, diese Konstruktion bestätigen: Transsexuelle. Transsexuelle streben nichts Drittes, sondern eine »120prozentige« (Garfinkel) Eindeutigkeit im Sinne einer zweigeschlechtlichen Zuordnung an. Sie bestätigen damit den Geschlechtsdimorphismus. Dennoch sind, wie sich am Beispiel von Agnes zeigen ließ, gerade die Prozesse, die Transsexuelle durchlaufen, besonders geeignet, die interaktive Konstruktion von Geschlecht – und von *Zwei*geschlechtlichkeit – aufzuzeigen, da Transsexuelle erst erwerben müssen, was anderen Interagierenden selbstverständlich ist. Hirschauer bezeichnet Transsexuelle daher als »*Experten* in der sozialen Konstruktion von Geschlechtszugehörigkeit« (1993b, 24; Hervorhebung im Original). An ihrem Beispiel lässt sich aufzeigen, dass zum einen Geschlechtskonstruktion ein interaktiver Vorgang ist und zum anderen diese Prozesse der wechselseitigen Zuschreibung im Alltag so selbstverständlich geworden sind, dass Hirschauer dies als eine »Unkenntlichmachung eines Konstruktionsprozesses« bezeichnet (1993b, 55). Entscheidend ist, »ob die *Darsteller* bereits die nötige *Selbstvergessenheit* haben, um ihre eigene Darstellung nicht als solche erkennen zu müssen« (Hirschauer 1989, 110).

Zwar wird der Herstellungsprozess unsichtbar gemacht, das *Resultat* dieses Prozesses hingegen ist überwältigend präsent, vor allem in den von Goffman beschriebenen Formen paralleler Organisation. Wie sichtbar die gesellschaftliche Institutionalisierung der Differenz im Falle der Zweigeschlechtlichkeit ist, lässt sich am Beispiel des Leistungssports veranschaulichen. Leistungssport ist in hohem Maße geschlechtlich segregiert. In der Regel treten Frauen und Männer nicht in derselben Leistungsklasse an, das gilt auch für Sportarten, bei denen die Segregation nicht mit körperlichen Differenzen begründbar ist wie z. B. dem Schießen. Es ist die Geschlechtszugehörigkeit des Athleten, welche in erster Linie zur Bildung von Leistungsklassen herangezogen wird, und dies obwohl, wie Müller (2006) argumentiert, gerade im Leistungssport andere Kriterien wie Ethnie (in den Laufdisziplinen wegen der Dominanz »schwarzer« Langstreckenläufer zum Beispiel) oder Körpergröße (beim Basketball zum Beispiel) durchaus plausibel anwendbar wären, wenn das Argument der Herstellung von Chancengleichheit und des Schutzes körperlich schwächerer

Athleten konsequent durchgehalten würde. Dennoch wird keines dieser Merkmale zur Differenzierung von Leistungsklassen eingesetzt. Nicht nur treten Frauen und Männer *nicht* gegeneinander an, oft wird auch eine Unvergleichlichkeit der Resultate von vornherein hergestellt, indem unterschiedliche Utensilien und Geräte verwendet werden (zum Beispiel Kugeln oder andere Wurfgeschosse unterschiedlichen Gewichts), verschiedene Disziplinen ausgetragen werden (Reck vs. Schwebebalken) oder andere Regeln gelten (zwei vs. drei Gewinnsätze im Tennis; Sieben- vs. Zehnkampf o. Ä.). Mit dem unterstellten unterschiedlichen körperlichen Leistungsvermögen von weiblichen und männlichen Athleten ist diese enorme Segregation nicht begründbar. Leistungssport ist vielmehr ganz offensichtlich eine *Arena* der Inszenierung von Zweigeschlechtlichkeit. Müller argumentiert entsprechend, dass die körperlichen Differenzen im Leistungssport »immer wieder neu inszeniert und reproduziert, Geschlechtsrollenstereotype verfestigt« und das von Goffman beschriebene Arrangement der Geschlechter aufrechterhalten werde (2006, 408). Die »Manifestation und Reproduktion« der Geschlechterdifferenzen ist demzufolge *eine* der Funktionen von Sport (ibid., 409). Leistungssport ist einer von vielen Orten der Institutionalisierung von geschlechtlicher Differenz, der verglichen mit anderen Institutionalisierungen aber umso wirkmächtiger ist, als bei Publikumssportarten wie Tennis und Großereignissen wie Olympischen Spielen durch die mediale Übertragung von Wettkämpfen diese dramatische Inszenierung von Zweigeschlechtlichkeit massenhaft verbreitet wird.

8.3 Temporäre und dauerhafte dritte Geschlechter. Berdache

Es gibt in unserer Gesellschaft von der Gesellschaft eingerichtete und anerkannte Möglichkeiten, das Geschlecht einer anderen Person zu übernehmen – allerdings nur vorübergehend. Im Theater, beim Rollenspiel, beim Karneval bzw. bei der Fasnacht, beim Maskenball und allen Formen von Maskeraden. Dass Katharina Thalbach 1996 im Maxim Gorki Theater (in Abwesenheit des erkrankten Harald Juhnke) den »Hauptmann von Köpenick« spielte, war für niemanden ein Problem. Zudem verfügt sie über eine extrem tiefe, rauhe Stimme. Nach solchen Veranstaltungen, deren Beginn und deren Ende in der Regel so markiert sind, dass diese Rahmungen erkennbar sind (z. B. durch Vorhang), wird jedoch von jeder dieser Personen erwartet, dass sie umgehend zu ihrem »echten« Geschlecht zurückkehrt. Wie die im vorigen Abschnitt diskutierte Transsexualität bestätigen und verfestigen solche rituellen Geschlechtsumkehrungen die zweigeschlechtliche Ordnung, da sie kein Kontinuum zulassen und nichts »Drittes« erlauben. Dabei kann man, schaltet man die bifokale Betrachtungsweise aus, ein Kontinuum durchaus erkennen, wie auch Margaret Mead erwähnt:

> »In jeder menschlichen Gruppe ist es möglich, Männer und Frauen auf einer Skala so anzuordnen, daß zwischen einer sehr maskulinen und einer sehr femininen Gruppe sich andere einschieben, die in die Mitte zu gehören scheinen, weil sie weniger von den ausgesprochenen Merkmalen zeigen, die für das eine oder andere Geschlecht kennzeichnend sind.« (Mead 1958, 102)

Wie deutlich geworden sein sollte, wird in unserer Gesellschaft Geschlecht exklusiv und binär codiert. An dieser binären Kodierung fällt besonders auf: Sie ist ausgesprochen intolerant gegenüber Phänomenen, die ihr zuwiderlaufen. Was dieser binären Geschlechtskonstruktion nicht entspricht, wird entsprechend – mit Medikamenten, chirurgisch, psychologisch – behandelt, und damit die binäre Aufteilung aufrechterhalten. Die umgehende »Korrektur« von möglicherweise Uneindeutigem zeigt auf: Geschlecht ist eine Ordnung, die solcherlei Uneindeutigkeiten nicht zulässt.

Dass die von unserer Gesellschaft verlangte Vereindeutigung der Zugehörigkeit zu einem (und nur einem) der beiden Geschlechter keineswegs universell ist, zeigen die Geschlechtskonstruktionen anderer Kulturen. Vielfach beschrieben wurde die Figur des »berdache« der nordamerikanischen Urbevölkerung. Der »berdache« ist in einer Fülle indigener Kulturen im zentralen und westlichen Nordamerika nachgewiesen. Die Liste bei Callender und Kochems (1983, 445) umfasst über 100 Kulturen und eine Verbreitung des »berdache« von Alaska bis ins nordöstliche

Mexiko, mit einem Schwerpunkt in den Plains, Prairies und Great Basin (i. e. zentrales und westliches Nordamerika). Als »berdache« werden in der anthropologischen Literatur Personen bezeichnet, die Kleidung, berufliche Tätigkeiten und soziales Verhalten des anderen Geschlechts annehmen, dies jedoch nicht vollständig übernehmen. Der »berdache« ist kein Transsexueller, er bestätigt nicht die Zweigeschlechtlichkeit. Der »berdache« ist vielmehr etwas anderes, *ein Drittes*, das Merkmale von Männlichkeit *und* Weiblichkeit in sich vereint bzw. neutralisiert. »Berdache« ist ein intermediärer Zustand, »a distinct gender status« (Callender/Kochems 1983, 443), »an intermediate gender status that cut across the boundaries between gender categories« (ibid., 453). Forgey bezeichnet die »berdache« als »a socially recognized class of individuals« (1975, 4). Der »berdache« ist in den Kulturen, in denen er anzutreffen ist, eine ebenso institutionalisierte Angelegenheit wie die Zweigeschlechtlichkeit in unserer Kultur.

Von den meisten »berdache« wird berichtet, sie seien männliche »berdache«, aber ca. ein Drittel sollen weibliche »berdache« sein. Die Unterteilung in männliche oder weibliche »berdache« ist in der Literatur insofern nicht eindeutig, als die Kulturen sich auch darin unterscheiden, zu welchem Zeitpunkt des Lebens sich bei einer Person entscheidet, ob sie ein »berdache« ist. In vielen Kulturen sind Visionen der heranwachsenden oder erwachsenen Menschen entscheidend, in anderen erfolgt die Zuordnung schon im Kindesalter, also noch vor der Ausbildung von »Männlichkeit« resp. »Weiblichkeit« im einzelnen Individuum. Die Unterteilung in »male« und »female berdache«, wie sie zum Beispiel Whitehead (1981) trifft, ist daher sehr fraglich, zumal sie damit den »berdache« in Begriffen von Zweigeschlechtlichkeit weiterdenkt.

Der Begriff »berdache« ist keine Selbstbezeichnung der Kulturen, die ihn kennen. Die Dakota bezeichneten das dritte Geschlecht als »wikte« bzw. »winkte« (Forgey 1975, 5), die Zuñi als »ła´mana« (Parsons 1916), die Navaho in Mexiko verwenden das Wort »nadlə« oder »nádleehí« zur Bezeichnung ihres dritten Geschlechts (Hill 1935; Epple 1998; eine Übersicht über »native terms« bei Roscoe 1987, 138–153). Der Begriff »berdache« stammt Angelino/Shedd (1955, 121) zufolge ursprünglich aus dem Persischen, seine Geschichte ist verwickelt:

»An etymological investigation of the English word ›berdache‹, or ›berdash‹, indicates that it derived from the French word ›bardash‹, which derived from the Italian word ›berdascia‹, which derived from the Arabic ›bardaj,‹ which derived from Persona ›barah‹.«

Der Begriff wurde ursprünglich von französischen Reisenden verwendet, um auf eine passive männliche Homosexualität hinzuweisen. Die Bezeichnung wird der Komplexität des Phänomens »berdache« daher in keiner Weise gerecht. Wie Roscoe (1987) aufzeigt, konnten die Reisenden dieser Zeit Phänomene, die sich als von der normativen Zweigeschlechtlichkeit europäischer Prägung so verschieden erwiesen, nicht anders wahrnehmen und charakterisieren als mit Begriffen, die auf eine sexuelle »Abweichung« schließen lassen. Die »berdache« wurden von Reisenden und Forschern im 19. und frühen 20. Jahrhundert als Homosexuelle, als Transvestiten, als Hermaphroditen bezeichnet, ihr Verhalten als »abnormal« pathologisiert (zum Beispiel bei Hill 1935, Hill 1938). Vielfach wurde der »berdache« so beschrieben, als nehme er nur die Rolle des je anderen Geschlechts ein und nicht einen intermediären Status (zum Beispiel bei Angelino/Shedd 1955, 125; vgl. kritisch auch Blackwood 1984, 29). Keineswegs waren alle »berdache« homosexuell – ein Begriff, der in diesem Zusammenhang ohnehin seine Bedeutung verliert, weil eine gleichgeschlechtliche (»homo«) sexuelle Orientierung ja nur dem *eigenen* dritten Geschlecht gelten könnte. Ein »berdache« kann deswegen auch nicht heterosexuell sein: Auch der Begriff der Heterosexualität (»am anderen orientiert«) setzt eine *Zwei*geschlechtlichkeit voraus, die der »berdache« ja gerade sprengt. Insofern sind auch die Beschreibungen des »berdache« als einer institutionalisierten Form von Homosexualität (z. B. bei Devereux 1937 oder Whitehead 1981) fragwürdig (zu einer Kritik siehe auch Epple 1998).

Die größte Fehleinschätzung bezüglich der »berdache« betrifft aber deren sozialen Status. Für die Völker selbst war nicht die sexuelle Orientierung, sondern der *soziale* Status des »berdache« entscheidend: »The North American attitude toward the berdache stresses not his erotic life, but his social status (…)« (Kroeber 1940, 210; hier zitiert nach Angelino/Shedd 1955, 122). »Berdache« sind in ihren Kulturen hoch angesehene Persönlichkeiten. Sie gelten als wirtschaftlich erfolgreich, werden als Ratgeber und als Schlichter gesucht, oder es werden ihnen seherische Fähigkeiten zugeschrieben (Callender/Kochems 1983, 447/448; Hill 1935; Lurie 1953). Bei den Navaho zum Beispiel werden die »nádleehí« für das Wohlergehen des Landes verantwortlich gemacht. Teils werden sie schon in den Mythen der jeweiligen Völker beschrieben (z. B. Hill 1935, 273). Ein Informant erläuterte: »You must respect a nadlə. They are, somehow, sacred and holy« (Hill 1935, 274). Die »berdache« wurden auch deswegen geachtet, weil sie mit dem Übersinnlichen in Verbindung gebracht wurden, Visionen hatten, Prophezeiungen machten und als Schamanen tätig waren.

Uneinheitliche Informationen liegen über die Initiation der »berdache« vor. In den meisten nordamerikanischen Kulturen werden Visionen für die Entscheidung zum Status des »berdache« verantwortlich gemacht, in einigen anderen hingegen frühkindliche Erfahrungen und Interessen, die zu einer Entscheidung führen, als »berdache« zu leben (vgl. die Übersicht bei Callender/Kochems 1983, 452).

Dritte Geschlechter (»berdache-like people«; Kessler/McKenna 1978, 25) wurden auch für Sibirien, Australien, Ozeanien, Indien, Zentral- und Südasien, den Sudan und das Amazonasgebiet beschrieben. Somit existieren bzw. existierten dritte, teils sogar vierte Geschlechter auf der ganzen Welt. Weitere Studien zum Beispiel über die »hijras« in Indien (Hall/O'Donovan 1996) oder die japanischen »onnagata« (Buruma 1988, 146ff.) verdeutlichen, dass viele Gesellschaften noch über weitere Formen der geschlechtlichen Differenzierung verfügen und diese dauerhaft institutionalisieren. Bei den »onnagata« handelt es sich um männliche Schauspieler, die weibliche Rollen darstellen. Ihre Präsentationen werden hoch geachtet. Die indischen »hijras« hingegen werden eher marginalisiert, ihre gesellschaftliche Position ist niedrig. Wie Hall und O'Donovan ausführen, sind die »hijras« kein drittes Geschlecht im eigentlichen Sinne, wie dies beim »berdache« der Fall ist:

> »Instead of occupying a position outside female-male binary, the hijras have created an existence within it, one that is constrained by rigidly entrenched cultural constructions of femininity and masculinity.« (1996, 229)

Die eingangs zitierte Common-Sense-Vorstellung von Geschlecht, derzufolge es zwei und nur zwei Geschlechter gibt und Geschlecht eine invariante Ordnungskategorie ist, erweist sich also als ethnozentristisch. »(...) the relationship between biological sex and social gender categories is neither simple nor direct«, schließen Martin und Voorhies ihren Überblick über »supernumerary sexes« (1975, 84–107; hier 105).

8.4 Zur Problematik des Begriffs »gender«

Eben wegen dieser von alltäglichem Common Sense ausgeblendeten und von Medizin und Biologie pathologisierten weiteren Geschlechter fordert Lorber »on-going studies of sexualities and transgenders« (1999, 88). Die Pluralsetzung von (binärem) »sex« zu vielen »sexualities« und (binärem) »gender« zu pluralen »genders«, die Lorber vornimmt, verweist darauf, dass es durchaus angebracht ist, vorsichtig nicht nur mit dem Begriff »sex«, sondern auch mit dem Begriff »gender« umzugehen. Aus den Untersuchungen von Kessler, McKenna und Fausto-Sterling (Kessler/McKenna 1978, Kessler 1998, Fausto-Sterling 2000a) wird deutlich, dass es sich bei dem Begriff »gender« nicht einfach um einen wissenschaftlichen Terminus handelt, mittels dessen die soziale Konstruktion von Geschlecht aufgezeigt werden konnte. Gildemeister/Wetterer hatten ja (siehe Kapitel 1) auf den »latenten Biologismus« dieser Konstruktion hingewiesen, da die Gender-Konzeption quasi auf einer nach wie vor binär gedachten biologischen Zweigeschlechtlichkeit aufsattelt. Die Vorstellung, es gebe *ein* männliches und *ein* weibliches biologisches Geschlecht (»sex«) ist aber selbst eine soziale Konstruktion. Es gibt keine zwei Geschlechter: »No classification scheme could more than suggest the variety of sexual anatomy encountered in clinical practice.« (Fausto-Sterling 1993, 22) Die zweigeschlechtliche Gender-Konstruktion stellt die Überformung eines körperlich *nicht-binären Kontinuums* dar. Die »sex/gender«-Unterscheidung, die eine so zentrale Rolle spielte für die gesamte Genderforschung, wird damit schlicht hinfällig.

In diesem Zusammenhang ist es notwendig, einen Blick auf die Genese des »gender«-Begriffs zu werfen. Die Geschichte dieses Begriffs ist nicht harmlos. Die Verwendung des aus der Linguistik entlehnten englischen Wortes »gender« (dort für Genus) für soziales Geschlecht erfolgte erstmals 1955 durch den Psychologen John Money. Er prägte die Begriffe »gender role« und »gender identity«. Money et al. definieren »gender role« folgendermaßen:

> »The term gender role is used to signify all those things that a person says or does to disclose himself or herself as having the status of boy or man, girl or woman, respectively. It includes, but is not restricted to eroticism.« (Money/Hampson/Hampson 1955; hier zitiert nach Money 1981, 382)

Money vertrat die These, dass das (soziale) Geschlecht eines Individuums nicht notwendig von seinem (biologischen) Sexus abhängig sei, dass man also Geschlecht zum Beispiel durch Erziehung zuweisen kann. Die These war in den frühen Untersuchungen zum Thema Geschlecht entsprechend populär. Sie wurde als fortschrittlich betrachtet, konnte man doch mit ihrer Hilfe Biologisierungen und Essentialisierungen über die ›Natur‹ von Frauen und Männern ausweichen oder entgegentreten. Money arbeitete in Baltimore an der Johns Hopkins University School of Medicine vorwiegend zu Intersexuellen und Transsexuellen. Seine These von der möglichen vollkommenen Diskordanz zwischen biologischem und sozialem Geschlecht wurde überwiegend chirurgisch umgesetzt – und trans- bzw. intersexuelle Menschen operiert und einem neuen bzw. eindeutigen Geschlecht zugewiesen (»sex reassignment«). Dieses neue Geschlecht folgte einer binären Logik: Unter der Flagge des wissenschaftlichen Fortschritts wurden Intersexuelle damit zu ›eindeutigen‹ Männern bzw. ›eindeutigen‹ Frauen gemacht.

Money wurde insbesondere durch einen spektakulären Fall bekannt: Im August 1965 kamen in Kanada eineiige Zwillinge zur Welt, Bruce und Brian Reimer, ein wissenschaftlich deswegen interessanter Fall, weil eineiige Zwillinge genetisch identisch sind. Der Fall diente Money zur Untermauerung seiner These von der Irrelevanz des biologischen Geschlechts. Bei Bruce und Brian wurde wenige Monate nach ihrer Geburt eine Beschneidung vorgenommen. Bei dieser Beschneidung, eigentlich ein Routineeingriff, wurde der Penis von Bruce unbeabsichtigt so sehr verstümmelt, dass er entfernt werden musste. Bruce, der später von seinen Eltern ins Johns-Hopkins-Krankenhaus nach Baltimore gebracht wurde, wurde auf Empfehlung von Money und mit Einverständnis der Eltern entsprechend ›behandelt‹ – und die Hoden entfernt. Später bekam er Östrogene verabreicht. Seine Eltern erhielten die Anweisung, ihn als Mädchen (»Brenda«) aufzuziehen und auch das heranwachsende Kind nicht über seine Geschlechtsgeschichte in Kenntnis zu setzen. Für Money diente der Fall dem Nachweis, dass Geschlecht eine reine Sache der Sozialisation sei und dass eine »Geschlechtsneuzuweisung« daher unproblematisch wäre. Doch Bruce, der als Brenda aufwuchs, entsprach diesem Erfolgsmodell nicht. Brenda erfuhr als Teenager von ihrer Vergangenheit, als diese sich nicht länger verheimlichen ließ, da sie sich weigerte, an den Konsultationen Moneys weiter teilzunehmen. Brenda verließ das von ihr nie als natürlich empfundene Geschlecht und lebte seit ihrem 14. Lebensjahr als David (sic!) weiter. Im Mai 2004 hat David Reimer sich im Alter von 38 Jahren umgebracht.

Der »Fall« Bruce/Brenda diente Money vor allem deswegen als Beweismaterial, weil sich aufgrund des identischen genetischen Materials bei eineiigen Zwillingen seine These von der Rolle der Erziehung belegen lassen könnte. Der Fall erlangte als »John/Joan case« traurige Berühmtheit in der psychologischen und soziologischen Literatur zum Thema Geschlecht: »Virtually all academic writings on sex and gender refers to a case first described by John Money 1972«, stellt Kessler (1998) fest. Der Fall, so wie Money ihn darstellte, ›passte‹ zu gut zu einer anti-essentialistischen Argumentation. Milton Diamond jedoch hat den »Fall« rekonstruiert, »John/Joan« ausfindig gemacht und sich mit David Reimer und seinen Angehörigen getroffen. Seine Ausführungen zeigen, dass im Gegensatz zu Moneys Darstellungen die Geschichte der Geschlechtsumwandlung und Sozialisation des Kindes als Mädchen keineswegs erfolgreich verlief (Diamond/Sigmundson 1997). Als David Reimer erfuhr, dass mit seiner angeblichen ›Erfolgsgeschichte‹ die weltweit vollzogenen chirurgischen Eingriffe bei intersexuellen Kindern begründet wurden, ging er mit der Unterstützung eines Journalisten, John Colapinto, an die Öffentlichkeit. In der Buch-Dokumentation »Der Junge, der als Mädchen aufwuchs« wird David Reimers Geschichte dargestellt (Colapinto 2000) und die »nightmare circumstances« seiner Kindheit und Jugend rekonstruiert (Colapinto im Nachruf auf David Reimer).

Colapinto kritisiert unter anderem, dass Money über Jahre hinweg die problematische persönliche Entwicklung Brendas – seines »Falls« – verschwieg, an der Erfolgsgeschichte von der Geschlechtsneuzuweisung festhielt und nie zugab, dass sein »natürliches Experiment« (Money) gescheitert war. Money hat der wissenschaftlichen Öffentlichkeit die Komplikationen im Leben von Brenda nicht nur vorenthalten, sondern sie vielmehr gezielt in die Irre geführt.

Es ist bislang nicht ausreichend berücksichtigt worden, dass der Begriff »gender« einen solch problematischen Hintergrund hat. Der Begriff wurde von Money dazu verwendet, wissenschaftlich zu begründen, dass Kinder und Säuglinge, die der normativen Ordnung der Zweigeschlechtlichkeit widersprachen (sei es durch einen chirurgischen Behandlungsfehler wie bei Bruce, sei es durch angeborene Intersexualität bei anderen Kindern) chirurgisch dieser normativen Ordnung angepasst werden sollten – und dass dies unproblematisch sei, weil Säuglinge sexuell »neutral« wären. Die Unterscheidung von »sex« und »gender« geht also letztlich auf die Transsexuellenforschung der amerikanischen Sexualpsychiatrie zurück. *Von Beginn an* diente der Begriff »gender« aber der – auch mit chirurgischem Besteck ausgeführten – Bestätigung und Bekräftigung einer zweigeschlechtlichen Ordnung. Es ist damit aber keineswegs nur ein »latenter« Biologismus, der in die »sex/gender«-Konzeption eingeschrieben ist. Die »sex/gender«-Unterscheidung selbst ist biologistisch.

Nur wenige schätzen diese Ursprünge des Begriffs »gender« kritisch ein (siehe aber Kessler 1998, Fausto-Sterling 1993, 2000a und 2000b, Klöppel 2002 und 2006). Kessler zum Beispiel zeigt in »Lessons from the intersexed« (1998), dass die medizinischen Eingriffe an intersexuellen Babys und Kleinkindern unreflektiert Geschlecht als eine binäre Klassifizierungsinstanz voraussetzen und auf dieser Basis ›operieren‹. Fausto-Sterling resümiert: »In the medical community, however, the assumptions (…) that there be only two sexes (…) have gone virtually unexamined.« (1993, 22)

Vor dem Hintergrund dieser Ausführungen lässt sich auch der Begriff »gender« präzisieren: »Gender« ist selbst ein Prozess der Herstellung von Differenz, der Überschneidungen tilgt, vernichtet oder unsichtbar macht und im Gegenzug ideologisch und materiell die Differenzen betont, selbst dort, wo Kontinuitäten vorliegen. In diesem Prozess werden biologische Unterschiede sozial so erhöht, dass sie im Alltag als einander exklusiv und miteinander unvereinbar betrachtet und für die ›Natur‹ der Geschlechter gehalten werden.

9 Schluss

We live in a world of two biological genders.
But that may not be the only world.

Suzanne J. Kessler
Wendy McKenna

9.1 »Doing gender« revisited. »Undoing gender«

»Can we ever *not* do gender?« hatten West und Zimmerman 1987 in ihrem ausschlaggebenden Aufsatz »Doing gender« gefragt (1991, 24). In Gesellschaften, für die die Unterscheidung zwischen »Männern« und »Frauen« zentral ist und die diese verstärken, lautete ihre Antwort unmissverständlich: »doing gender is unavoidable« (ibid.).

Ist »doing gender« tatsächlich unvermeidlich? Im Unterschied zu virtuellen Umgebungen, in denen das Geschlecht verborgen oder verändert werden kann, gilt für alltägliche Face-to-face-Interaktionen, dass mit der körperlichen Anwesenheit einer Person auch ihr Geschlecht ›da‹ ist. »Wo auch immer ein Individuum sich befindet und wohin auch immer es geht, es muß seinen Körper dabeihaben.« (Goffman 1994, 152) Dies bedeutet zwar, dass, noch bevor wir überhaupt den Mund aufgemacht haben, sehr viele Details unserer Erscheinung – vom Vornamen über Frisur und Kleidung hin zu Accessoires wie Gürtel oder Taschen – unser Geschlecht schon mitgeteilt haben. Dies bedeutet jedoch nicht, dass in *jeder* Situation das Geschlecht relevant ist. Die lange Zeit unterstellte *Omnirelevanzannahme von Geschlecht* wurde daher entsprechend mehrfach kritisiert (z. B. Hirschauer 1994, Heintz/Nadai 1998 u. a.). Geschlecht ist zwar omnipräsent, aber nicht immer relevant:

> »Die Geschlechtlichkeit von Personen mag zwar als Hintergrunderwartung immer präsent sein, aber nicht in jedem Kontext wird das Geschlecht zu einer sozialen Ordnungskategorie. Es gibt Situationen, in denen Geschlechtszugehörigkeit durch andere soziale Merkmale überdeckt oder auch gezielt neutralisiert wird.« (Heintz/Nadai 1998, 82)

Heintz und Nadai sprechen daher von einer »kontextuellen Kontingenz der Geschlechterdifferenz« (1998). Geschlecht ist also nicht (mehr) die stets dominante Kategorie, die »Bedeutung der Geschlechtszugehörigkeit« könne »durch andere soziale Zugehörigkeiten (Klasse, Ethnie etc.) gebrochen« werden (Heintz/Nadai 1998, 78f.). Dennoch ist der Einschätzung, bei der Kategorie Geschlecht seien Ansätze einer De-Institutionalisierung erkennbar, Geschlechterunterschiede würden in der modernen Gesellschaft immer weniger von Bedeutung sein, insofern mit Vorsicht zu begegnen, als Geschlecht eine Ordnungskategorie mit besonderen Eigenschaften ist, die sie von anderen Ordnungskategorien – z. B. Ethnie (»race«) und Klasse (»class«) – unterscheidet. Allein das gedankliche Experiment, eine Person nach ihrem *Geschlecht* zu fragen, so wie man jemandem eine Frage nach seinem Herkunftsland oder Elternhaus (oder Geburtsort oder Alter etc.) stellt, macht deutlich, dass die Kategorie Geschlecht im Vergleich mit anderen sozialen Ordnungskategorien einen besonderen Status einnimmt. Zwar müssen auch andere Fragen nach privaten Angelegenheiten vorsichtig formuliert werden, um nicht als unhöflich zu gelten (»Darf ich fragen, wie alt du bist?«). Dass schon die bloße Idee, das Gegenüber nach seinem Geschlecht zu fragen oder selbst diese Frage gestellt zu bekommen, die Vorstellungskraft der meisten Menschen übersteigt, kann nicht daran liegen, dass uns die Antwort schwer fiele – schließlich kreuzen wir bei nahezu jedem Behördengang ohne zu zögern auf Formularen an, ob wir »männlich« oder »weiblich« sind und reklamieren nie eine Kategorie »weiß nicht«. Das eigene Geschlecht zu verbergen oder vorzugeben, ein anderes zu sein oder zu haben, ist außerhalb von Karneval und Maskerade auch gefährlich, wie sich am Beispiel von Teena/Brandon aufzeigen ließe (siehe ausführlich Jones 2000). Teena Brandon kam in Nebraksa als Mädchen zur Welt und begann noch während der Highschool eine männliche Geschlechtsidentität zu entwickeln. Nach der Schule zog Teena aus ihrer Heimatstadt weg und nannte sich Brandon, benutzte also den Nachnamen als Vornamen. Brandon wurde 1993 im Alter von 21 Jahren von zwei Männern, die Brandon für ihren ›Kumpel‹ hielten und durch Zufall von seinem ›wahren‹ weiblichen Geschlecht erfahren hatten, sexuell gedemütigt, mehrfach vergewaltigt und wenige Tage später, um das Verbrechen zu vertuschen, ermordet. (Brandons Geschichte ist im Dokumentarfilm »The Brandon Teena Story«, 1998, sowie der darauf basierenden mehrfach ausgezeichneten Verfilmung »Boys don't cry«, 1999, dargestellt.)

Brandons Schicksal zeigt exemplarisch, mit welch ungeheurer Brutalität Menschen in einer auf Zweigeschlechtlichkeit fixierten Gesellschaft auf Personen und Phänomene reagieren können, die diesem einfachen binären Modell nicht entsprechen oder zuwiderlaufen. Auch ohne Bezugnahme auf solche Ereignisse, wie Brandon sie ertragen musste, schreibt Carol Hagemann-White (1993, 76):

> »Dies ist kein Spiel, sondern oft bitterer Ernst: Wer das im jeweiligen Kontext gebotene Maß ›eigengeschlechtlichen‹ Verhaltens nicht aufbringt, erleidet teils massive soziale Sanktionen, kann Freundschaft und Liebe, den Arbeitsplatz oder ein politisches Amt verlieren, wird u. U. zusammengeschlagen oder sexuell gedemütigt.«

Zweigeschlechtlichkeit ist damit nicht nur irgendeine, sie ist eine hoch*moralische* Ordnung, die sanktioniert, was ihr zuwiderläuft und sie unterlaufen könnte – nicht immer mit solcher Gewalt wie im Fall von Brandon Teena, aber oft auch ›einfach‹ mit Missbilligung, Irritation oder, auch das problematisch genug: mit Unsicherheit.

Wenn Geschlecht »als Hintergrunderwartung immer präsent sein« (Heintz/Nadai 1998, 82) kann, kann es aber ebenso immer wieder relevant gemacht werden. Das bedeutet aber ferner: Wenn Geschlecht nicht in jeder Situation relevant ist, dann wird bei der Relevantsetzung von Geschlecht Kommunikation eine Rolle spielen und ein sprachliches oder im weitesten Sinn kommunikatives »doing gender« erfolgen (Kotthoff 2002). Und weiter: Relevantsetzungen von Geschlecht können wiederum durch andere Interagierende irrelevant gesetzt werden. Stefan

Hirschauer schlägt vor, Prozesse der Irrelevantsetzung von Geschlecht als »undoing gender« zu bezeichnen (1994, 676–679). Unter »undoing gender« versteht er das Gegenstück zur permanenten Aktualisierung von Geschlechterdifferenzen: das Nicht-Notiz-Nehmen von Aktualisierungen von Geschlecht, ein »›praktiziertes‹ Absehen« (ibid., 678) von fortlaufendem »doing gender«. »Undoing gender« sei als »Gegenstrategie zu Sexuierungsprozessen« fassbar (ibid., 679). Mit »undoing gender« ist damit aber eben *nicht* die explizite Thematisierung von Relevantsetzungen von Geschlecht gemeint, da diese die Relevantsetzung von Geschlecht nur erneut bestätigen würde, sondern Praktiken der Neutralisierung.

Die Strategie des »undoing gender« lässt sich auf zwei Ebenen praktisch und methodisch verfolgen, der alltäglichen wie der wissenschaftlichen. Auf der alltäglichen Ebene birgt sie enorme Schwierigkeiten: In Alltagskontexten ist Zweigeschlechtlichkeit »unhintergehbar« (Gildemeister 2001, 71), sie begegnet alltäglich Interagierenden zum einen als selbstverständliche, aber eben auch als moralische Ordnung, die nur mit enormen Risiken in Frage gestellt oder ignoriert werden kann. Zum anderen halten alltäglich Interagierende viele Geschlechterdifferenzen für »natürlich«. Darüber hinaus sind viele Handlungs- und Verhaltensweisen, die Geschlecht kommunizieren, quasi in die Körper eingeschrieben, etwa die Sitzpositionen oder die Stimmhöhen. Alltäglich Interagierenden ist bei Geschlecht zumeist die »Einsicht in die Mechanismen der Reproduktion wie in die eigenen Teile daran verstellt« (Behnke/Meuser 1999, 37). Die Wirkmächtigkeit der Alltagsvorstellungen von Zweigeschlechtlichkeit kann nicht überschätzt werden. Sie verleitet dazu, Handeln und Verhalten für »natürlich« zu halten und als wesensmäßig zu betrachten: zu essentialisieren. Vor dieser Essentialisierungsfalle sind aber auch *Wissenschaftler* nicht sicher.

9.2 Das Igelproblem oder: Die Wirkmächtigkeit der Vorstellungen von Zweigeschlechtlichkeit

Kapitel 5 hat gezeigt, dass auch Untersuchungen zum Thema Kommunikation und Geschlecht daran beteiligt sind, Alltagsvorstellungen von Zweigeschlechtlichkeit im Allgemeinen und zur Kommunikation von Frauen und Männern im Besonderen aufrechtzuerhalten und weiterzuverbreiten. Indem sie auf der Basis von Differenzannahmen immer schon voraussetzen, dass es zwei Geschlechter gebe, reproduzieren sie die Alltagstheorien von Zweigeschlechtlichkeit. In Bezug auf die *wissenschaftliche* Perpetuierung von Zweigeschlechtlichkeit, kann man im Anschluss an ein Argument von Gildemeister und Wetterer (1992) von einem ›Igelproblem‹ sprechen. In ihrer Auseinandersetzung mit den Ausführungen von Ursula Beer über geschlechtliche Arbeitsteilung schreiben sie (1992, 215) unter Bezugnahme auf die Geschichte vom Wettlauf zwischen Igel und Hase:

> »Hinter dem ›marxistischen Igel‹, der im Rahmen der für sie [gemeint ist Beer; RA] relevanten Bezugstheorie immer schon dasteht und sagt, in der Familie gäbe es keine ›Arbeit‹, die da zu Ungunsten der Frauen ›geteilt‹ würde, übersieht sie den noch viel geschwinderen Igel, der schon längst vorher da war und auch ihr eingeflüstert hat, daß es da – offenbar noch vor jeder geschlechtspezifischen Arbeitsteilung – ›Frauen‹ gab, denen etwas zugeteilt werden könnte.«

Das Igelproblem führt bei wissenschaftlichen Untersuchungen zum Thema dazu, dass »die Folgen der Unterscheidung als ›Unterschiede‹ thematisiert, die Unterscheidung selbst aber unbefragt gelassen« werden (Gildemeister 2001, 76). In Folge dessen zielten zum Beispiel feministische Forderungen darauf, die Ungleichheit zwischen »Männern« und »Frauen« zu problematisieren und zu reduzieren. Die Unterscheidung selbst wurde aber nicht in Frage gestellt. Hingegen wird in den Arbeiten von Angelika Wetterer zur Vergeschlechtlichung von Berufen (z. B. 1999) nicht wie sonst von »geschlechts*spezifischer*« Arbeitsteilung gesprochen, sondern von »geschlechts*differenzierender*«. Mit dieser Semantik wird auf das Igelproblem verwiesen und es zugleich umgangen – ohne zu bestreiten, dass es da einen Igel gibt: Nicht die zwei Geschlechter sind zunächst ›da‹, auf dass ihnen Arbeit zugewiesen werden könnte. Die Aufteilung von Arbeit auf zwei Geschlechter ist *selbst* eines der gesellschaftlich bedeutungsvollsten Mittel der Herstellung von Zweigeschlechtlichkeit und Sichtbarmachung von Differenz. Die Studien von Angelika Wetterer zur geschlechtsdifferenzierenden Funktion von Arbeit und Arbeitsteilung werfen auch die Frage auf, welche weiteren gesellschaftlichen Einrichtungen und Institutionen – außer Arbeit – zentral an der Aufrechterhaltung und Durchsetzung von Zweigeschlechtlichkeit beteiligt sind. Sicher sind hier neben Arbeit vor allem Medien, Erziehung, Mode, Sport etc. zu nennen.

Kapitel 7 hat aber am Beispiel Medien gezeigt, dass viele Untersuchungen zum Thema Geschlecht und Medien selbst Alltagsvorstellungen von Zweigeschlechtlichkeit reproduzieren. Dies trifft nicht nur für dieses Thema zu. Dass die von Gildemeister und Wetterer beklagte Rezeptionssperre gegenüber ethnomethodologischen Ansätzen »heute in ihr Gegenteil umgeschlagen« sei, wie Heintz und Nadai feststellen (1998, 79), kann höchstens für den hoch spezialisierten Bereich der Geschlechtersoziologie geltend gemacht werden. Und nicht einmal dort: In dem von Löw und Mathes herausgegebenen Band »Schlüsselwerke der Geschlechterforschung« (2005) wird außer der Studie von Carol Hagemann-White über Sozialisation (1984) nicht ein weiterer Text behandelt, der sich im weitesten Sinn auf die Ethnomethodologie beruft. Viele Untersuchungen operieren mit – unhinterfragten – Differenzannahmen und kolportieren Alltagswissen zu Geschlecht. Jedoch lässt sich feststellen, dass es sich nicht einfach um eine schlichte »Betriebsblindheit« jener handelt, die zum Thema Geschlecht wissenschaftlich arbeiten. Zahllose Wissenschaften sind an der Aufrechterhaltung der Zweigeschlechtlichkeit beteiligt. Die Wirkmacht der Alltagstheorien über Zweigeschlechtlichkeit und die Beteiligung der Wissenschaften an deren Weiterverbreitung ist bereits mehrfach thematisiert und problematisiert worden. Insbesondere Medizin und Biologie stehen hier in der Kritik (z. B. bei Kessler/McKenna 1978, 42ff.; Hagemann-White 1984, 29ff.; Fausto-Sterling 1988 und 2000a; Lorber 2000). Fausto-Sterling zum Beispiel konnte in ihren Untersuchungen über die Rolle der Biologie darlegen, dass diese Wissenschaft ein Teil des Problems selbst ist, da sie biologisierende Alltagsstereotypen über Geschlecht verfestigt oder gar selbst produziert: So zeigt Fausto-Sterling anhand mehrerer populärer Behauptungen aus biologischer Forschung, dass es sich bei diesen um »biologische Märchen« (1988, 62) handelt (zum Beispiel der verbreiteten Vorstellung, dass mathematische Fähigkeiten mit der genetischen Ausstattung zusammenhingen und Jungen daher besser rechnen können als Mädchen). Sie weist nach, dass die teils abenteuerlichen Behauptungen der Biologie und Soziobiologie über »die Natur« der Geschlechter, wenn sie nicht ohnehin durch andere Studien widerlegt wurden, entweder auf fragwürdigen Methoden beruhen oder aber Gegenevidenzen im Material bagatellisieren oder gleich ganz ignorieren. Sie betonen Differenzen und übersehen Überschneidungen.

Man könnte die Rolle der Medizin und der Biologie in der Konstruktion der Zweigeschlechtlichkeit dahingehend zu relativieren versuchen, als sie als (natur-) wissenschaftliche Disziplinen keine große Rolle im Alltag der Menschen spielen. Genau dies trifft aber nicht zu. Biologie wird in jeder weiterführenden Schule unterrichtet, Medizin greift bei allem, was der Zweigeschlechtlichkeit nicht entspricht, ›korrigierend‹ ein – sie medikalisiert, therapiert, operiert. Individuen, die der alternativen und exklusiven Ordnung von »XX« vs. »XY« nicht entsprechen, werden, so Klöppel (2002), als »Störungsszenarien in der Dramaturgie der zweigeschlechtlichen Ordnung« empfunden und behandelt. In ihren Untersuchungen über die Behandlung von Transsexuellen und Intersexuellen in der Geschichte der Medizin (2006) zeigt sie auf, dass das mögliche Dritte keinen Bestand haben durfte, sondern der zweigeschlechtlichen Ordnung mit chirurgischen Mitteln ›angepasst‹ wurde. »The possibility of *not* ›curing‹ these individuals is never considered.« (Bing/Bergvall 1996, 9)

Biologie und Medizin arbeiten nicht allein als wissenschaftliche Institutionalisierungen der Geschlechterdifferenz. Wie Bing/Bergvall (1996, 12) am Beispiel der Hirnforschung deutlich machen, werden wissenschaftliche Befunde in Printmedien nicht nur vereinfacht dargestellt (was zu erwarten wäre). Vielmehr werden die wissenschaftlichen Ergebnisse übertrieben und verallgemeinert dargestellt:

> »Not only does the popular press exaggerate and overgeneralize difference, it also completely omits any mention of evidence of similarities.« (Bing/Bergvall 1996, 13)

Dies ist vor allem dort problematisch, wo die wissenschaftlichen Befunde, ähnlich wie in den bei Fausto-Sterling angeführten Beispielen über genetische Dispositionen von Jungen und Mädchen für Mathematik, ohnehin fragwürdig sind.

An einem Beispiel lässt sich dies demonstrieren. *Farben* sind nicht nur ein gutes Beispiel für die Vergeschlechtlichung von Nicht-Geschlechtlichem. Man kann am Beispiel Farben auch veranschaulichen, wie Biologie, Alltagsvorstellungen und Medien ineinander spielen und sich wechselseitig ihrer Vorstellungen versichern und diese verstärken: Nahezu jeder möchte als erstes von einem Baby wissen, ob es ein Mädchen oder ein Junge ist. Die Namensnennung ist ein Mittel, diesem Nicht-Wissen abzuhelfen. Auffällig wenige Kinder werden mit geschlechtsneutralen Namen wie Toni, Kay, Kim oder Robin gerufen. Im deutschsprachigen Raum käme kaum jemand auf die Idee, seinen Jungen Andrea zu nennen, ein Name, der in Italien als Jungenname sehr gebräuchlich ist. Ein weiteres sehr hilfreiches Mittel, jegliche Ambiguität zu reduzieren, sind Farben von Babykleidung (und später Spielzeug etc.). Eckert und McConnell-Ginet (2003, 16) führen am Beispiel der Farben weiter aus:

> »(…) if you're buying clothing for a baby whose sex you don't know, sales people are likely to counsel you to stick with something that's plain yellow or green or white. Colors are so integral to our way of thinking about gender, that gender attributions have bled into our view of the colors, so that people tend to believe that pink is more ›delicate‹ than blue.«

Marjorie Garber zufolge jedoch trugen in den USA vor dem Zweiten Weltkrieg Jungen rosa Kleidung, Mädchen hingegen blau (1992, 1), wobei blau als die zartere Farbe galt, rosa hingegen als kräftig. Garber führt weiter aus: »Notice that it is the connotations of the colors, and not the perceptions of the genders, that has changed.« (1992, 2) Die Farbzuordnung ist also beliebig und willkürlich.

In einer aktuellen Untersuchung aus der Biologie über Geschlechtsunterschiede in der Vorliebe für Farben, die 2007 in »Current Biology« veröffentlicht wurde (»Biological Components of Sex Differences in Color Preference«, Hurlbert/Ling 2007) wird zum Beispiel argumentiert, Frauen hätten eine »natürliche Präferenz« (»natural preference«) für rötliche Farben und weniger für bläuliche, während für Männer das Gegenteil gelte, daraus habe sich auch die Vorliebe von Mädchen für die Farbe rosa entwickelt (2007, R624). Begründet wird dies mit der Evolution sowie der Jäger/Sammler-Theorie. Frauen hätten daher Vorteile beim Sammeln, ihre Farbpräferenz helfe ihnen bei der »identification of ripe, yellow fruit or edible red leaves« (2007, R625). Darüber hinaus nütze ihnen ihre Präferenz fürs Rötliche bei der Identifizierung von Gesichtsfarben, was ihnen wiederum erleichtere, den emotionalen Status oder »social-sexual signals« wahrzunehmen. Dies sei für Frauen wichtig, weil dies ihren Rollen als »care-givers« und »›emphatizers‹« entspreche.

Auffallend an diesem Artikel ist zum einen die Beliebigkeit der Argumentation: Welche gelben und roten Früchte sollen die steinzeitlichen Frauen gesammelt haben? Kirschen? Erdbeeren? Haben sie nicht eher grüne Samen, Wurzeln oder Pilze gesammelt? Welche bläulich-grünen Tiere haben die Männer im Gegenzug gejagt? Wäre nicht eine Vorliebe fürs Rötliche bei Männern plausibler? Warum müssen Frauen »more aware of color information« (R625) sein als Männer? Wäre nicht für die Jagd das Gegenteil plausibler? Beeren laufen ja nicht weg, wohl aber Rotwild etc. Auffallend ist aber auch, wie sehr in der Interpretation der Befunde geschlechtliche Differenzen überinterpretiert und – mit dem Verweis auf essbare rote Blätter (?) und die weibliche Fürsorge – naturalisiert werden, obwohl die in der Untersuchung selbst graphisch dargestellten Ergebnisse eine eindeutige allgemeine Präferenz *beider* Geschlechter für *Blautöne* ergeben. Die Studie ist ein (eher unfreiwilliger) Beleg dafür, welche Rolle die Biologie bei der Essentialisierung von Geschlecht spielt – Gemeinsamkeiten werden übersehen und Differenzen überinterpretiert. Bei der genannten Studie fällt dies vor allem deswegen auf, weil die Probanden aus zwei verschiedenen Kulturen stammten (England und China) und die Differenzen zwischen den Kulturen wesentlich deutlicher ausfallen als die Unterschiede zwischen den Geschlechtern. Die Befunde könnten ohne große Mühe auch auf kulturelle Differenzen zurückgeführt werden, womit auch die Behauptung über die »natürliche« Vorliebe der Frauen fürs Rötliche hinfällig wäre. Über diese Studie wiederum wurde in der »Süddeutschen Zeitung« unter der Überschrift »Mit der rosaroten Brille. Warum Frauen Pink und Lila besser gefällt als Männern« berichtet (Bartens 2007), ohne dass die Befunde in irgendeiner Weise kritisch beleuchtet würden.

Man könnte argumentieren, dass Wissenschaften wie Biologie oder Medizin, die sich mit Körper beschäftigen (sowie Wissenschaftsjournalisten, die darüber berichten), besonders anfällig sind für solch essentialisierende Vorstellungen von »der Natur« der Geschlechter. Aber dichotomisierende Darstellungen der geschilderten Art finden sich keineswegs nur in biologischen Studien. Ein Beispiel aus einer sozialwissenschaftlichen Untersuchung: Hofstedes Kulturvergleich (1991, 8) ordnet kulturelle Unterschiede in Gegensatzpaaren wie »evil/good«, »dirty/clean«, »paradoxical/logical«, »irrational/rational« etc. Auf der Basis von Material, das mittels Fragebogen bei Mitarbeitern von IBM erhoben wurde, wird für fünfzig Kulturen ein »masculinity index« errechnet, demzufolge es männliche und weibliche Kulturen gebe, die man auf einer Skala anordnen könne. Männlichkeit wird als »the opposite of feminity«, Weiblichkeit als »the opposite of masculinity« definiert (1991, 261f.). Japan landet in diesem Ranking – als ›männlichste‹ Kultur – auf dem ersten Platz von 50, ein krasses Fehlurteil, wie Kersten in seiner vergleichenden Studie über Männlichkeitskulturen in Japan und Australien anmerkt.

> »Die den männlichen Gesellschaftsmitgliedern im Modell der Geschlechtsrolle zugeteilten quasi-natürlichen Eigenschaften (›assertive, competitive, and tough‹ 1991: 81) werden auf die Bewertung des Charakters nationaler Geschlechtzugehörigkeiten in einer dualistischen Typologie auf die verglichenen Kulturen übertragen. Australien ist hinter den USA auf Platz 16 zu finden, die BRD und Großbritannien sind ›männlicher‹ und teilen sich die Positionen 9 und 10.« (Kersten 1997, 76)

Hofstede stehe, so Kersten kritisch, mit dieser Untersuchung in »der Tradition der unreflektierten Bewertung in judäo-christlichen Dualismen« (ibid., 74). Folge man der Logik Hofstedes, also dem Verfahren der Zuordnung ganzer Kulturen zu Gegensatzpaaren, die dann wiederum dem Kontrastpaar männlich/weiblich zugeschrieben werden, zeige Japan eher feminine Tendenzen, so Kersten (ibid., 81).

Man kann an dieser methodischen Vorgehensweise sehr viel kritisieren, etwa die zirkuläre Definition von Männlichkeit und Weiblichkeit. Im vorliegenden Zusammenhang interessiert jedoch in erster Linie die Vorstellung, ganzen Kulturen ein Geschlecht zuzuordnen, als wäre Geschlecht etwas Einheitliches, etwas Monolithisches, das über die ganze Welt hinweg gleichermaßen Geltung hätte. Auch hier erfolgt eine Vergeschlechtlichung von etwas Nichtgeschlechtlichem: Kulturen werden sexuiert, noch hinzu in Form einer Skala, als sei Geschlecht etwas weltweit auf derselben Skala einheitlich Messbares. Kersten kritisiert darüber hinaus den Ethnozentrismus dieser Herangehensweise:

> »Durch die Anwendung des bipolaren Ordnungsverfahrens wird nicht berücksichtigt, daß es zum Beispiel in Japan, aber sicherlich auch in der einen oder anderen von Hofstede einbezogenen Kultur gänzlich andere Auffassungen von Geschlecht jenseits der westlich binären Logik gibt.« (Kersten 1997, 82)

Anhand der Untersuchung von Hofstede kann man nahezu alle Probleme aufzeigen, die bei einem unreflektierten wissenschaftlichen Umgang mit dem Thema Geschlecht auftreten können: Zweigeschlechtlichkeit wird unhinterfragt als gegeben behandelt; »das Weibliche« und »das Männliche« werden als je einheitliche, homogene Einheiten behandelt, die einander gegenübergestellt werden dürfen; die Zuordnung von kontrastiven (charakterlichen) Eigenschaften zu Geschlecht erfolgt binär; sie erfolgt beliebig; es wird voraussetzungslos »das Männliche« als grundlegend und »das Weibliche« als sekundär behandelt, wenn ein Männlichkeitsindex berechnet wird (»masculinity index«), aber kein Weiblichkeitsindex geschweige denn ein Geschlechtsindex etc. etc.

9.3 Geschlecht kommunizieren, Geschlecht nicht kommunizieren

Was bedeutet dies nun für die Untersuchung von Kommunikation und Geschlecht? Zunächst sollten diese Beispiele aus wissenschaftlicher Literatur auf die Gefahren der Essentialisierung von Geschlecht aufmerksam machen, die keineswegs nur im Alltag erfolgen: Essentialisierungen *über* Geschlecht finden sich gerade und ausgerechnet in Untersuchungen *zum* Thema Geschlecht. Auch die Untersuchungen zum Thema Kommunikation und Geschlecht müssen sich daraufhin prüfen lassen, inwiefern sich in ihnen ein Denken in binären Kategorien findet, das voraussetzt, was untersucht werden soll, ob sich Essentialisierungen oder auch nur eine Beliebigkeit der Zuordnungen finden lassen. Wie auch Eckert und McConnell-Ginet auflisten, werden bei genauer Betrachtung dessen, was denn im Laufe der Jahrzehnte als typisch weibliches bzw. männliches Sprechen galt, die Zuschreibungen recht widersprüchlich. Frauensprache bzw. Männersprache stünde für:

> »conservatism, prestige consciousness, upward mobility, insecurity, deference, nurturance, emotivity, connectedness, sensitivity to others, and solidarity; and that men's language reflects toughness, lack of affect, competitiveness, and independence.« (1992, 485)

Was diese doch sehr heterogene Sammlung vor allem ausmacht, ist die Willkürlichkeit der Zuschreibungen. Kapitel 4 hat gezeigt, dass Fragen nicht einfach nur unterstützend sein können und »tag questions« nicht einfach nur Unsicherheit markieren. Dennoch werden Fragen, wenn sie von Frauen geäußert werden, als unterstützend gehört, und »tags« als Zeichen von Unsicherheit gedeutet. Statt Alltagstheorien zu Zweigeschlechtlichkeit zu perpetuieren, wäre es notwendig, sie zu durchschauen oder dies zumindest zu versuchen. Dies bedeutet, in Untersuchungen zum Thema Kommunikation und Geschlecht nicht einfach kommunikative »Geschlechtszuständigkeiten« (zu diesem Begriff Hirschauer 1989, 112) zu reproduzieren, indem den Geschlechtern konträre und einander exklusive Kommunikations- und Sprechweisen zugeordnet werden:

> »The old binary models of deficit, difference and dominance all emphasized difference by overlooking similarities and overlapping categories.« (Bing/Bergvall 1996, 24)

Dabei müssen sich die Untersuchungen immer auch der Frage der Selbstbeteiligung an der Reproduktion von Zweigeschlechtlichkeit stellen. Gerade beim Thema Kommunikation und Geschlecht ist es problematisch, wenn in Alltag oder Wissenschaft eine sprachliche Vergeschlechtlichung von Nicht-Geschlechtlichem vorgenommen wird, wenn etwa von »Anrufbeantworterin« oder »Studienführerin« gesprochen wird. Eine solche Sexuierung von Dingen (einem Gerät, einer Broschüre) verweist eher auf die außerordentliche Wirkmacht der Alltagsvorstellungen von Zweigeschlechtlichkeit und die durchaus problematische Rolle, welche die Beidbenennung, bei aller gut gemeinten Absicht, dabei spielen kann. Vielmehr gilt das Gebot einer ständigen Selbstbeobachtung, damit man, so Helga Kelle, nicht »entgegen den eigenen Absichten an der Fortschreibung von Differenzen teilhat« (1999, 305). Diese analytische Haltung erfordert ein Heraustreten aus der alltäglichen Einstellung, in welcher wir nur sehen, was wir schon zu wissen glauben, um stattdessen zu sehen, was sich darüber hinaus wissenschaftlich beobachten lässt:

> »Solange ich in der Alltagswirklichkeit involviert bin, nimmt der Prozeß der Konstruktion von Zweigeschlechtlichkeit die Gestalt einer realen Differenz an: Frauen und Männer verhalten sich, äußern sich als Verschiedene. Achte ich jedoch analytisch genau darauf, *wie* sie ihre Verschiedenheit darbieten, entdecke ich unaufhörlich Elemente, welche – nicht nur theoretisch, sondern auch empirisch – beiden Geschlechtern gleich möglich sind, auch wenn sie beim anderen Geschlecht seltener vorkommen.« (Hagemann-White 1993, 74f.)

Dabei ist eine zunächst überraschende Feststellung zu machen, die in mehreren Kapiteln dieses Buches immer wieder eine Rolle spielte: Die Unterschiede sind weit geringer als erwartbar und sie sind fast immer viel komplexer als sich in einer einfachen Zuordnung einer kommunikativen Aktivität zu einem Geschlecht ausdrücken ließe. Auch Elinor Ochs hebt hervor, dass nur wenige sprachliche Merkmale sich direkt und exklusiv einem Geschlecht zurechnen lassen: »In relating sociocultural constructions of gender to social meaning of language, an issue of importance emerges: *few features of language directly and exclusively index gender.*« (Ochs 1992, 340; Hervorhebung i. O.) Dass die Unterschiede geringer als erwartbar sind, bedeutet nicht, dass es sie nicht gibt. Doch verschiebt sich mit einer Abkehr vom Denken in binären Kategorien die Fragestellung und die Blickrichtung. Gefragt wird nun nicht mehr, inwiefern Frauen und Männer in und mit Sprache und Kommunikation unterschiedlich handeln oder sich verhalten. Gefragt wird vielmehr: Lassen sich sprachliche und kommunikative Praktiken und Prozesse beobachten, über und durch die Interagierende sich selbst *und* ihre Gegenüber als Männer resp. Frauen hervorbringen? Welche Prozesse lassen sich beobachten, mittels derer Interagierende eine Welt hervorbringen, die aus zwei (und nur zwei) Geschlechtern besteht? Gibt es Irritationen? Wo lässt sich in den kommunikativen Praktiken mehr Heterogenität als Homogenität feststellen, wo Kontinuitäten statt Dichotomien? Wenn Geschlecht nicht etwas ist, was wir ›haben‹, sondern was wir ›tun‹, geht es nicht einfach nur um den Nachweis kommunikativer Verschiedenheiten zwischen Männern und Frauen, sondern um die Analyse der kommunikativen Prozesse der *Herstellung* einer durch Geschlecht strukturierten Welt. Wo (und wie) wird Geschlecht kommuniziert? Und: Wo und wie wird es *nicht* kommuniziert?

Wie kann dies methodisch untersucht werden? Immer mehr Untersuchungen widmen sich dem Zusammenhang von Kommunikation und Geschlecht in ihrem *Kontext* (vgl. zum Beispiel die empirischen Beiträge in Braun/Pasero 1997, Kotthoff/Wodak 1997 und Wodak 1997). Immer mehr wird auf die mikroanalytischen Methoden der Gesprächs- und Konversationsanalyse einerseits sowie auf ethnographische Verfahren andererseits zurückgegriffen. Aus der Fülle der Fragestellungen und Herangehensweisen sollen abschließend zwei Ansätze skizziert werden, die sich in den letzten Jahren verstärkt der minutiösen empirischen Untersuchung von Kommunikation und Geschlecht widmeten, den Untersuchungen der »communities of practice« einerseits (vgl. die Beiträge in Holmes 1999) und Studien aus der Konversationsanalyse andererseits (vgl. die Beiträge in McIlvenny 2002b). Beide Ansätze setzen Geschlecht nicht als gegeben voraus, sondern analysieren vielmehr die Prozesse der kommunikativen und interaktiven Herstellung.

Der Ansatz der *»communities of practice«* grenzt sich stark von den bisherigen Herangehensweisen aus der Sprachwissenschaft zum Thema, etwa den Differenz- und Defizitansätzen, ab und versteht sich als Korrektiv zu den als unbefriedigend empfundenen essentialisierenden Studien (vgl. Eckert/McConnell-Ginet 1992 und 1999, Bergvall 1999, Holmes/Meyerhoff 1999). Er geht zunächst davon aus, dass die Kategorien »Männer« und »Frauen« nicht als gegeben hingenommen werden dürfen. Das Verhältnis Sprache und Geschlecht konstituiere sich vielmehr in den »communities of practice«. Darunter werden Ensembles (»communities«) verstanden, die sich durch ein gemeinsames Anliegen auszeichnen und die zur Durchführung ihrer Anliegen ein gemeinsames Repertoire an *Praktiken* entwickelt haben. Die Beobachtung dieser konkreten Mitgliedschaften zu einer »community« und der ihr eigenen »Praktiken« ist Ziel des Ansatzes. Die Gemeinschaften werden nicht als statische Entitäten verstanden, sondern als dynamische Einheiten, die sich in erster Linie über das gemeinsame Repertoire an Praktiken konstituieren. Eine solche »community« kann eine Familie sein, eine Clique, eine Musikband etc. Eckert zeigt am Beispiel einer »Asian-American« Mädchenclique, wie ihre Arten zu reden, miteinander und über andere, sich zu bewegen und sich zu kleiden, eine solche »community of practice« bilden, die sich klar von anderen Cliquen abhebt.

Während die Untersuchungen der »communities of practice« vorwiegend ethnographisch arbeiten, analysieren die Untersuchungen von Kommunikation und Geschlecht aus der *Konversationsanalyse* Datenmaterial, das auf Tonband aufgezeichnet wurde. Bisherige konversationsanalytische Untersuchungen zum Thema Geschlecht fokussieren meist auf Aspekte, in denen die Agierenden *selbst* Geschlecht relevant machen, indem sie es zum Beispiel thematisieren, wenn sie von sich und anderen explizit als Männern und Frauen reden (z. B. Kitzinger 2000, Stokoe/Smithson 2001). Celia Kitzinger (2000) zum Beispiel zeigt anhand von Gesprächen, in denen die Interagierenden über ihre sexuelle Orientierung reden, wie diese kleinen »coming outs« so gerahmt und eingebettet werden, dass sie quasi nebensächlich wirken und entsprechend von den anderen Interagierenden auch nicht kommentiert werden müssen.

Was bleibt? Die Untersuchungen aus der Konversationsanalyse und den »communities of practice« zeigen einen Weg auf, wie Geschlecht und Kommunikation untersucht werden kann, ohne fortwährend in zweigeschlechtliches Denken zu verfallen. Weitere Untersuchungen müssen zeigen, wie Weiblichkeit und Weiblichkeit*en* resp. Männlichkeit und Männlichkeit*en* *in* Interaktionen erzeugt und bestätigt werden, wo und wie Prozesse der Kommunikation von Geschlecht*ern* und Sexualität*en* beobachtbar sind – und wie sie mitunter neutralisiert werden. Es geht konsequent darum, nicht die Unterschiede als gegeben vorauszusetzen, sondern vielmehr von einer Nullhypothese auszugehen und darauf aufbauend erst die Prozesse der Unterscheidung oder eben Nicht-Unterscheidung aufzuzeigen.

Literatur

Abrahams, Roger D. (1970), Deep down in the jungle… Negro narrative folklore from the streets of Philadelphia. Chicago: Aldine, 1. überarbeitete Auflage (erstmals 1963).

Abrahams, Roger D. (1974), Black talking on the streets, in: Bauman, Richard/Joel Sherzer (Hrsg.), Explorations in the ethnography of speaking. Cambridge: Cambridge University Press, 240–262.

Abrahams, Roger D. (1976), Talking black. Rowley, MA: Newbury House.

Ang, Ien (1986), Das Gefühl Dallas. Zur Produktion des Trivialen. Bielefeld: Daedalus (übersetzt aus der englischen Fassung: Watching Dallas. Soap opera and the melodramatic imagination. London: Methuen, 1985; niederländisches Original: Het geval Dallas. Amsterdam: Uitgeverij SUA, 1982).

Ang, Ien/Joke Hermes (1991), Gender and/in media consumption, in: Curran, James/Michael Gurewitch (Hrsg.), Mass media and society. London/New York: Arnold, 307–328.

Angelino, Henry/Charles L. Shedd (1955), A note on berdache, in: American Anthropologist, Vol. 57, 121–126.

Aries, Elizabeth (1987), Gender and communication, in: Shaver, Phillip/Clyde Hendrick (Hrsg.), Sex and gender. London/Newbury Park: Sage, 149–176.

Armitage, Leia K. (2001), Truth, falsity, and schemas of presentation: A textual analysis of Harold Garfinkel's story of Agnes, in: Electronic Journal of Human Sexuality, Vol. 4, 1–13.

Ayaß, Ruth (2006), Gender Studies, in: Ayaß, Ruth/Jörg Bergmann (Hrsg.), Qualitative Methoden der Medienforschung. Reinbek bei Hamburg: Rowohlt, 406–422.

Bartens, Werner (2007), Mit der rosaroten Brille. Warum Frauen Pink und Lila besser gefällt als Männern, in: Süddeutsche Zeitung, Nr. 191, 21.8.2007, S. 16.

Bauman, Richard/Joel Sherzer (Hrsg.) (1974), Explorations in the ethnography of speaking. Cambridge: Cambridge University Press.

Bauman, Richard/Joel Sherzer (1975), The ethnography of speaking, in: Annual Review of Anthropology, Vol. 4, 95–119.

Bechdolf, Ute (1999), Puzzling Gender. Re- und De-Konstruktionen von Geschlechterverhältnissen in und beim Musikfernsehen. Weinheim: Deutscher Studienverlag.

Behnke, Cornelia/Michael Meuser (1999), Geschlechterforschung und qualitative Methoden. Opladen: Leske + Budrich.

Belknap, Penny/Wilbert N. Leonard (1991), A conceptual replication and extension of Erving Goffman's study of gender advertisements, in: Sex Roles, Vol. 25, Nr. 3/4, 103–118.

Bergvall, Victoria L. (1999), Toward a comprehensive theory of language and gender, in: Language in Society, Vol. 28, Nr. 2, 273–293.

Bilmes, Jack (1997), Being interrupted, in: Language in Society, Vol. 26, Nr. 4, 507–531.

Bing, Janet M./Victoria L. Bergvall (1996), The question of questions: Beyond binary thinking, in: Bergvall, Victoria L./Janet M. Bing/Alice F. Freed (Hrsg.), Rethinking language and gender research: Theory and practice. London/New York: Longman, 1–30.

Birdwhistell, Ray L. (1970), Kinesics and context. Essays on body motion communication. Philadelphia: University of Pennsylvania Press.

Blackwood, Evelyn (1984), Sexuality and gender in certain Native American tribes: The case of cross-gender females, in: Journal of Women in Culture and Society, Vol. 10, Nr. 11, 27–42.

Bodine, Ann (1975), Sex differentiation in language, in: Thorne, Barrie/Nancy Henley (Hrsg.), Language and sex. Difference and dominance. Rowley, MA: Newbury House, 130–151.

Bologh, Roslyn W. (1992), The promise and failure of ethnomethodology from a feminist perspective: Comment on Rogers, in: Gender & Society, Vol. 6, Nr. 2, 199–206.

Bonfadelli, Heinz (1993), Adolescent media use in a changing media environment, in: European Journal of Communication, Vol. 8, Nr. 2, 225–256.

Bonfadelli, Heinz/Angela Fritz (1993), Lesen im Alltag von Jugendlichen, in: Bonfadelli, Heinz/Angela Fritz/Renate Köcher, Lesesozialisation. Band 2: Leseerfahrungen und Lesekarrieren. Gütersloh: Bertelsmann, 7–213.

Braun, Friederike/Ursula Pasero (Hrsg.) (1997), Kommunikation von Geschlecht – Communication of gender. Pfaffenweiler: Centaurus.

Brown, Mary E. (Hrsg.) (1990), Television and women's culture. London: Sage.

Brown, Mary E. (1994), Soap operas and women's talk. The pleasure of resistance. Thousand Oaks: Sage.

Brownmiller, Susan (1975), Against our will: Men, women and rape. New York: Simon and Schuster.

Bruckman, Amy S. (1993), Gender swapping on the internet, in: Proceedings of INET '93. Reston, VA: The Internet Society.

Buruma, Ian (1988), Japan hinter dem Lächeln. Götter, Gangster, Geishas. Frankfurt a. M.: Ullstein (orig.: A Japanese mirror. Heroes and villains of Japanese culture. London: Cape, 1984).

Butler, Judith (1990), Gender trouble. Feminism and the subversion of identity. London/New York: Routledge.

Butler, Judith (2004), Undoing gender. London/New York: Routledge.

Callender, Charles/Lee M. Kochems (1983), The North American berdache, in: Current Anthropology, Vol. 24, Nr. 4, 443–470.

Cameron, Deborah (1985), Feminism and linguistic theory. London: Macmillan.

Cameron, Deborah (1992), »Deborah Tannen: ›You just don't understand‹« (Review), in: Feminism & Psychology, Vol. 2, Nr. 3, 465–489.

Cameron, Deborah/Jennifer Coates (1985), Some problems in the sociolinguistic explanation of sex differences, in: Language & Communication, Vol. 5, Nr. 3, 143–151.

Cantor, Muriel G./Suzanne Pingree (1983), The soap opera. London: Sage.

Caraveli-Chaves, Anna (1980), Bridge between worlds: The Greek women's ritual lament as a communicative event, in: Journal of American Folklore, Vol. 93, Nr. 368, 129–157.

Chamberlain, Alexander F. (1912), »Women's languages«, in: American Anthropologist, Vol. 14, Nr. 3, 579–581.

Churchill, Lindsey (1971), Ethnomethodology and measurement, in: Social Forces, Vol. 50, 183–191.

Colapinto, John (2000), Der Junge, der als Mädchen aufwuchs. Düsseldorf/Zürich: Walter (orig.: As nature made him. The boy who was raised as a girl. New York: Harper Collins, 2000).

Collins, Patricia H./Lionel A. Maldonado/Dana Y. Takagi/Barrie Thorne/Lynn Weber/Howard Winant (1995), Symposion. On West and Fenstermaker's »Doing difference«, in: Gender & Society, Vol. 9, Nr. 4, 491–513.

Cornelißen, Waltraud (1998), Fernsehgebrauch und Geschlecht. Zur Rolle des Fernsehens im Alltag von Frauen und Männern. Opladen: Westdeutscher Verlag.

Cornwell, Nancy C./Shu-Ling Everett/Stephen E. Everett/Sandra Moriarty/Joseph A. Russomanno/Michael Tracey/Robert Trager (1993), Measuring RCD use: Method matters, in: Walker, James R./ Robert V. Bellamy (Hrsg.), The remote control in the new age of television. Westport, CT/London: Praeger, 43–55.

DeFrancisco, Victoria Leto (1992), »Deborah Tannen: ›You just don't understand‹« (Review), in: Language in Society, Vol. 21, 319–324.

Denzin, Norman K. (1990), Harold and Agnes: A feminist narrative undoing, in: Sociological Theory, Vol. 8, Nr. 2, 198–216.

Denzin, Norman K. (1991), Back to Harold and Agnes, in: Sociological Theory, Vol. 9, Nr. 2, 280–285.

Devereux, George (1937), Institutionalized homosexuality of the Mohave Indians, in: Human Biology, Vol. 9, 498–527.

Diamond, Milton/H. Keith Sigmundson (1997), Sex reassignment at birth: A long term review and clinical implications, in: Archives of Pediatric and Adolescent Medicine, Vol. 151, Nr. 3, 298–304.

Dorer, Johanna (1997), Gendered net. Ein Forschungsüberblick über den geschlechtsspezifischen Umgang mit neuen Kommunikationstechnologien, in: Rundfunk und Fernsehen, Vol. 45, Nr. 1, 19–29.

Drummond, Kent (1989), A backward glance at interruptions, in: Western Journal of Speech Communication, Vol. 53, Nr. 2, 150–165.

Dubois, Betty Lou/Isabel Crouch (1975), The question of tag questions in women's speech: They don't really use more of them, do they?, in: Language in Society, Vol. 4, 289–294.

Dundes, Alan/Jerry W. Leach/Bora Özkök (1972), The strategy of Turkish boys' verbal dueling rhymes, in: Gumperz, John J./Dell Hymes (Hrsg.), Directions in sociolinguistics. The ethnography of communication. New York: Holt, Rinehart & Winston, 130–160.

Durkheim, Emile (1984), Die Regeln der soziologischen Methode. Hrsg. und eingeleitet von René König. Frankfurt a. M.: Suhrkamp (orig.: Les règles de la méthode sociologique. Paris: Alcan, 1895).

Eckert, Penelope/Sally McConnell-Ginet (1992), Think practically and look locally: Language and gender as community-based practice, in: Annual Review of Anthropology, Vol. 21, 461–490.

Eckert, Penelope/Sally McConnell-Ginet (1999), New generalizations and explanations in language and gender research, in: Language in Society, Vol. 28, Nr. 2, 185–201.

Eckert, Penelope/Sally McConnell-Ginet (2003), Language and gender. Cambridge: Cambridge University Press.

Edelsky, Carole (1981), »Who's got the floor?«, in: Language in Society, Vol. 10, 383–421.

Epple, Carolyn (1998), Coming to terms with Navajo *nádleehì*: a critique of berdache, »gay«, »alternate gender«, and »two-spirit«, in: American Ethnologist, Vol. 25, Nr. 2, 267–290.

Fausto-Sterling, Anne (1988), Gefangene des Geschlechts? Was biologische Theorien über Mann und Frau aussagen. München/Zürich: Piper (orig.: Myths of gender. Biological theories about women and men. New York: Basic Books, 1985).

Fausto-Sterling, Anne (1993), The five sexes. Why male and female are not enough, in: The Sciences, March/April, 20–24.

Fausto-Sterling, Anne (2000a), Sexing the body. Gender politics and the construction of sexuality. New York: Basic Books.

Fausto-Sterling, Anne (2000b), The five sexes, revisited, in: The Sciences, July/August, 18–23.

Fenstermaker, Sarah/Candace West (2001), ›Doing difference‹ revisited. Probleme, Aussichten und Dialog in der Geschlechterforschung, in: Kölner Zeitschrift für Soziologie und Sozialpsychologie, Sonderheft 41: Geschlechtersoziologie, hrsg. von Bettina Heintz. Opladen: Westdeutscher Verlag, 236–249.

Feuer, Jane (1987), Melodram, Serienform und Fernsehen heute, in: Frauen und Film, Heft 42, 12–23.

Finnegan, Ruth (1970), Oral literature in Africa. Oxford: Clarendon Press.

Fishman, Pamela (1978), Interaction: The work women do, in: Social Problems, Vol. 25, Nr. 4, 397–406.

Fiske, John (1987), Television culture. London/New York: Routledge.

Forgey, Donald G. (1975), The institution of berdache among the North American Plains Indians, in: The Journal of Sex Research, Vol. 11, Nr. 1, 1–15.

Frazer, James G. (1900), A suggestion as to the origin of gender in language, in: Fortnightly Review, Vol. 73, 79–90.

Freeman, Derek (1983), Liebe ohne Aggression. Margaret Meads Legende von der Friedfertigkeit der Naturvölker. München: Kindler (orig.: Margaret Mead and Samoa. The making and unmaking of an anthropological myth. Cambridge, MA: Harvard University Press, 1983).

Fröhlich, Romy (Hrsg.) (1992), Der andere Blick. Aktuelles zur Massenkommunikation aus weiblicher Sicht. Bochum: Brockmeyer.

Gal, Susan (1978), Peasant men can't get wives. Language change and sex roles in a bilingual community, in: Language in Society, Vol. 7, Nr. 1, 1–16.

Garber, Marjorie (1992), Vested interests. Cross-dressing and cultural anxiety. New York: Harper.

Gardner, Carol (1980), Passing by: Street remarks, address rights, and the urban female, in: Sociological Inquiry, Vol. 50, Nr. 3/4, 328–356.

Garfinkel, Harold (1967a), Appendix to chapter five, in: ders., Studies in ethnomethodology. Englewood Cliffs, N.J.: Prentice Hall, 285–288.

Garfinkel, Harold (1967b), Passing and the managed achievement of sex status in an ›intersexed‹ person (part 1), in: ders., Studies in ethnomethodology. Englewood Cliffs, N.J.: Prentice Hall, 116–185.

Geraghty, Christine (1981), The continuous serial. A definition, in: Dyer, Richard/Christine Geraghty/Marion Jordan/Terry Lovell/

Richard Paterson/John Stewart, Coronation Street. London: British Film Institute, 9–26.

Geraghty, Christine (1991), Women and soap opera. A study of primetime soaps. Cambridge: Polity Press.

Gildemeister, Regine/Angelika Wetterer (1992), Wie Geschlechter gemacht werden. Die soziale Konstruktion der Zweigeschlechtlichkeit und ihre Reifizierung in der Frauenforschung, in: Knapp, Gudrun-Axeli/Angelika Wetterer (Hrsg.), TraditionenBrüche. Entwicklung feministischer Theorie. Freiburg: Kore, 201–254.

Gildemeister, Regine (2001), Soziale Konstruktion von Geschlecht. Fallen, Missverständnisse und Erträge einer Debatte, in: Rademacher, Claudia/Peter Wieckens (Hrsg.), Geschlecht, Ethnizität, Klasse. Zur sozialen Konstruktion von Hierarchie und Differenz. Opladen: Leske + Budrich, 65–87.

Gilges, Martina (1992), Lesewelten. Geschlechtsspezifische Nutzung von Büchern bei Kindern und Erwachsenen. Bochum: Brockmeyer.

Goffman, Erving (1967), On face-work. An analysis of ritual elements in social interaction, in: ders., Interaction ritual. Essays on face-to-face behavior. New York: Anchor Books, 5–45 (erstmals in: Psychiatry, 1955, Vol. 18, 213–231).

Goffman, Erving (1980), Rahmen-Analyse. Ein Versuch über die Organisation von Alltagserfahrungen. Frankfurt a. M.: Suhrkamp (orig.: Frame analysis. An essay on the organization of experience. New York: Harper and Row, 1974).

Goffman, Erving (1981), Geschlecht und Werbung. Frankfurt a. M.: Suhrkamp (orig.: Gender advertisements. New York: Harper and Row, 1979; erstmals 1976).

Goffman, Erving (1994), Das Arrangement der Geschlechter, in: ders., Interaktion und Geschlecht. Frankfurt a. M.: Suhrkamp, 105–158 (orig.: The arrangement between the sexes, in: Theory and Society, 1977, Vol. 4, Nr. 3, 301–331).

Goodwin, Marjorie H. (1980), Directive-response speech sequences in girls' and boys' task activities, in: McConnell-Ginet, Sally/Ruth Borker/Nelly Furman (Hrsg.), Women and language in literature and society. New York: Praeger, 157–173.

Goodwin, Marjorie H. (1990), He-said-she-said. Talk as social organization among black children. Bloomington: Indiana University Press.

Grabrucker, Marianne (1994), Neue Wege in der Rechtssprache, in: Muttersprache, Vol. 104, 63–68.

Graddol, David/Joan Swann (1989), Gender voices. Oxford: Blackwell.

Gray, Ann (1987), Behind closed doors. Video recorders in the home, in: Baehr, Helen/Gillian Dyer (Hrsg.), Boxed in. Women and television. New York: Pandora, 38–45.

Guentherodt, Ingrid/Marlis Hellinger/Luise F. Pusch/Senta Trömel-Plötz (1980/1981), Richtlinien zur Vermeidung sexistischen Sprachgebrauchs, in: Linguistische Berichte, Bd. 69, 15–21 & Linguistische Berichte, Bd. 71, 1–7.

Gumperz, John J. (1982), Discourse strategies. Cambridge: Cambridge University Press.

Gumperz, John J./Dell Hymes (Hrsg.) (1964), The ethnography of communication. American Anthropologist, Special Publication, Vol. 66, Nr. 6(2).

Gumperz, John J./Dell Hymes (Hrsg.) (1972), Directions in sociolinguistics. The ethnography of communication. New York: Holt, Rinehart and Winston.

Gumperz, John/Stephen C. Levinson (Hrsg.) (1996), Rethinking linguistic relativity. Cambridge: Cambridge University Press.

Günthner, Susanne (1992), Sprache und Geschlecht: Ist Kommunikation zwischen Frauen und Männern interkulturelle Kommunikation?, in: Linguistische Berichte, Bd. 138, 123–143.

Günthner, Susanne (1996), Male-female speaking practices across cultures, in: Hellinger, Marlis/Ulrich Ammon (Hrsg.), Contrastive sociolinguistics. Berlin/New York: de Gruyter, 447–473.

Günthner, Susanne (1997), Zur kommunikativen Konstruktion von Geschlechterdifferenzen im Gespräch, in: Braun, Friederike/Ursula Pasero (Hrsg.), Kommunikation von Geschlecht – Communication of gender. Pfaffenweiler: Centaurus, 122–146.

Günthner, Susanne (2000), Vorwurfsaktivitäten in der Alltagsinteraktion. Grammatische, prosodische, rhetorisch-stilistische und interaktive Verfahren bei der Konstitution kommunikativer Muster und Gattungen. Tübingen: Niemeyer.

Günthner, Susanne/Helga Kotthoff (Hrsg.) (1991), Von fremden Stimmen. Weibliches und männliches Sprechen im Kulturvergleich. Frankfurt a. M.: Suhrkamp.

Haas, Adelaide (1979), Male and female spoken language differences. Stereotypes and evidence, in: Psychological Bulletin, Vol. 86, Nr. 3, 616–626.

Haas, Mary R. (1944), Men's and women's speech in Koasati, in: Language, Vol. 20, 142–149.

Hagemann-White, Carol (1984), Sozialisation: Weiblich – männlich? Opladen: Leske + Budrich.

Hagemann-White, Carol (1993), Die Konstrukteure des Geschlechts auf frischer Tat ertappen? Methodische Konsequenzen einer theoretischen Einsicht, in: Feministische Studien, Vol. 11, Heft 2, 68–78.

Hall, Kira/Mary Bucholtz (Hrsg.) (1995), Gender articulated. Language and the socially constructed self. London/New York: Routledge.

Hall, Kira/Veronica O'Donovan (1996), Shifting gender positions among Hindi-speaking hijras, in: Bergvall, Victoria L./Janet M. Bing/ Alice F. Freed (Hrsg.), Rethinking language and gender research: Theory and practice. London/New York: Longman, 228–266.

Hannerz, Ulf (1969), Soulside. Inquiries into ghetto culture and community. New York: Columbia University Press.

Heintz, Bettina/Eva Nadai (1998), Geschlecht und Kontext. De-Institutionalisierungsprozesse und geschlechtliche Differenzierung, in: Zeitschrift für Soziologie, Vol. 27, Nr. 2, 75–93.

Herring, Susan (1998), Die rhetorische Dynamik geschlechtsbezogener Belästigung in Online-Kommunikation, in: Mitteilungen des Deutschen Germanistenverbandes, Heft 3, 236–281.

Hilbert, Richard A. (1991), Norman and Sigmund: Comment on Denzin's »Harold and Agnes«, in: Sociological Theory, Vol. 9, Nr. 2, 246–268.

Hill, Willard W. (1935), The status of the hermaphrodite and transvestite in Navaho culture, in: American Anthropologist, N. S., Vol. 37, Nr. 1, 273–279.

Hill, Willard W. (1938), Note on the Pima berdache, in: American Anthropologist, N. S., Vol. 40, Nr. 2, 338–340.

Hirschauer, Stefan (1989), Die interaktive Konstruktion von Geschlechtszugehörigkeit, in: Zeitschrift für Soziologie, Vol. 18, Nr. 2, 100–118.

Hirschauer, Stefan (1993a), Dekonstruktion und Rekonstruktion. Plädoyer für die Erforschung des Bekannten, in: Feministische Studien, Heft 2, 55–67.

Hirschauer, Stefan (1993b), Die soziale Konstruktion der Transsexualität. Über die Medizin und den Geschlechtswechsel. Frankfurt a. M.: Suhrkamp.

Hirschauer, Stefan (1994), Die soziale Fortpflanzung der Zweigeschlechtlichkeit, in: Kölner Zeitschrift für Soziologie und Sozialpsychologie, Vol. 46, Nr. 4, 668–692.

Hofstede, Geert (1991), Cultures and organizations. Software of the mind. London: McGraw-Hill.

Holmes, Janet/Miriam Meyerhoff (1999), The community of practice: Theories and methodologies in language and gender research, in: Language in Society, Vol. 28, Nr. 2, 173–183.

Holmes, Janet (Hrsg.) (1999), Special Issue: Communities of Practice in language and gender research. Gender & Society, Vol. 28, Nr. 2.

Holmes, Lowell D. (1987), Über Sinn und Unsinn von restudies, in: Duerr, Hans Peter (Hrsg.), Authentizität und Betrug in der Ethnologie. Frankfurt a. M.: Suhrkamp, 225–251.

Humboldt, Wilhelm von (2003), Über die Verschiedenheit des menschlichen Sprachbaues und ihren Einfluß auf die geistige Entwickelung des Menschengeschlechts. Wiesbaden: Fourier (erstmals Berlin: [s. n.], 1836).

Hurlbert, Anya C./Yazhu Ling (2007), Biological components of sex differences in color preference, in: Current Biology, Vol. 17, Nr. 16, R623–R625.

Hurrelmann, Bettina/Michael Hammer/Ferdinand Niess (1995), Lesesozialisation. Band 1: Leseklima in der Familie. Gütersloh: Bertelsmann (1. Auflage 1993).

Hymes, Dell (1961), Functions of speech. An evolutionary approach, in: Gruber, Frederick C. (Hrsg.), Anthropology and education. Philadelphia: University of Pennsylvania Press, 55–83.

Hymes, Dell (1964), Introduction: Toward ethnographies of communication, in: Gumperz, John J./Dell Hymes (Hrsg.), The ethnography of communication. American Anthropologist, Special Publication, Vol. 66, Nr. 6(2), 1–34.

Hymes, Dell (1971), Sociolinguistics and the ethnography of speaking, in: Ardener, Edwin (Hrsg.), Social anthropology and language. London: Tavistock, 47–93.

Hymes, Dell (1979), Die Ethnographie des Sprechens, in: ders., Soziolinguistik. Zur Ethnographie der Kommunikation. Frankfurt a. M.: Suhrkamp, 29–97 (orig.: The ethnography of speaking, in: Gladwin, Thomas/William C. Sturtevant (Hrsg.), Anthropology and human behavior. Washington, D. C.: Anthropological Society of Washington, 1962, 13–53).

Irvine, Judith T. (1974), Strategies of status manipulation in the Wolof greeting, in: Bauman, Richard/Joel Sherzer (Hrsg.), Explorations in the ethnography of speaking. Cambridge: Cambridge University Press, 167–191.

James, Deborah/Sandra Clarke (1993), Women, men, and interruptions: A critical review, in: Tannen, Deborah (Hrsg.), Gender and conversational interaction. Oxford: Oxford University Press, 231–281.

Jefferson, Gail (1981), The abominable ›ne‹. An exploration of post-response pursuit of response, in: Schröder, Peter/Hugo Steger (Hrsg.), Dialogforschung. Jahrbuch 1980 des Instituts für Deutsche Sprache. Düsseldorf: Schwann, 53–88.

Jespersen, Otto (1925), Die Sprache, ihre Natur, Entwicklung und Entstehung. Heidelberg: Winter (orig.: Language, its nature, development and origin. London: Allen and Unwin, 1922).

Jones, Aphrodite (2000), Boys don't cry. Die wahre Geschichte der Teena Brandon. München: Ullstein (orig.: All she wanted. New York: Simon & Schuster, 1996).

Kalverkämper, Hartwig (1979), Die Frauen und die Sprache, in: Linguistische Berichte, Bd. 62, 55–71.

Katzman, Nathan (1985), Seifenopern im amerikanischen Fernsehen. Was geschieht überhaupt in ihnen?, in: Prokop, Dieter (Hrsg.), Medienforschung. Band 3: Analysen, Kritiken, Ästhetiken. Frankfurt a. M.: Fischer, 22–46 (orig.: Television soap operas. What's been going on anyway?, in: Public Opinion Quarterly, 1972, Vol. 36, Nr. 2, 200–212).

Keenan, Elinor (1991), Normen kreieren – Normen variieren. Männliches und weibliches Sprechen in einer madagassischen Gemeinschaft, in: Günthner, Susanne/Helga Kotthoff (Hrsg.), Von fremden Stimmen. Weibliches und männliches Sprechen im Kulturvergleich. Frankfurt a. M.: Suhrkamp, 75–100 (orig.: Norm-makers, normbreakers: Uses of speech by men and women in a Malagasy community, in: Bauman, Richard/Joel Sherzer (Hrsg.), Explorations in the ethnography of speaking. Cambridge: Cambridge University Press, 1974, 125–143).

Kelle, Helga (1999), Geschlechterunterschiede oder Geschlechterunterscheidung. Methodologische Reflexion eines ethnographischen Forschungsprozesses, in: Dausien, Bettina/Martina Hermann/Mechthild Oechsle/Christiane Schmerl/Marlene Stein-Hilbers (Hrsg.), Erkenntnisprojekt Geschlecht. Feministische Perspektiven verwandeln Wissenschaft. Opladen: Leske + Budrich, 304–324.

Kersten, Joachim (1997), Gut und (Ge)schlecht. Männlichkeit, Kultur und Kriminalität. Berlin/New York: de Gruyter.

Kessler, Suzanne J. (1998), Lessons from the intersexed. New Brunswick, N. J.: Rutgers University Press.

Kessler, Suzanne J./Wendy McKenna (1978), Gender: An ethnomethodological approach. Chicago: University of Chicago Press.

Kitzinger, Celia (2000), Doing feminist conversation analysis, in: Feminism & Psychology, Vol. 10, Nr. 2, 163–193.

Klöppel, Ulrike (2002), XX0XY ungelöst. Störungsszenarien in der Dramaturgie der zweigeschlechtlichen Ordnung, in: polymorph. Arbeitsgruppe zur Kritik der zweigeschlechtlichen Ordnung (Hrsg.), (K)ein Geschlecht oder viele? Transgender in politischer Perspektive. Berlin: Querverlag, 153–180.

Klöppel, Ulrike (2006), Die Formierung von gender am »Naturexperiment« Intersexualität in der zweiten Hälfte des 20. Jahrhunderts, in: NTM. International Journal of History and Ethics of Natural Sciences, Technology and Medicine, Vol. 14, Nr. 4, 231–240.

Kochman, Thomas (1969), Rapping in the black ghetto, in: Social Science and Modern Society, Vol. 4, Nr. 6, 26–34.

Kotelmann, Joachim/Lothar Mikos (1981), Frühjahrsputz und Südseezauber. Die Darstellung der Frau in der Fernsehwerbung und das Bewußtsein von Zuschauerinnen. Baden-Baden: Baur.

Kotthoff, Helga (1993), Unterbrechungen, Überlappungen und andere Interventionen. Vorschläge zur Kategorienunterscheidung und kontextorientierten Interpretation, in: Deutsche Sprache, Nr. 2, 162–185.

Kotthoff, Helga (1994), Geschlecht als Interaktionsritual, in: Goffman, Erving, Interaktion und Geschlecht. Frankfurt a. M.: Campus, 159–194.

Kotthoff, Helga (1999), Die Kommunikation von Moral in georgischen Lamentationen, in: Bergmann, Jörg/Thomas Luckmann (Hrsg.), Kommunikative Konstruktion von Moral. Bd. 2: Von der Moral zu den Moralen. Opladen: Westdeutscher Verlag, 50–79.

Kotthoff, Helga (2002), Was heißt eigentlich »Doing gender«? (Zu Interaktion und Geschlecht), in: Wiener Slawistischer Almanach, Sonderband 55, 1–27.

Kotthoff, Helga/Ruth Wodak (Hrsg.) (1997), Communicating gender in context. Amsterdam/Philadelphia: Benjamins.

Kroeber, Alfred L. (1940), Psychosis or social sanction, in: Character and Personality, Vol. 3, Nr. 3, 204–211.

Labov, William (1966), The social stratification of English in New York City. Washington, D. C.: Center for Applied Linguistics.

Labov, William (1980a), Die soziale Stratifikation des (r) in New Yorker Kaufhäusern, in: Dittmar, Norbert/Bert-Olaf Rieck (Hrsg.), William Labov. Sprache im sozialen Kontext. Eine Auswahl von Aufsätzen. Königsstein/Ts.: Athenäum, 25–48 (orig.: The social stratification of (r) in New York City department stores, in: Labov, William (Hrsg.), Sociolinguistic patterns. Philadelphia: University of Pennsylvania Press, 1972, 43–69).

Labov, William (1980b), Hyperkorrektheit der unteren Mittelschicht als Faktor im Sprachwandel, in: Dittmar, Norbert/Bert-Olaf Rieck (Hrsg.), William Labov. Sprache im sozialen Kontext. Eine Auswahl von Aufsätzen. Königsstein/Ts.: Athenäum, 77–94 (orig.: Hypercorrection by the Lower Middle Class as a factor in linguistic change, in: Bright, William (Hrsg.), Sociolinguistics. Proceedings of the UCLA Sociolinguistics Conference 1964. The Hague: Mouton, 1966, 84–113).

Labov, William (1980c), Regeln für rituelle Beschimpfungen, in: Labov, William/Norbert Dittmar (Hrsg.), Sprache im sozialen Kontext. Eine Auswahl von Aufsätzen. Königstein/Ts.: Athenäum, 251–286 (orig.: Rules for ritual insults, in: Sudnow, David (Hrsg.), Studies in social interaction. New York: The Free Press, 1972, 120–169).

Lakoff, Robin T. (1973), Language and women's place, in: Language in Society, Vol. 2, 45–79.

Lakoff, Robin T. (1975), Language and women's place. New York: Harper and Row.

Lakoff, Robin T. (2004), Language and women's place. Text and commentaries. Überarb. und erw. Ausgabe, hrsg. von Mary Bucholtz. Oxford: Oxford University Press (erstmals 1975).

Lerner, Gene (1989), Notes on overlap management in conversation. The case of delayed completion, in: Western Journal of Speech Communication, Vol. 53, Nr. 2, 167–177.

Liebes, Tamar/Elihu Katz (1990), The export of meaning. Cross-cultural readings of Dallas. New York/Oxford: Oxford University Press.

Löw, Martina/Bettina Mathes (Hrsg.) (2005), Schlüsselwerke der Geschlechterforschung. Wiesbaden: VS Verlag.

Lorber, Judith (1999), Gender-Paradoxien. Opladen: Leske + Budrich (orig.: Paradoxes of gender. New Haven: Yale University Press, 1994).

Lorber, Judith (2000), Using gender to undo gender: A feminist degendering movement, in: Feminist Theory, Vol. 1, Nr. 1, 79–98.

Lorber, Judith/Susan A. Farrell (Hrsg.) (1991), The social construction of gender. London: Sage.

Lurie, Nancy O. (1953), Winnebago berdache, in: American Anthropologist, Vol. 55, 708–712.

Lynch, Michael/David Bogen (1991), In defense of Dada-driven analysis, in: Sociological Theory, Vol. 9, Nr. 2, 269–276.

Malinowski, Bronislaw (1979), Das Geschlechtsleben der Wilden in Nordwest-Melanesien: Liebe, Ehe und Familienleben bei den Eingeborenen der Trobriand-Inseln, Britisch-Neuguinea. Hrsg. von Fritz Kramer. Frankfurt a. M.: Syndikat (orig.: The sexual life of savages in North-Western Melanesia. London: Routledge, 1929).

Malinowski, Bronislaw (1983), Baloma – die Geister der Toten auf den Trobriand-Inseln, in: ders., Magie, Wissenschaft und Religion. Und andere Schriften. Frankfurt a. M.: Fischer (1. Auflage 1973), 133–241 (orig.: Magic, science and religion. And other essays. New York: The Free Press, 1948).

Maltz, Daniel N./Ruth Borker (1991), Mißverständnisse zwischen Männern und Frauen – kulturell betrachtet, in: Günthner, Susanne/Helga Kotthoff (Hrsg.), Von fremden Stimmen. Weibliches und männliches Sprechen im Kulturvergleich. Frankfurt a. M.: Suhrkamp, 52–74 (orig.: A cultural approach to male-female miscommunication, in: Gumperz, John J. (Hrsg.), Language and social identity. Cambridge: Cambridge University Press, 1982, 196–216).

Martin, M. Kay/Barbara Voorhies (1975), Female of the species. New York/London: Columbia University Press.

Maynard, Douglas W. (1991), Goffman, Garfinkel, and games, in: Sociological Theory, Vol. 9, Nr. 2, 277–279.

McConnell-Ginet, Sally (1983), Intonation in a man's world, in: Thorne, Barrie/Cheris Kramarae/Nancy Henley (Hrsg.), Language, gender, and society. Rowley, MA: Newbury House, 69–88.

McIlvenny, Paul (2002a), Critical reflections on performativity and the »un/doing« of gender and sexuality in talk, in: ders. (Hrsg.), Talking gender and sexuality. Amsterdam/Philadelphia: Benjamins, 111–149.

McIlvenny, Paul (2002b), Talking gender and sexuality. Amsterdam/Philadelphia: Benjamins.

Mead, Margaret (1930), Growing up in New Guinea. A comparative study of primitive education. New York: William Morrow.

Mead, Margaret (1958), Mann und Weib. Das Verhältnis der Geschlechter in einer sich wandelnden Welt. Reinbek bei Hamburg: Rowohlt (orig.: Male and female. A study of sexes in a changing world. New York: William Morrow, 1949).

Mead, Margaret (1970a), Jugend und Sexualität in primitiven Gesellschaften. Bd. 1: Kindheit und Jugend in Samoa. München: dtv (orig.: Coming of age in Samoa. New York: William Morrow, 1928).

Mead, Margaret (1970b), Jugend und Sexualität in primitiven Gesellschaften. Bd. 3: Geschlecht und Temperament in drei primitiven Gesellschaften. München: dtv (orig.: Sex and temperament in three primitive societies. New York: William Morrow, 1935).

Mikos, Lothar (1988), Familienserien – Familienbilder, in: Baacke, Dieter/Jürgen Lauffer (Hrsg.), Familien im Mediennetz. Opladen: Leske + Budrich, 109–124.

Modleski, Tania (1987), Die Rhythmen der Rezeption. Daytime-Fernsehen und Hausarbeit, in: Frauen und Film, Heft 42, 4–11 (orig.: The rhythms of reception. Daytime television and women's work, in: Kaplan, E. Ann (Hrsg.), Regarding television. Critical approaches. An anthology. Los Angeles: University Publications of America, 67–75).

Money, John/John G. Hampson/Joan L. Hampson (1955), An examination of some basic sexual concepts: The evidence of human hermaphroditism, in: Bulletin of the Johns Hopkins Hospital, Vol. 97, Nr. 4, 301–319.

Money, John (1973), Gender role, gender identity, core gender identity: Usage and definition of terms, in: Journal of the American Academy of Psychoanalysis, Vol. 1, 397–402.

Money, John (1981), The development of sexuality and eroticism in humankind, in: The Quarterly Review of Biology, Vol. 56, Nr. 4, 379–404.

Mooney, Linda A./Sarah Brabant/Susan Moran (1993), Gender and age displays in ceremonial tokens, in: Sex Roles, Vol. 29, Nr. 9/10, 617–627.

Morley, David (1992), Television, audiences and Cultural Studies. London/New York: Routledge.

Mühlen Achs, Gitta (1998), Geschlecht bewußt gemacht. Körpersprachliche Inszenierungen. Ein Bilder- und Arbeitsbuch. München: Frauenoffensive.

Müller, Marion (2006), Geschlecht als Leistungsklasse. Der kleine Unterschied und seine großen Folgen am Beispiel der »gender verifications« im Leistungssport, in: Zeitschrift für Soziologie, Vol. 35, Nr. 5, 392–412.

Murray, Stephen O. (1985), Toward a model of members' methods for recognizing interruptions, in: Language in Society, Vol. 14, Nr. 1, 31–41.

Murray, Stephen O. (1988), The sound of simultaneous speech. The meaning of interruption, in: Journal of Pragmatics, Vol. 12, Nr. 1, 115–116.

Murray, Stephen O./Lucille Covelli (1988), Women and men speaking at the same time, in: Journal of Pragmatics, Vol. 12, Nr. 1, 103–111.

O'Barr, William M./Bowman K. Atkins (1980), »Women's language« or »powerless language«?, in: McConnell-Ginet, Sally/Ruth Borker/Nelly Furman (Hrsg.), Women and language in literature and society. New York: Praeger, 93–110.

Ochs, Elinor (1992), Indexing gender, in: Duranti, Alessandro/Charles Goodwin (Hrsg.), Rethinking context. Language as an interactive phenomenon. Cambridge: Cambridge University Press, 335–358.

Parsons, Elsie Clews (1916), The Zuñi la'mana, in: American Anthropologist, N. S., Vol. 18, Nr. 4, 521–528.

Pusch, Luise F. (1984), Das Deutsche als Männersprache. Aufsätze und Glossen zur feministischen Linguistik. Frankfurt a. M.: Suhrkamp.

Quasthoff, Uta (1980), Gemeinsames Erzählen als Form und Mittel im sozialen Konflikt oder Ein Ehepaar erzählt eine Geschichte, in: Ehlich, Konrad (Hrsg.), Erzählen im Alltag. Frankfurt a. M.: Suhrkamp, 109–141.

Reynolds, Katsue Akiba (1991), Geschlechtsexklusive und geschlechtspräferentielle Unterschiede. Pronomina der ersten Person im Japanischen, in: Günthner, Susanne/Helga Kotthoff (Hrsg.), Von fremden Stimmen. Weibliches und männliches Sprechen im Kulturvergleich. Frankfurt a. M.: Suhrkamp, 291–308.

Rogers, Mary F. (1992a), Resisting the enormous either/or: A response to Bologh and Zimmerman, in: Gender & Society, Vol. 6, Nr. 2, 207–214.

Rogers, Mary F. (1992b), They all were passing: Agnes, Garfinkel, and company, in: Gender & Society, Vol. 6, Nr. 2, 169–191.

Römer, Ruth (1973), Grammatiken, fast lustig zu lesen, in: Linguistische Berichte, Bd. 28, 71–79.

Romaine, Suzanne (1999), Communicating gender. Mahwah, N.J.: Lawrence Erlbaum.

Roscoe, Will (1987), Bibliography of berdache and alternative gender roles among North American Indians, in: Journal of Homosexuality, Vol. 14, Nr. 3/4, 81–171.

Sacks, Harvey/Emanuel A. Schegloff/Gail Jefferson (1974), A simplest systematics for the organization of turn-taking in conversation, in: Language, Vol. 50, Nr. 4, 696–753.

Samel, Ingrid (1995), Einführung in die feministische Sprachwissenschaft. Berlin: Erich Schmidt.

Sapir, Edward (1961), Die Sprache: Eine Einführung in das Wesen der Sprache. München: Hueber (orig.: Language. An introduction to the study of speech. New York: Hartcourt Brace, 1921).

Sapir, Edward (1968), Male and female forms of speech in Yana, in: Mandelbaum, David G. (Hrsg.), Selected writings of Edward Sapir. Berkeley/Los Angeles: University of California Press, 206–212.

Saville-Troike, Muriel (1982), The ethnography of communication. An introduction. Oxford: Blackwell.

Schäffer, Burkhard (2003), Generationen – Medien – Bildung. Medienpraxiskulturen im Generationenvergleich. Opladen: Leske + Budrich.

Schegloff, Emanuel A. (1987), Recycled turn beginnings. A precise repair mechanism in conversation's turn-taking organization, in: Button, Graham/John R. Lee (Hrsg.), Talk and social organization. Clevedon: Multilingual Matters, 70–85.

Schmerl, Christiane (Hrsg.) (1991), Frauenzoo der Werbung. Aufklärung über Fabeltiere. München: Frauenoffensive.

Schön, Erich (1995), ›Lesekultur‹ – Einige historische Klärungen, in: Rosebrock, Cornelia (Hrsg.), Lesen im Medienzeitalter: Biographische und historische Aspekte literarischer Sozialisation. Weinheim/München: Juventa, 137–164.

Schwabe, Arthur D./David H. Solomon/Robert J. Stoller/John P. Burnham (1962), Pubertal feminization in a genetic male with testicular atrophy and normal urinary gonadotropin, in: Journal of Clinical Endocrinology and Metabolism, Vol. 22, 839–845.

Schwitalla, Johannes (1992), Über einige Weisen gemeinsamen Sprechens, in: Zeitschrift für Sprachwissenschaft, Vol. 1, Nr. 1, 68–99.

Seiter, Ellen (1987), Von der Niedertracht der Hausfrau und Größe der Schurkin. Studien zur weiblichen Soap-Opera-Rezeption, in: Frauen und Film, Heft 42, 35–59.

Seiter, Ellen/Hans Borchers/Gabriele Kreutzner/Eva-Maria Warth (1989), »Don't treat us like we're so stupid and naive«. Towards an ethnography of soap opera viewers, in: dies. (Hrsg.), Remote control. Television, audiences, and cultural power. London/New York: Routledge, 223–247.

Sherzer, Joel (1991), Eine Vielfalt an Stimmen: Männliches und weibliches Sprechen unter ethnographischer Perspektive, in: Günthner, Susanne/Helga Kotthoff (Hrsg.), Von fremden Stimmen. Weibliches und männliches Sprechen im Kulturvergleich. Frankfurt a. M.: Suhrkamp, 154–193 (orig.: A diversity of voices: Men's and women's speech in ethnographic perspective, in: Philips, Susan U./Susan Steele/Christine Tanz (Hrsg.), Language, gender, and sex in comparative perspective. Cambridge: Cambridge University Press, 1987, 95–120).

Smith, Greg (1996), Gender advertisements revisited. A visual sociology classic, in: Electronic Journal of Sociology, Vol. 2, Nr. 1.

Spender, Dale (1980), Man made language. London: Routledge & Kegan Paul.

Staab, Joachim Friedrich/Ursula Hocker (1994), Fernsehen im Blick der Zuschauer. Ergebnisse einer qualitativen Pilotstudie zur Analyse von Rezeptionsmustern, in: Publizistik, Vol. 39, Nr. 2, 160–174.

Stocker, Christa (2000), Beidnennung und kognitive Repräsentanz, in: Elmiger, Daniel/Eva Lia Wyss (Hrsg.), bulletin vals-asla, Nr. 72. Neuchatel: VALS/ASLA, 139–153.

Stoessl, Sue (1987), Women as TV audience. A marketing perspective, in: Baehr, Helen/Gillian Dyer (Hrsg.), Boxed in. Women and television. New York: Pandora, 107–116.

Stokoe, Elizabeth H./Janet Smithson (2001), Making gender relevant: Conversation analysis and gender categories in interaction, in: Discourse & Society, Vol. 12, Nr. 2, 217–244.

Stoller, Robert J. (1974), Sex and gender. Vol. 1: The development of masculinity and femininity. New York: Jason Aronson (erstmals 1968).

Stoller, Robert J. (1975), Sex and gender. Vol. 2: The transsexual experiment. London: Hogarth.

Stoller, Robert J./Harold Garfinkel/Alexander C. Rosen (1960), Passing and the maintenance of sexual identification in an intersexed patient, in: Archives of General Psychiatry, Vol. 2, 379–384.

Stoller, Robert J./Harold Garfinkel/Alexander C. Rosen (1962), Psychiatric management of intersexed patients, in: California Medicine, Vol. 96, Nr. 1, 30–34.

Stubbe, Hannes (1985), Formen der Trauer. Eine kulturanthropologische Untersuchung. Berlin: Reimer.

Talbot, Mary (1988), The operation was a success, unfortunately the patient died. A comment on women and men talking at the same time, in: Journal of Pragmatics, Vol. 12, Nr. 1, 113–114.

Talbot, Mary (1992), ›I wish you'd stop interrupting me!‹: Interruptions and asymmetries in speaker-rights in equal encounters, in: Journal of Pragmatics, Vol. 18, Nr. 5, 451–466.

Talbot, Mary M. (1998), Language and gender. An introduction. Cambridge: Polity Press.

Tannen, Deborah (1984), Conversational style. Analyzing talk among friends. Norwood, N. J.: Ablex.

Tannen, Deborah (1991), Du kannst mich einfach nicht verstehen. Warum Männer und Frauen aneinander vorbeireden. Hamburg: Kabel (orig.: You just don't understand. New York: William Morrow, 1990).

Tannen, Deborah (1992), Response to Senta Trömel-Plötz's ›Selling the apolitical‹, in: Discourse and Society, Vol. 3, Nr. 2, 249–254.

Tannen, Deborah (1995), Job talk. Wie Frauen und Männer am Arbeitsplatz miteinander reden. Hamburg: Kabel (orig.: Talking from 9 to 5: How women's and men's conversational styles affect who gets heard, who gets credit and what gets done at work. New York: William Morrow, 1994).

Tertilt, Hermann (1996), Turkish Power Boys. Ethnographie einer Jugendbande. Frankfurt a. M.: Suhrkamp.

Tiwary, Kapil M. (1978), Tuneful weeping: A mode of communication, in: A Journal of Women Studies, Vol. 3, Nr. 3, 24–27.

Trömel-Plötz, Senta (Hrsg.) (1984), Gewalt durch Sprache. Die Vergewaltigung von Frauen in Gesprächen. Frankfurt a. M.: Fischer.

Trömel-Plötz, Senta (1978), Linguistik und Frauensprache, in: Linguistische Berichte, Bd. 57, 49–68.

Trömel-Plötz, Senta (1991), »Selling the apolitical« (Review essay), in: Discourse and Society, Vol. 2, Nr. 4, 489–502.

Trudgill, Peter (1974), Language and sex, in: ders., Sociolinguistics. An introduction to language and society. Harmondsworth: Penguin, 78–99.

Trudgill, Peter (1975), Sex, covert prestige, and linguistic change in the Urban British English, in: Thorne, Barrie/Nancy Henley (Hrsg.), Language and sex. Difference and dominance. Rowley, MA: Newbury House, 88–104.

Turkle, Sherry (1998), Leben im Netz. Identität in Zeiten des Internet. Reinbek bei Hamburg: Rowohlt (orig.: Life on screen. Identity in the age of internet. New York: Simon & Schuster, 1995).

Urban, Greg (1988), Ritual wailing in Amerindian Brazil, in: American Anthropologist, Vol. 90, Nr. 2, 385–400.

Watts, Richard J. (1992), Acquiring status in conversation. Male and female discourse strategies, in: Journal of Pragmatics, Vol. 18, Nr. 5, 467–503.

Werlen, Iwar (2002), Sprachliche Relativität: Eine problemorientierte Einführung. Tübingen/Basel: Francke.

Wesely, Sabine (Hrsg.) (2000), Gender Studies in den Sozial- und Kulturwissenschaften. Einführung und neuere Erkenntnisse aus Forschung und Praxis. Bielefeld: Kleine.

West, Candace (1979), Against our will: Male interruptions of females in cross-sex conversation, in: Annals of the New York Academy of Sciences, Vol. 327, 81–97.

West, Candace (1995), Women's competence in conversation, in: Discourse and Society, Vol. 6, Nr. 1, 107–131.

West, Candace/Don H. Zimmerman (1983), Small insults. A study of interruptions in cross-sex conversations between unacquainted persons, in: Thorne, Barrie/Cheris Kramarae/Nancy Henley (Hrsg.), Language, gender, and society. Rowley, MA: Newbury House, 102–117.

West, Candace/Don H. Zimmerman (1991), Doing gender, in: Lorber, Judith/Susan A. Farrell (Hrsg.), The social construction of gender. London: Sage, 13–37 (erstmals in: Gender & Society, 1987, Vol. 1, Nr. 2, 125–151).

West, Candace/Sarah Fenstermaker (1995a), Doing difference, in: Gender & Society, Vol. 9, Nr. 1, 8–37.

West, Candace/Sarah Fenstermaker (1995b), Reply. (Re)doing difference, in: Gender & Society, Vol. 9, Nr. 4, 506–513.

Wetterer, Angelika (1999), Ausschließende Einschließung – marginalisierende Integration: Geschlechterkonstruktionen in Professionalisierungsprozessen, in: Neusel, Aylâ/Angelika Wetterer (Hrsg.), Vielfältige Verschiedenheiten. Geschlechterverhältnisse in Studium, Hochschule und Beruf. Frankfurt a. M.: Campus, 223–253.

Wetterer, Angelika (2002), Arbeitsteilung und Geschlechtskonstruktionen. »Gender at work« in theoretischer und historischer Perspektive. Konstanz: UVK.

Whitehead, Harriet (1981), The bow and the burden strap: A new look at institutionalized homosexuality in Native North America, in: Ortner, Sherry B./Harriet Whitehead (Hrsg.), Sexual meanings. The cultural construction of gender and sexuality. Cambridge: Cambridge University Press, 80–115.

Whorf, Benjamin Lee (1963), Sprache, Denken, Wirklichkeit. Beiträge zur Metalinguistik und Sprachphilosophie. Reinbek bei Hamburg: Rowohlt (orig.: Language, thought and reality. Selected writings of

Benjamin Lee Whorf. Hrsg. von John B. Carroll. Cambridge, MA: The MIT Press, 1956).
Wodak, Ruth (1981), Women relate, men report: Sex differences in language behavior in a therapeutic group, in: Journal of Pragmatics, Vol. 5, Nr. 2/3, 261–285.
Wodak, Ruth (Hrsg.) (1997), Gender and discourse. London: Sage.
Worth, Sol (1976), Introduction to Erving Goffman's gender advertisements, in: Studies in the Anthropology of Visual Communication, Vol. 3, Nr. 2, 65–68.
Zimmerman, Don H. (1992), They were all doing gender, but they weren't all passing: Comment on Rogers, in: Gender & Society, Vol. 6, Nr. 2, 192–198.
Zimmerman, Don H./Candace West (1975), Sex roles, interruptions and silences in conversation, in: Thorne, Barrie/Nancy Henley (Hrsg.), Language and sex. Difference and dominance. Rowley, MA: Newbury House, 105–129.